JN072707

南山大学学術叢書

大阪のエスニック・バイタリティ

福本 拓
FUKUMOTO Taku

近現代・在日朝鮮人の社会地理

京都大学学術出版会

大阪の
エスニック・バイタリティ――目　次
：近現代・在日朝鮮人の社会地理

第 I 章

緒言：大阪に在日朝鮮人がいることにはどんな意味があるのか

近代大阪では，そのプレゼンスを内外に示すために，諸種の博覧会が開催された．たとえば1926年の電気大博覧会では，「家庭電化館」「保健衛生館」と合わせて「殖民館（朝鮮台湾館）」というパビリオンが設けられていた．大阪において，技術・衛生に象徴される近代化への展望は，植民地へのまなざしと不可分であった（『電気大博覧会絵葉書』）．

1．都市のバイタリティとエスニック集団

本書の目的は，都市におけるエスニシティの特性を帯びた空間，とりわけ集住地区を都市に不可欠なエスニック・バイタリティと位置づけ，その系譜と形成メカニズムを大阪の在日朝鮮人[(1)]を事例に明らかにすることにある．

都市の成長や活性化を考える上で，現在ほど多様性というキーワードが耳目を集める時代はなかった．たとえば，フロリダ（2008）が掲げる創造都市論では，今後の都市発展を担うクリエイティブ・クラスの流入と定着にとって，彼ら・彼女らの居住地の良さを生む多様性がキーになると考えられている．グローバル化に伴う国際人口移動の活発化とエスニック集団の増大は，こうした多様性の最たる例といってよかろう．

では，そもそもなぜ多様性は都市の発展に寄与するのだろうか．このことをエスニック集団の存在に即して考える上では，いわゆるエスニック・タウンのような都市の空間的位相に着目することが有効である．チャイナタウンに代表されるエスニック文化が表出した空間は，国内のみならず国際的な観光目的地となったり，主として小規模なビジネスのインキュベーターの役割を果たしたりする．特にグローバル化に伴う都市間競争に際し，エスニック・タウンは都市の魅力PRのための資源として注目されているし，移民による起業が移住先の都市・国の経済発展にも大きく寄与することが論じられている（OECD 2010）．

注意すべきは，こうした空間が成長や活性化の源泉たりえるのは，常にその容貌を変化させてきたからでもある．古来より，都市は，都市外部からの異質な要素を取り込んで発展の糧としてきた．エスニック集団に関わる空間の場合，国際人口移動のトレンドとも密接に結びつき，都市を構成する多様な空間の中でも複雑かつ興味深い発展の経路をたどってきた．たとえば「カレー首都curry

(1)　植民地下の朝鮮半島からの移住者とその子孫を指す際には，「在日朝鮮人」，「在日韓国・朝鮮人」，「在日韓（国）人」，「在日コリアン」などいくつかの呼称が用いられてきた．筆者は，彼ら・彼女らをめぐる歴史についてアジア・太平洋戦争前後の連続性を重視する立場から，原則として「在日朝鮮人」の表記を用いる．

capital」の名で知られ，今や「世界都市」ロンドンの多様性を象徴するバングラデシュ系集住地区・ブリックレーンは，16世紀のユグノー難民と18世紀のユダヤ人集住地区という場所の系譜に連なる（Shaw 2011）．あるいはニューヨークのファッション業界を支えるブルックリンのアパレル産業は，1980年代以降専ら中国系の低賃金の移民に担われてきたが，もとは20世紀初頭のユダヤ人の移住・集住と後のイタリア系の参入という歴史を持つ（Waldinger 1984; Hum 2003）．これらの事例は，都市がオリジナルなエスニック文化を包摂するだけでなく，土着の文化と先発・後発の移民のそれとを融合させ，新たな文化を生成・発信する場であることも体現している．

エスニック集団と結びついた空間が持つこれらの特徴は，都市文化研究者のシャロン・ズーキンがいうオーセンティシティとも呼応する（ズーキン 2013）．オーセンティシティとは，場所の持つ真正性とそれが可能にしてきた多様な人々の関係形成を指し，都市住民が根を下ろして都市の活力を育んできた空間が備えている性質とされる．加えて彼女は，現代都市の再開発等でオーセンティシティが毀損されていることに言及しつつ，それへの単なるノスタルジックな見方を批判し，個別の都市空間の来歴とともに「新しいはじまり」を見据える必要性を説く（ズーキン 2013: 37）．ここからも，エスニック集団と都市の成長・発展との関係を看取するには，回顧的な観点にとどまらず常に変化する空間のダイナミクスへの着目が重要であるといえよう．

ただし，とりわけ政策面でエスニシティの多様性が評価される際，その利点が強調されすぎ，これまで蓄積されてきた差別・排除といったネガティブな側面が覆い隠される問題も指摘されている．国際観光の文脈では，エスニシティは利潤追求の商品と化し，多様性に寛容という都市のアイデンティティすらその枠内で構築される部分もある（Nijman 1999）．しかし，困難な状況下にあってもなお，移住者が都市に根を下ろす諸実践は継起し，時に予測不可能な形で既存の文化・社会と融合して都市に新たな変化をもたらす．2001年に人種差別に由来する暴動が起きたロンドンで，ブリックレーンが「カレー首都」になったのも，商品化の進展に伴う観光客増が地価の上昇を招いて低所得者層を圧迫したことも，今やむしろカレーハウスは減少して他のエスニック・レストランが目立ってきた（根田 2020）ことも，特定の時点で正負の判断をしかねる，しか

エスニシティが都市空間を変転させる過程はとどまることがない

ロンドン・ブリックレーンの「カレー首都」．バングラデシュ系の集住に端を発するカレーハウスの集中は，特徴的な景観形成に寄与し，観光地として行政も注目している（写真・上）．近年はアジア系をはじめ多国籍化が進むとともに（写真・下），ヴィーガン食品を扱う店舗が登場するなど，新しい文化が根付こうとする過程がヴィヴィッドに表れる（撮影・提供：根田克彦氏）．

し成長や活性化には寄与しうる何かの存在を示唆している．

言い換えれば，エスニック集団の形成する空間は，都市をそれたらしめてきた異質な文化の流入と不断の変化を体現する典型例だといえる．実際，ジェイコブス（2010）や町村（2020）が指摘するように，概して移民は低い社会経済的地位にあるがゆえに，衰退地域に流入して定着の足がかりを築き，既存住民との邂逅を通じて新たな文化的要素を日常化させていく．こうした過程は，行政や資本がそれら単独ではなしえない，都市空間にある種の生まれ変わり――古い細胞が新しいものへと置き換わっていくような――をもたらす，都市の持つ生命力の現れといえる．その意味では，多様性を胚胎する空間は，単なる活力（vitality）にとどまらない，都市という生命にとって不可欠（vital）な性質を有する．本書では，特にエスニック集団に関わるこのような空間の特性を，エスニック・バイタリティと呼称することにしたい．

むろん，エスニック・バイタリティは，国際人口移動などのマクロ要因や都市内部のミクロ要因によって様々に異なる様相を呈し，従って各都市によってその実相は異なる．およそ大都市と呼ばれる地域は，程度の差はあれその存在が都市の個性の一部を形作っており，日本も例外ではない．ところが日本については，都市政策はおろか，欧米の都市理論を積極的に摂取してきた都市研究の領域でさえ，注目される機会は限られていた．この背景には，日本におけるエスニック集団人口の割合が欧米・オセアニアに比して相対的に小さいために，日本の都市をエスニシティの多様性の面で「例外」とみなす認識が暗黙裏に存在していたことがある．だが，ある意味で日本を特別視するこうした捉え方は，歴史的にみて，また現在の観点からも適切であるとはいえない．

やや古いデータになるが，世界の主要都市における「外国生まれ」の人口数とその割合(2)を示したPrice and Benton-Short（2007）では，10万人以上の「外国生まれ」の人口を抱える都市として，南北アメリカ・ヨーロッパ・中東・オセアニアの各都市とともに，東アジアから6都市（東京，大阪，名古屋，ソウル，台北，香港）がリストアップされている．その意味では，都市の多様性の1つと

(2)　対象となったのは45か国の145都市．論文中では「外国生まれ人口」と記載されているが，日本については国勢調査に基づく数値であり，外国籍の人口を集計したものと思われる．

してエスニック集団を位置付ける観点があっても何ら不思議ではない．中でも本書で対象とする大阪は，歴史的側面からみても顕著な多様性を有している都市であった．実際，アジア・太平洋戦争の開戦後，1942年12月時点の大阪市における朝鮮人人口は約32万人，総人口に占める割合は実に10.4％にも達していた．これは，たとえば1990年代のヨーロッパの諸都市と比較しても遜色ないほどの水準である[(3)]．在阪朝鮮人が都市空間に与えたインパクトは大きく，次章以降で述べるように，特に近代都市形成との関係で相応の研究蓄積が存在する．このように最大の朝鮮人人口を擁するに至った背景として，戦前の大阪が広域的な物資・情報の流動ネットワークのハブとして大きなプレゼンスを有していたことも見逃せない．たとえば岩佐（1998）は，サッセン（1992）の世界都市論を引きつつ，大阪のこうした国際的な経済的地位の向上とそれに伴う都市空間構造の変容が，日本の地方部や植民地からの労働力移動と軌を一にして進んだことを論じている[(4)]．

しかし，アジア・太平洋戦争の終結後[(5)]，大阪における彼ら・彼女らの存在は次第に不可視化されていく[(6)]．興味深いのは，まるでそれと歩調を合わせるように，大阪が「衰退」とともに語られるようになっていく点である．阪神工業地帯の工業生産額は早くも1950年代前半には京浜工業地帯の後塵を拝するようになり，高度経済成長期ののち，経済の「地盤沈下」が叫ばれるようになる（長尾 2012）．さらに，1980年代以降のグローバル化の中で東京の中枢機能がさらに高まると，在阪企業の本社機能の移転が進んでいく．戦後の大阪が経験してき

---

(3)　1992年，EU域内の自由な移動を認めたマーストリヒト条約が締結された．この時点で，ベルリンの外国人割合が10.7％（EU域外に限れば9.5％）で近く，大阪のこの割合は南ヨーロッパの主要都市を上回っている（EUROSTATのデータに基づく）．

(4)　伊豫谷（2001）によれば，近代期の国際人口移動は，世界規模で進行した農村への資本主義の浸透と都市での経済機会の拡大の結果として，先進諸国の大都市を頂点とする階層的な構造として現出した．その意味で，構造的な観点では，西日本と朝鮮半島の農村部からの人口流出には近似する部分がある．しかし，もちろんのこと，両者の間には文化的な相違のほか，領域間の境界コントロールや制度といった政治的次元に由来する諸種の差異が存在する．

(5)　以下，本書では，アジア・太平洋戦争（1941-45）より以前の時期については「戦前」，以後の時期を指す際には「戦後」と略記する．

(6)　もちろん，こうした経緯には，日本という国家スケールでの「単一民族神話」の定着も大きく影響している．

た経済的な退潮傾向は，都市の再活性化に関する多数の議論を惹起すると同時に，大阪という都市のアイデンティティを模索する動きも活発化させた．たとえば「大阪論」と銘打った特集を組んだ『都市問題研究』(47巻 3 号，1995年)では，近世の大阪の特性や近代期の発展，そして戦後の産業の衰退が一通り言及されている一方で，この都市が内包するエスニシティの面での多様性はほとんど一顧だにされていない．古くから知られる著名な大阪論，たとえば織田作之助の「大阪論」(1943年)や梅棹忠夫の『日本三都論――東京・大阪・京都』(1967年)などにおいても，この都市の文化的独自性として摘示されるのは近世由来の特性に偏っている．

その後，1980年代になると，大阪でも「国際都市」のかけ声の下でグローバル経済における地位向上を目指した都市改変が進んだが，その際の投資は十分な成果を生み出せず，むしろ多くの負債を残したことは周知の通りである(加藤 2019)．そして，特に「維新」以降の大阪では，新自由主義的な政策による活性化が打ち出されつつも，その手法の賛否をめぐる対立・分断が顕著になるなど，苦境を脱しようとする試みの行き着く先は見えないでいる．鰺坂ほか編(2019)の表現を借りれば，大阪は「さまよえる大都市」なのである．

鰺坂らは，現状打開のための視座として，東京とは異なる「第二都市」としての大阪が持つ独自の発展経路や都市空間の構造に焦点化すべきという．筆者もその主張には部分的に同意できるし，彼らもまたエスニック集団に着目する重要性に言及しているが，ここでいう発展経路の具体的な事例において在日朝鮮人の存在はなお見えないままである．この点についての詩人・金時鐘の次の指摘は，本書の問題意識を端的に言い表している．つまり，「大阪は日本人だけのまちではない．在日朝鮮人だけで一四万人いる．〔中略〕大阪には戦前の日本との関係を生の形で引き継いだ人がたくさんいるということが，認識されていない」(金・細見 2012: 174)．人口数の点でいっても，大阪におけるエスニック・バイタリティの存在は容易に予見できるはずだが，大阪という都市を語る上でこれほど在日朝鮮人の存在が見過ごされてきたのは，彼ら・彼女らに関わる空間が敢えて見ようとしなければ見えないものだからかもしれない．それをつぶさに看取し，大阪という都市のありようを論じる試みは，未だ十分に取り組まれているとはいえない．

以上をふまえ本書では，エスニック・バイタリティたるエスニック集団に関わる空間の歴史的展開を，主として集住という現象に着目して分析・考察することを目指す．換言すれば，在日朝鮮人が「なぜ日本にいるか」よりも，「なぜそこにいるか」に着目して分析・考察することを特色とする．大阪という固有の場所が持つエスニック・バイタリティが，どのような起源を有し，どのように変化ないし存続し，そしてどのような展望を有するのか．これらの問いは，都市の一エスニック集団の研究という枠を超え，内外の都市研究に対する意義を持つものと考える．

2．エスニック集住地区の空間的形態に着目する意義
――北米都市の事例から――

エスニック集団に関わる空間の中でも，居住分布の形態，なかんずく特定の空間的範囲への偏りを指す集住という現象は，欧米の移民・エスニック集団研究ならびに都市研究の主たるテーマとして，これまでに膨大な研究の蓄積がある．そうした空間的範囲を指す用語として，英語では，ethnic enclave, ethnic cluster, ethnic quarter, ethnic precinct, ethnic neighborhoodなど多様なものが存在し，それぞれの示唆する意味にも微妙な違いがある[7]．さしあたり本書では，市区町村よりも小さいスケールでの，エスニック集団人口の集中・偏在について「エスニック集住地区」の用語を用いたい．こうした集中・偏在の形態が他の社会集団（主としてホスト社会）と異なるほど，居住地の分離の程度は増すことになり，これをセグリゲーションと呼ぶ．従って，セグリゲーションとは2ないし複数集団間の居住分布の差異を意味する．ただし，この用語が単独の集団人

(7)　たとえばethnic enclaveは，ゲットー(アメリカのアフリカ系集住地区)といった呼称でネガティブに捉えられがちな集住地区を，起業機会の提供などの重要な機能を果たす場として評価する一連の研究から生まれてきた．ethnic precinctは，都市観光の文脈でしばしば用いられる表現で，景観等にある程度明瞭なエスニシティの表出がみられる地区を指すことが多い．また，ethnic clusterやethnic neighborhoodは，小地域スケールでの居住地の集中・偏在を言い表し，統計データの単位地区に相当する空間的範囲として意識される．

口にみられる明瞭な空間的集中（concentration）や局所的偏在（overrepresentation）を指す場合もある（Brown and Chung 2006）ことを付記しておく．

セグリゲーションは，都市とエスニック集団との関係に主たる関心のある本書にとって，次の2点で注目する意義があると考える．第1に，セグリゲーションには，エスニック・バイタリティの説明で示したようなポジティブ・ネガティブ双方の要因が関わっていることがある．表I－1に，セグリゲーションの形成に関わる具体的な要因を整理した．ここからも看取できるように，ある面では差別・忌避の結果でもあるし，別の観点でみれば差別への自己防衛として機能したりエスニック・ネットワークなどの利用可能な資源のプールとなる．もちろん，これらの要因のバランスは諸種の条件や都市によって変化するし，差別の結果として自助的ネットワークが発達するといったことも往々にして生じる．ある時点の居住分布は静態的だが，その変化を追う作業は，必然的に正負両面のモーメントを考慮に入れることになる．

第2に，この空間的現象は，都市の本質に結びつく2つの側面，すなわち「広がりとしての都市」と「交わり（結節点）としての都市」の双方に密接に関わる点が挙げられる．ここで，前者が都市の空間的広がりとその内部における差異（分化）を指すのに対し，後者は人・モノ・資本の流動ネットワークが交錯する場としての都市を意味する．集住地区は，都市の空間分化と国際人口移動という，これら2側面に関わる要因の交錯の結果として生じたものであるとと

表I－1　セグリゲーションの形成要因

	エスニック集団外部	エスニック集団内部
社会的・心理的要因	諸種の差別，エスニック集団との混住の忌避	差別からの防御・対抗，文化の維持，エスニック・ネットワークへの依存
経済的要因	労働市場・住宅市場とその空間的形態，金融システム（銀行ローン等）	所得（貧困），エスニック・ビジネス等のエスニック経済の存立
政治的要因	都市政策（住宅政策，再開発等），公的制度におけるエスニック集団の排除／包摂	フォーマルなエスニック団体の援助，選挙投票の基盤

もに，エスニック・バイタリティの基盤が可視化した空間的現象とみなせる．本節では，エスニック集住地区をめぐって展開されてきた議論を，特に北米での動向に焦点を当てて概観し，主要な分析観点・理論について整理しておきたい[(8)]．

社会集団ごとの居住分化（居住地の分離）が生じる要因の1つには，都市内部の地価の差異がある．この点について，日本でも数多く言及されてきたシカゴ学派社会学やマルクス主義的空間論は，それぞれ異なった形で居住分化を説明しているが，その発生を地価との関連から論じている点では共通する．シカゴ学派社会学では，社会集団間には経済的地位を反映した地代負担力の序列が存在することで，各集団が異なる空間的位置を占めるようになるとされる[(9)]（マッケンジー 1972: 74-75）．一方，マルクス主義的空間論について，たとえばアフリカ系の集住するゲットーでは，居住者は本来の水準よりも高い家賃の支払いを余儀なくされ，そこから生まれる消費者余剰が貸主へと移転するというプロセスが存在する[(10)]（ハーヴェイ 1980）．このように，居住分化に資本の搾取―非搾取関係を見出した点が，マルクス主義的空間論における理論化の特徴といえる．

いずれにしても，明瞭な居住分化に伴う集住地区の形成は，空間的形態としての現出にとどまらず，都市およびエスニック集団をめぐる社会・経済・政治的諸側面に多様な影響力を持つ．シカゴ学派社会学の旗手として知られるパーク（2011）は，明瞭な居住分化が階級対立や人種的偏見と融合することで，集団間の接触を減じたり，分化された同質的な地域内での結束を強めるように作用することを示している．この指摘に基づけば，都市内の社会集団の空間的配置や分離の程度には，諸社会集団間の社会関係の有り様が反映されると捉えられる．また，ゲットーについては，1960年代のアメリカにおける「都市の危機」に象徴されるように，貧困や犯罪の集中といった都市問題との関係からも強い

---

(8) 詳細は福本（2018a）を参照されたい．

(9) ただし，現出した分布パターンは静態的なものではなく，居住の長期化や新たな人口の流入によって変化しうる．たとえばバージェスの同心円モデルが説示するように（バーゼス 1972），都市インナーシティでは継続的な人口流入が既存の社会集団に対する転出圧力となり，外方へ玉突き的に居住地移動が生じる帰結として，都市の空間的拡大と居住分化が相同的に進んでいくとされる．

(10) 特に集住地区がインナーシティにある場合には，高い賃貸料ゆえに空間の細分化が生じて過密の原因となり，また消費者余剰の確保のために補修等の投資が不活発になる結果，居住環境のさらなる悪化を招来するとされる（ハーヴェイ 1991）．

関心が持たれてきた．集住地区やセグリゲーションは，単なる空間的形態にとどまらず，これらの多様な側面をも看取しうる現象でもあり，実際に居住分布のパターンや差異の程度を扱う膨大な研究が蓄積されてきた．

しかしながら，こうした伝統的なフレームワークに基づく研究においては，居住以外の諸側面についての具体的な分析が乏しいという問題もあった．都市空間の分化は，居住という再生産活動の領域だけでなく，産業立地や労働力分布といった生産活動から生じることもまた自明であろう．この点についてのスコット（1996）の説明図式は，非常にクリアかつ説得的なものとして言及の価値がある．1980年代以降のアメリカでは，短期的な需給に応じた低賃金労働力の活用に基づくフレキシブルな生産体制が生じたことはよく知られている．労働者の側は，通勤費の節約等の理由によりこれらの産業の近隣に居住するが，離職リスクが高いため，生計を維持するための相互扶助的なコミュニティも必要とする．スコットの理論に基づけば，集住地区はこうした相互扶助のベースとして存立することになり，居住と就業との連関性からその重要性が示されている部分は特に注目に値する．

また，就業という側面との関連では，エスニック・ビジネスを扱った研究に多くの蓄積があることも見逃せない．資金やホスト社会で評価される人的資本を欠くエスニック集団の中には，小・零細規模を中心とするいわゆるニッチ産業へ参入し，社会経済的地位の上昇を果たす例がみられる．こうしたビジネスは，事業所間の取引費用の縮減や顧客ニーズへの近接性から集中し，サービス業の場合には特徴的な景観を呈してエスニック・タウンと呼ばれるような空間を形成する．エスニック・ビジネス研究，とりわけその空間的集中を扱ったエスニック・エンクレイブ論においては，エスニック・ネットワークに代表される社会関係資本の役割が強調されてきたが（Portes and Manning 2008），その中で，労働力プールや顧客ニーズの供給源としてエスニック集住地区との関係も議論されている（Kaplan 1998）．

以上のように，都市内のエスニック集住地区の形成過程には，都市の空間分化を促す経済的・社会的要因が複雑に絡み合い，そこにエスニック集団に特有の社会的・文化的要因が輻輳する．さらに，住宅配置や産業立地など，政策的な介入がそれらの背景にあることも言を俟たない．換言すれば，エスニック集住地区そのものの特性を超えて，都市空間や都市社会の一構成要素として，分析の必要性が高いものと捉えられてきたのである．ただし，これらの既存研究は，集住地区の形成を都市内部の現象，つまり「広がりとしての都市」としてのみ捉えるきらいがあった．特にグローバル経済や国際人口移動の活発化が都市空間に大きなインパクトを与えるようになると，広域的な資本・モノ・人の移動ネットワークの中で都市のエスニック集団を分析する視角も登場する．先述のサッセン（1992）の世界都市論はその代表であり，グローバル経済の統括拠点となる大都市では，大企業の駐在や事業所サービスに関わる高度人材の移動が活発化する一方で，拡大する低賃金サービス業の労働需要を満たす形で移民が増大するとされる．現代の大都市では，高所得層のエスニック集団の集住地区も形成されるほか（White 1998），ジェントリフィケーション[11]下の再開発に伴う旧来の集住地区の解体など，資本による都市空間編成の新たな局面の影響も看取される．同時に，先述したように，グローバル経済に伴う都市間競争というコンテクストの下，エスニック・タウンのような個別の特性を持った空間が観光等の消費対象として都市政策上の関心の度合を増すという状況もある（Parzer and Huber 2016）．

さらに，グローバルな資本・人の移動という点では，郊外に形成されたエスノバーブ（ethnoburb）と呼ばれる新たな集住地区の出現も注目される．1990年代以降のアメリカでは，従来のような低賃金労働者としてではなく，当初より社会経済的地位が高く一定の資産を有する起業目的の移民（アジア系が中心）が増加し，特に郊外での集住が顕著にみられた（Li 1998, 2009）．この過程には，しばしば同一エスニック集団のデベロッパーが関わり，出身国の金融機関の融資を受ける形で移住者向けに開発された地区もみられる（Light 2006）．エスノバーブは，これら移住者を含む双方向的な移動やグローバルな商品流通の一拠点となることで，「交わりとしての都市」の本質を都市空間において体現している典型的な例といえよう．

（11） ジェントリフィケーションは，しばしば，再開発に伴う地域の魅力の向上や，社会経済的地位の高い住民の増加という現象として理解されている．しかし，マルクス主義的空間論の見方では，セグリゲーションに関する説明と同様，地代の潜在的な格差を埋めて収益性を向上させるための資本循環の一環と捉えられる（スミス 2014）．

以上で示した既存研究の動向をふまえれば，都市とエスニック集団との関係を捉える上で，エスニック集住地区が格好の分析対象とされてきた理由が理解できよう．具体的なトピックは政治・経済・社会・文化の多方面にわたるが，「広がりとしての都市」については空間分化の原動力となる資本の役割，「交わりとしての都市」については人口ならびに資本の移動が特に重要性の高いものとして挙げられる．さらに，より大きい枠組みでいえば，エスニック集住地区は19世紀後半以降の世界を特徴づける「都市化の時代」と「移民の時代」における都市のありようを象徴しており，また，現代のグローバル化といった大きな社会・経済変動における都市の変化ないし進化を具現するものでもある．エスニック集住地区は，限られた空間的範囲でありながらも，これらの意味において着目する意義が大きい．

ただし，上述のエスニック集住地区をめぐる理論フレームワークは，主としてアメリカの事例から導出されている点には注意を要する．これに対し，第2次世界大戦後に移民受け入れが進んだ西ヨーロッパやオセアニアの都市については，集住の形態や程度がアメリカとはかなり異なることも示されてきた．特に住宅市場についていえば，ヨーロッパでは公営住宅の供給量が大きく，そこへのエスニック集団の集中が顕著である．また，公定の多文化主義の中で，エスニック集住地区がむしろポジティブに評価されたり，あるいは逆に貧困の集中との関連で社会政策の一環として積極的な政策的介入が進められてきたという特徴も挙げられる[12]．むろん，エスニック集団の構成や人口数は，各国の移民政策をはじめとする政治的要因の影響を受けて多様な特徴を呈する．それゆえ，セグリゲーションの国際比較研究においては，住宅市場や移民・社会統合政策といったマクロな要因への着目が重要であることが指摘されてきた（Musterd and Ostendorf 1998）．その意味では，本書の具体的な分析・考察に先立ち，日本―朝鮮半島間の人口移動の史的展開や政治・経済・社会的な背景要因を整理しておく必要があろう．

---

(12)　ここには，地域におけるエスニシティの面での住民の多様化を進め，セグリゲーションの弱化に政策的に介入する，ソーシャル・ミックスのような事例も含まれる．ただし，その有効性については多くの疑義も提示されている（Ostendorf et al. 2001; Bolt et al. 2010）．

3．在日朝鮮人をめぐる移動・在留の歴史的展開

20世紀前半の朝鮮半島からの人口流出は，東アジアの激動する政治情勢の中で生じ，日本への移動もこのような広域的な動向の１つの構成要素であった．1910年の韓国併合以降，朝鮮人は日本国籍を有する「日本国民」となったが，とはいえ日本との間で自由な往来が認められていたわけではない．日本「内地」の景気の悪化などを受けて1930年代までは渡航は基本的に許可制とされていたし，自由意志の移動に対して釜山では官憲による渡航諭止も行われた（西成田1997）．つまり，朝鮮から日本への移動は政策的には抑制を基調としていたが，それでも家族の呼び寄せや日本企業の募集などを通じて「内地」の朝鮮人数は継続的に増大していく．

移住した朝鮮人労働者は，地方部では炭鉱や土木工事現場，大都市では工場労働者や諸種の雑業に従事した．都市では大小様々な規模の集住地区が形成されるが，概して社会経済的状況は不安定で，しばしば劣悪な環境での居住を余儀なくされた．同時に，貧困の集中や日本人との軋轢といった諸問題が生じる中で，協和会に代表されるように，社会統合よりもむしろ同化を目指した政策が展開されていく（樋口 1986）．それは，社会運動の抑圧を意図した在留管理であったと同時に，単なる同化ではなく，皇民化という植民地支配の延長に位置づけられるものであった．

日中戦争の勃発以降は，抑制的な移住政策は転換され，強制的な労務動員によって「内地」の朝鮮人数は激増し，大都市でも土木工事現場などに動員されることになり，1945年のピーク時にはその数は約240万人にも達する（外村 2012）．ちなみに，この数は現在の日本における在日外国人数と同水準で，当時の「内地」人口が約7,200万人であったから，割合でいえば現在を大きく上回る．しかし終戦，すなわち朝鮮半島における解放を迎えると，労務動員のほか日本で困難な生活に直面していた朝鮮人の多くが帰還し，その数は60万人にまで激減した．ただし，このようなドラスティックな人口移動もまた，上述の東アジアという広域的なスケールに位置付けて捉えられるべきである点には注意したい．つ

まり，20世紀前半の日本の対外拡張の下で形成された人口移動システムが，終戦とともに瓦解し，新たなナショナリズムと国境の引き直しの中でマイノリティ移住者の引揚げ・追放・残留が生じた（蘭 2019）．在日朝鮮人は，そのうち日本における残留の典型的なケースとなったわけである．

戦後の在日朝鮮人（および台湾人）のありようを決定づける契機となったのは，1947年の外国人登録令による登録の強制，そして1952年のサンフランシスコ平和条約締結に伴う日本国籍剥奪という「外国人化」の進行である．戦前，建前としては「日本国民」であった彼ら・彼女らは，「外国人」となったことで諸種の社会保障から排除され（田中 1995），ある部分では戦前以上に苛烈になった差別によって，主流社会における社会経済的地位の上昇機会が著しく制限された．一方で，次章で詳述するように，こうした状況下で生計を維持していくにあたり，国家の再生産機能を代替するようなセルフヘルプ型の組織の発達や（水内 2004），小・零細規模の起業が促進された（韓 2010）．

日本との往来については，アメリカ占領期の朝鮮半島への帰還が終了した後，公的なルートでの渡日が限られて（1960年前後の北朝鮮（朝鮮民主主義人民共和国）への帰国運動という例外はあるが）大幅に減少したことで，在日朝鮮人は次第に「国内マイノリティ」の性格を強めていく[13]．特に日本生まれの２世の増大は，なおも残る差別や経済的格差の問題がクローズアップされるきっかけとなり，日立就職差別裁判（1974年結審）や1980年代の外国人登録法の指紋押捺強制への反対運動など，日本のエスニック・マイノリティとしての権利を確立する動きが活発化していく．一方で，言語・文化の面でのエスニックな特徴が不明瞭になったり，徐々に日本人との間での職業上の差異は縮小し，既存のコミュニティとの関わりも多様化するに至った．この傾向は，３世の増大を受けてさらに強くなっていく．

その後，日本と朝鮮半島との往来は，韓国における海外渡航自由化（1989年）

---

(13) ただし，公的な往来が困難な中でも，「密航」という非合法な方法による越境は潜在化しつつ続いた．終戦前の疎開や帰還に伴って家族が離散した状況下で，1950年代には家族再結合を目指した「密航」が相当数みられた．また，1960年代以降になると，出稼ぎ目的で日本の親族等を頼って渡航する例もあった（福本 2011）．これらから，戦前の移動に関わるネットワークが終戦で突如途絶えたわけではないこと，そしてここに戦前・戦後の連続性を見出せることに留意したい．

と日本での出入国管理及び難民認定法（以下，出入国管理法）の改正施行（1991年）を受けて新たなフェーズに入る．後者によってアジア・南米からの外国人が急増した結果，在日外国人に占める「韓国・朝鮮」籍の割合は急速に低下していくが，一方でこの時期に多様な目的を持った韓国からの渡日者についても相当数の増加がみられた．韓国出身の新たな在留者は，在留資格の点でも，留学や商用，ワーキングホリデー，IT関係の高度人材など多岐にわたり，かつての在日朝鮮人とは相当に異なる特徴を持つ．結果，「コリア」という枠でみると，その内部には「オールドカマー」と「ニューカマー」という，渡来時期や属性の点で相違のある2つのサブグループが現出するに至った．東京・新宿区の新大久保のような「ニューカマー」を主体とする集住地区の形成は広く知られるが，これら2つのサブグループの間に関連性が全くないわけではなく，Ⅲ章以降で言及するように，両者の居住地が近接したり重複する事例もみられる．

さらに2000年代になると，日韓の経済関係や文化消費における結びつきの強化とともに，両地域間の移動はより複雑かつ多様な様相を呈することになる．グローバルな分業体制の下で日韓をまたぐ様々な業種のサプライチェーンが形成されたことにより，ビジネス面での往来はさらに活発化したし，日本での韓国ブーム，そして韓国での日本ブームは，観光に代表される短期的な人口移動を拡大させてきた．特に2015年以降の第3次韓流ブームの隆盛の結果，K-POPに代表されるグローバルな文化消費という文脈の下で韓国文化を嗜好する人々が急増し，一部の集住地区が観光地へと変貌したり，「コリアタウン」の名称が人口に膾炙するような状況も生じている．

以上に示した在日朝鮮人の移動や在留をめぐる史的展開は，集住地区の由来と展望の検討にあたり，以下の点で欧米と異なるコンテクストを成している．戦前，日本への移動の主因となったのは，言うまでもなく植民地主義下の諸スケールの空間変容であった．そして，植民地主義の終焉と冷戦体制の構築は，引揚げや追放という形でドラスティックな移動を引き起こすとともに，東アジアの政治的分断に象徴される新たなナショナリズムの隆盛が，この地域内での移動のあり方を大きく規定するに至った．つまり，在日朝鮮人をはじめとする各地域のエスニック集団が，程度の差はあれ，植民地主義の残滓として存在し続けたわけである．また，日本の場合，高度経済成長期に生じた労働力不足を移民で補填することはなく，2018年の出入国管理法の改正に至るまで単純労働力としての移民受け入れを認めない政策が堅持されてきたという経緯もあった．その結果として在日外国人の大半が旧植民地の出身者とその子孫で構成されるという状況が長らく続いたのである．しかも，セルフヘルプ型の生活扶助の基盤がどうにか構築される中で，南北分断という戦後東アジアの政治状況が影を落とすという歴史もあった．こうした経緯は，欧米の移民受け入れの経験とは明瞭に異なるものとして意識される必要がある．

4．本書の意義

前節までの議論をふまえ，改めて本書の目的と意義について整理したい．本書では，大阪の在日朝鮮人集住地区の空間的形態を，20世紀前半から現在に至る時間的射程の中で捉え，その変容を諸スケールの政治・経済・社会的要因との関連から明らかにすることに取り組む．この研究は，エスニック集住地区に関する地理学，特に都市社会地理学の系譜に位置付けられるものであり，本書副題の「社会地理」とは，社会集団の空間的な現出形態や，社会と空間の関連性を指す．

在日朝鮮人の存在から大阪という都市の特質を照射する意義については，歴史学者の杉原達が以下のように見事に言い当てている．すなわち，「アジアの中の大阪，そして大阪の中のアジアとくに朝鮮という両様の意味で，大阪は単なる大都市というだけでなく，帝国日本を背景にもち帝国の諸動向との密接な関係において，産業の諸領域のみならず文化の細やかな壁をも包み込む形で，帝国都市・大阪として立ち現れてきた」（杉原 2009: 46）．そして，戦前の集住地区への政策的まなざしと不可分であった植民地主義は，在日朝鮮人の居住地における日常的な排除・同化の諸実践をも特徴付け，しかもそこに冷戦構造下の政治状況が輻輳していた（杉原 1998，2009）．これらに代表される杉原の分析視角は，まさに「広がりとしての都市」「交わりとしての都市」の両面から，大阪の内包する多文化性を剔抉したものといえよう．

本書の試みは杉原の成果の驥尾に付すものであるが，分析対象となる時期を戦後から現在へと拡張し，特に集住地区の空間的形態を把握することには，以下の２つの意義が認められると考える．

まず，集住地区の形成を，都市の空間分化との関連から捉える点が挙げられる．とりわけ本書においては，その空間的形態の記述的な分析にとどまらず，都市空間の形成に関わる資本の役割を意識する．本章２節で示したように，空間分化の形成過程は，エスニック集団の社会経済的地位や集団内外の社会関係のほか，生産・再生産をめぐる資本の循環によっても大きく規定されている．当然ながらエスニック集団もこの大局的な動向に包摂されているが，特にコミュニティの自立性が高い場合には，社会関係資本などエスニック集団に特有の資本形態が集住地区形成に結びつくケースもある．このように，都市の空間分化に関する諸理論をエスニック集団の集住地区の分析へと敷衍することは，そのメカニズムの解明に寄与しうるという点で意義がある．

次に，近代から現在に至る通時的観点を特色とする本書の意義として，日本をめぐる人口移動の歴史的展開，端的には「オールドカマー」と「ニューカマー」[(14)]の併存を分析の射程に含んでいることがある．既述の通り，前者については日本の植民地主義に付随した移動，後者はグローバル化に伴う国際人口移動の活発化と対応している．在日朝鮮人を含め，第２次世界大戦後に引揚げ・追放・残留を余儀なくされた人々は，それぞれ異なった形で戦後の苦境に直面した．それは，制度や社会状況における植民地主義の残存と新たなナショナリズムの融合という，東アジアのポストコロニアルな状況を特徴付けるものだったといえる．片や，現代の日本をめぐる国際人口移動をつぶさにみれば，このような歴史的側面と様々な点で関連性を有していることもまた，多くの研究で明らかにされている[(15)]．東アジアにおける戦前の人口移動システムの残存と現代

(14)　「オールドカマー」と「ニューカマー」は，前者が植民地主義下の移民とその子孫，後者が1980年代以降の韓国からの移住者と区分しうる．統計上は，前者が「特別永住者」の在留資格を有する人々と概ねみなしてよい．もちろん，これらの区分は便宜的なものにすぎない．そのことを念頭に置いた上で，以下，本書では鉤括弧を外して表記する．

(15)　典型的な事例として挙げられるのは，中国帰国者とその家族の渡日であろう．中国残留婦人・残留孤児は，旧「満洲」への移民と戦後の日中関係の中で翻弄され，ようやく帰国が叶った場合でも，本人や帯同した家族に多くの苦難が待ち受けていたことは言うまでもない．この状況は，1991年の出入国管理法改正施行により，日本人移住者の3親等まで「定住者」の在留資格の取得が

のそれとの併存ないし接合関係は，歴史社会学者の蘭信三の表現を借りれば「ポストコロニアリズムとグローバリズムの交錯点」（蘭 2013）を体現するものである．本書は，この交錯点をエスニック集住地区に見出し，日本の都市が内包する多文化性を，時間的・空間的拡がりの中から析出する試みといえる．

次章で示すように，日本でもエスニック集住地区を扱った研究に一定の蓄積があるとはいえ，その来歴や展望を論ずるような視点は欠落しがちであった．「広がりとしての都市」「交わりとしての都市」から日本の都市，なかんずく大阪の特質を把握しようとする上で，在日朝鮮人の集住地区に着目する意義は大きい．しかもそれは，繰り返しになるが，「見ようとしなければ見えない」ものなのである．

5．本書の構成

以下，本書は，既往研究での成果と課題を確認した後に，量的データから現代日本の都市における在日外国人の集住地区の特性を把握し，大阪を事例とする在日朝鮮人集住地区の分析を1920年代以降から現代に至る時間軸上に整序するという構成をとっている．

II章は，在日朝鮮人を含むエスニック集住地区に関する日本の研究動向について，エスニック集団人口の歴史的推移と対応する形で，①1910年代〜戦後，②戦後〜1980年代，③1980年代以降の 3 つの時期に分けて整理する．その上で，特に②の時期を対象とした研究の欠落のために，通時的な観点に基づく集住地区ないしセグリゲーションの変容が明らかにされていないこと，また，居住―就業の両側面についての統合的理解が特に②・③の時期で乏しいことを示す．

III章では，現代の東京と大阪を事例に，国勢調査小地域統計に基づいて都市内のセグリゲーションの動向を析出する．GIS（地理情報システム）を用いた定量分析を通じ，在日外国人におけるオールドカマーとニューカマーの分布傾向

可能となったことで微妙な変化の時期を迎える．中国東北部からはある種の「出稼ぎ」として渡日する者が増加し，1人の残留婦人・残留孤児に対して十数人ないしそれ以上に及ぶ家族・親族が日本に在留する例も珍しくない（山下ほか 2013）．

の差異と，これら2集団の構成比率の違いが，それぞれの都市のセグリゲーションを特徴付けていることを示す．つまり，「世界都市」として国際人口移動の影響をより強く受ける東京に対し，大阪ではオールドカマー，なかんずく在日朝鮮人の存在が集住地区の空間的形態やその変容を強く規定しているという，両都市の相違が明らかになる．加えて，オールドカマーの集住地区の間でも，ニューカマー流入の多寡が分布傾向の差異を生じさせていることを指摘する．

Ⅳ章からⅧ章の各章では，1920年代以降の在日朝鮮人集住地区の形成・変容を，時代ごとの政治・経済・社会的背景を意識しつつ順に検討していく．Ⅳ章は，1920年代から1950年代の大阪を対象に，在日朝鮮人の居住分布の変化を明らかにすることを狙いとしている．戦前の大阪では，インナーシティのいくつかの地域に集住がみられたが，それぞれの間には工場労働者の割合や自営業者の存在といった面で違いがみられた．終戦後，帰還による大幅な人口減少の結果，なぜ現在に近い形の居住分布がみられるようになったかについて，諸種の史資料や統計をもとに検討する．

Ⅴ章では，1950年代以降の分布パターンが固定化した理由を，最大規模の集住地区である大阪市生野区を事例に，土地所有過程に焦点を当てて明らかにしていく．戦後の在日朝鮮人は，日本人と比べても高い持ち家比率と自営業者の多さを特徴としていた．不動産登記や在日朝鮮人事業主に関する名鑑などを活用し，同区では日本人の転出が顕著となる中，在日朝鮮人については居住者および事業主の土地取得によって集住地区が存続した可能性が示唆される．

Ⅵ章は，これに引き続き，1980年代以降のセグリゲーションの弱化の兆しを，エスニック経済の特性から解明する．事業主に関する名鑑の分析からは，特定の業種において，集住地区と結びついた在日朝鮮人事業主の空間的集中が見出される．1990年代後半にかけて，こうした空間的集中はかなりの程度不明瞭になっていくが，その背景として，大阪市全体における経済リストラクチャリングの影響や，居住の長期化に伴う在日朝鮮人の社会的属性の変化があったことを示す．

Ⅶ章の狙いは，オールドカマーの集住が弱化し始める状況下で，ニューカマーを主体とする明瞭なエスニック空間が形成される過程を，Ⅴ章と同じく不動産登記に関するデータから分析・考察することにある．大阪市生野区新今里地区の事例を通じて，花街という遊興空間が韓国クラブ街へと変貌する過程が，花街の衰退や在日朝鮮人による土地取得とそれに続く景観変容といった点から描出される．その際，在日朝鮮人・韓国人ニューカマー・日本人住民の3つのアクターの関わりについても考察を加える．

Ⅷ章では，大阪生野コリアタウンを事例に，グローバルな韓国文化への嗜好の拡大という文脈の下で，観光地化に伴って変容する地域のありようを捉える．いわゆる韓流ブームに伴って消費目的の観光客が増大した結果，オールドカマー起源のコリアタウンには，地価の上昇や新たな商品を扱う店舗の増大といった様々な変化が生じた．この章では，観光客の意識・行動も分析対象とし，グローバルな文化消費という局面での，集住地区の歴史に由来する経済的・社会的価値について検討したい．

最後のⅨ章では，本書の知見を整理し，集住地区の形成・変容のメカニズムを説明するとともに，大阪におけるエスニック・バイタリティの来歴と展望を述べる．日本においても都市が本来的に有する多様性を体現する空間が確かに存在し，都市の進化の一端を担ってきた．こうした認識が，大阪という都市の今後を考える上で欠かせないことを示したい．

第 II 章

日本のエスニック集住地区研究は何を見落としてきたか

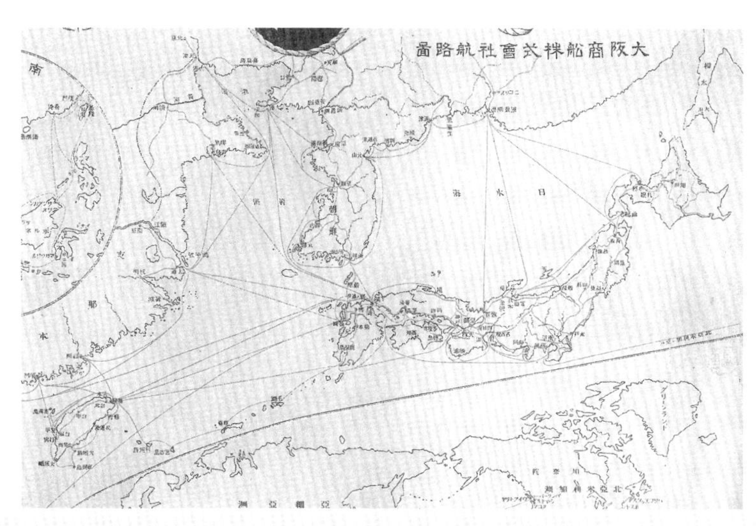

戦前の大阪商船（現・商船三井）の航路図からは，大阪と世界の各地域との結びつきの中でも，とりわけ朝鮮半島をはじめ東アジアとの関係が深かったことがわかる．都市内部におけるエスニック集団の増加を理解する上では，その都市が外部とどのようなつながりを有しているかにも目を向ける必要がある（『大阪商船株式会社沿革大要』，1918年）．

1．2つの「山」――日本におけるエスニック集団人口の推移――

集住あるいはセグリゲーションと接点を持つ個別の研究(16)は，日本の事例についても一定の蓄積がある．それらは，日本のエスニック集団人口の歴史的推移に対応し，いくつかの段階における国際人口移動や都市空間の特性からエスニック集住地区を捉えている．本章では，こうした既存研究の展開を整理し，本書にて集住地区の通時的分析を行う上での着眼点について検討する．その際，本書の目的に照らし，またエスニック集団の人口トレンドをふまえ，戦前から1980年代までについては主として在日朝鮮人をめぐる諸状況に焦点を当て，それ以降は大都市部のニューカマーの動向を概観することにしたい．

はじめに，日本におけるエスニック集団の人口の長期的な増減を確認しておきたい．とはいっても，20世紀以降を視野に入れた場合，何をもって日本の「国内」「国外」とするかは必ずしも確定できるわけではないし，日本国籍の剥奪や取得（帰化）などによりナショナリティとエスニシティには常時不一致が存在する．ここでは大まかな傾向を掴むために，便宜的に現在の日本の領域外からの移住者やその子孫を「エスニック集団」とみなし，国籍ないし戸籍(17)に基づ

---

(16)　日本の地理学におけるエスニック集団を扱った研究については，既に千葉（2005）やOishi（2008）による，エスニック地理学の観点からのレビューがある．ただし，エスニック集団の居住分布，なかんずく「集住」という側面に焦点を絞った研究の整理は乏しい．

(17)　戦前，日本の植民地統治の対象となった領域（朝鮮・台湾・南サハリン）は，「外地」とされ，日本領土でありながら異なる法体系の下に置かれた．植民地の住民は，国籍は日本であるが，日本「内地」とは異なる戸籍に編入されることになり，かつ「内地」の戸籍間との移動は認められなかったため，実質的に「内地人」（＝狭義の日本人）と植民地の住民とは戸籍によって区分された．なお，婚姻や養子縁組による戸籍間の移動は可能で，戸籍は父系主義で編纂されていたため，日本人男性と結婚した「外地」の女性は日本の戸籍に編入され，反対に「外地」の男性と結婚した日本人女性は「内地」の戸籍から消除されることとなった（遠藤　2013）．戦後，サンフランシスコ平和条約締結の際に日本国籍を喪失したのは，旧植民地出身者だけでなく，「外地」戸籍に編入されていた日本人妻やその子も含まれる．戦後の国籍法では，婚姻による国籍変更は生じないが，子どもは父親の国籍を継承することとされた．1985年の女子差別撤廃条約批准を機に父母両系主義へと転換されると，子どもは二重国籍となり，21歳までにいずれかの国籍を選択することが法制化された．このほか，日本国籍取得（帰化）による国籍の異動が相当数ある．このように，「エスニック集団」

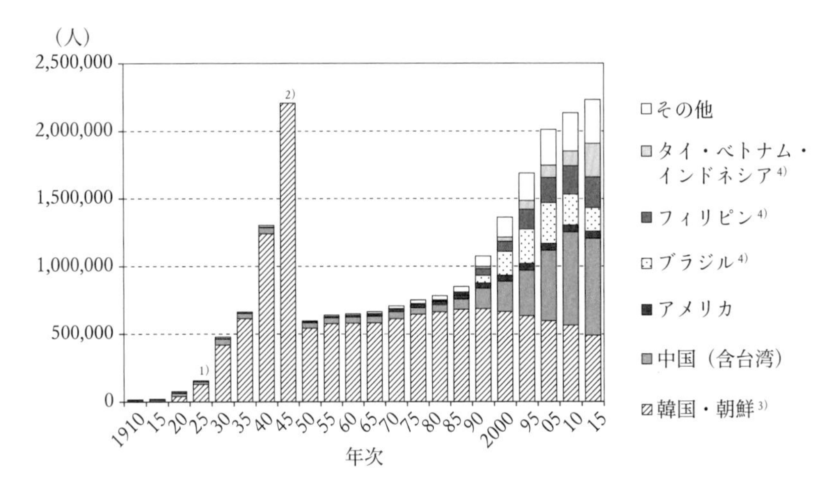

図II－1　日本におけるエスニック集団（「外地人」・外国人）人口の推移

典拠）1940年以前の数値は国勢調査，1945年は田村（1998）の推計値，1950年以降は国立社会保障・人口問題研究所『人口統計資料集 2020年度版』同発行（原資料は法務省『外国人登録国籍別人員調査一覧表』ならびに『出入国管理統計月報』）に基づく．
注1）台湾人のデータは公刊されていない．1920年に1,703人，1930年に4,611人であったことから，その間に収まると考えられる．
注2）朝鮮人のみの数値．
注3）1945年以前は「外地」籍の「朝鮮」，それ以降は外国人登録における「韓国・朝鮮」籍の数値．
注4）1945年以前については「その他」に含めている．

くデータを利用する．

図II－1から，日本のエスニック集団の量的変動を俯瞰すると，2つの時期において「山」があることを看取できる．すなわち，1920年代以降からアジア・太平洋戦争の終結まで，ならびに1980年代以降から現在までという時期的に離れた増加局面がある．これらのうち前者に関しては，I章でも述べた通り，戦前期の植民地とりわけ朝鮮半島からの人口移動による部分が圧倒的に大きく，戦後の急減には短期間のうちに生じた帰還流動の結果が反映されている．

なお，戦前の日本におけるエスニック集団の動向については，得てして植民

の人口を長期的に同一の基準で検討することは容易ではないが，戦前については「戸籍」，戦後については「国籍」のデータを用いることに，一定の妥当性はあるものと考える．

地から宗主国への一方向的な移動として語られるきらいがあるが，このような捉え方には日本もまた移民送出国であったという認識が欠落している．19世紀より，日本では農村から北海道への開拓移住，ハワイ・北米・南米への移民送出がみられたし，宗主国から植民地へ，さらには勢力圏への「内地」からの移動も多数展開していた．つまり，国際人口移動の面での日本の特徴は，アメリカやオーストラリアのような移民の「受け入れ」への特化ではなく，(特に20世紀以降の) 植民地主義下で展開した複雑な人口移動システムの一部を成していた (蘭・福本 2018) 点にあることは再度強調しておきたい．

一方，1980年代以降は，「韓国・朝鮮」以外の，特に「中国」「ブラジル」「フィリピン」等の増加が顕著となる (図Ⅱ－1)．この時点まで顕著な外国人の増加がみられなかったのは，既述の通り，戦後の好況期に多数の移民やゲストワーカーが流入したヨーロッパとは異なり，高度経済成長期の労働力需要が地方部からの人口移動によって補填された結果でもある．こうした状況は，1980年代末のバブル経済の下，ビザ相互免除協定が結ばれていた南・西アジアから (予期せぬ形で) 外国人労働者が流入したことで変化の兆しをみせ，1990年の出入国管理法の改正を機に，リーマンショック (2008年) や東日本大震災 (2011年) の時期を除いて在日外国人数は増加の一途をたどる．

1990年代以降にみられたニューカマー増加の大部分は，戦後一貫して単純労働力の移入を公式には認めてこなかった出入国管理行政の中で，正面からの受け入れを意味する「フロントドア」ではなく「サイドドア」からの移入として現れた (梶田 1994)．すなわち，一定範囲内でのアルバイトが認められた「就学生」「留学生」や，日系人に認められた就労制限のない「定住者」資格の創設によってブラジル・ペルーなどの南米から渡日した派遣労働者，「興行」資格を持ったフィリピン人女性エンターテイナー，実質的に中小規模の製造業・農業・サービス業における低賃金労働者のニーズを満たす「研修」「特定活動」(研修生・技能実習生) など，様々な形で労働力を供する人々が増加した．それと同時に，特に東京では高度人材に分類しうる外国人も増加し，いわゆる「世界都市」と共通する動向も見受けられる (町村 1994)．

2000年代に入ると，たとえば国連の補充移民に関する報告書 (2000年) などをきっかけに，在日外国人の動向が日本の少子高齢化との関連から政策的・社会的関心を集めてきたことも特筆される（駒井 2006）．人口減少が不可避の趨勢となる中で，外国人の増加がいかに地域経済や地域社会に貢献しうるかといった点（Ishikawa ed. 2015; 石川 2018）のほか，そのための多文化共生政策のありようなども議論の的となっている．政策的には，2018年の「特定技能」資格の導入までは単純労働力の移入を認めない建前を堅持しつつ，EPA（経済連携協定）などを通じて医療・福祉現場における労働力不足の補填目的で外国人労働力の導入を図ったり，高度人材の呼び込みを促すために外国人家事労働者を解禁するといった出入国管理法制上の変化も生じた．しかし一方で，2008年のリーマンショックの際，調整可能な労働力として活用されてきたブラジル人の多くが失職し，政府の帰国支援事業もあってブラジルやペルー国籍についてはピーク時の 3 ～ 4 割も減少したという経緯も存在する．この外国人の減少という結果は，滞在の長期化に伴って必然的に生じると考えられた彼ら・彼女らの「定住」が，グローバルな経済変動や地域労働市場の諸条件に左右されうることも示唆している．

以上，20世紀以降の日本におけるエスニック集団の人口推移とその特徴を，主として外国人増加に関わる諸要因に着目して概括的に整理した．端的にいえば，オールドカマーとニューカマーとの間には社会経済的地位等の属性に大きな懸隔があり，そしてこの日本の特性には，出入国管理体制というナショナル・スケールの要因はもちろん，20世紀の東アジアをめぐるリージョナル・スケールの人口移動システム，1980年代以降のグローバリゼーションに伴う労働力移動といった広域的な動向が影響している．

2．近代都市における社会―空間的周縁化と集住地区

19世紀後半には居留地という形でエスニック集団（主としてイギリス・中国出身者）の集住地区が見られたが，1899年の領事裁判権の撤廃まで彼ら・彼女らは居留地外での居住を認められていなかった．欧米都市でいう意味合いでのエスニック集住地区の形成は，日本では20世紀以降，特に韓国併合に伴う朝鮮人の流入を契機としている．

戦前の大阪が描いた輝かしい未来：
大大阪記念博覧会（1925）

東京を凌ぐ経済的発展を遂げた大阪は，世界に名だたる都市としての自己イメージを膨らませていく．「大大阪」を掲げた都市改変が進む中，そのイメージは「大大阪記念博覧会」（写真・上）にも投影された．そこでは，都市のジオラマを見下ろすまなざし（写真・中）と世界を一望するまなざし（写真・下）を通じ，大阪という都市が経験した近代の意味を人々に身体レベルで理解させた（写真・上：毎日新聞，写真・中：『大大阪記念博覧会絵葉書』，写真・下：『大大阪記念博覧会案内』）．

近代都市の空間的膨張をもたらしたのが，増大する低賃金労働力の需要に応える都市外からの移住者だったことは言を俟たない．大都市では，社会政策が十分に機能しない中，雑業や工場労働に従事する人々が集中するスラムが形成され，そこに植民地出身者（特に朝鮮人）や中国人労働者の流入もみられた．それゆえエスニック集住地区は，近代都市の空間編成，とりわけその社会—空間的周縁化との関係で捉えられてきたといえる．こうした経緯は，都市研究と移民研究が重複する領域で集住地区が論じられてきた欧米の事例とはやや異なっている．

近代都市におけるスラムは，特に関西の大都市の場合，近世の被差別集団をめぐる社会—空間構造とも密接に結びついていたことは見逃すべきでない．この点に関連して，たとえば杉原・玉井（1986）は，大正期の大阪におけるスラムの起源と形成を次の3つに類型化している．すなわち，①近代期に都市域に包摂された近郊農村，②同じく近郊農村ながら被差別部落に起源を有する地区，③朝鮮人の比率がとみに高い地区の3つで，いずれの類型にも朝鮮人労働者の流入はみられた．特に②については，皮革産業を代表とする部落産業の進展が階層分化をもたらし，低賃金労働のニーズを満たす形で朝鮮人が参入した[18]（福原 1986; 河 1997）．さらに杉原・玉井（1986）は，それぞれには土工・職工といった職業構成に加えて差別形態にも相違があったことを指摘している．つまり，3つのタイプには劣悪な生活環境や職種への蔑視観に由来する差別が存在したが，②ではそこに血縁・出身地の差別が，さらに③についてはエスニック文化の違いに由来する差別が付加していた．

近代都市のスラムは，揺籃期の都市政策において「不良住宅地区」と名指され，物理的な改変を要する対象として見出されていく．特に六大都市行政の社会部は，朝鮮人集住地区を含む「不良住宅地区」に強い関心を抱いて多数の実態調査を実施した．このことは，後のスラムクリアランスと住宅改良の政策制定に寄与したと同時に，それに対峙する住民の交渉や権利意識の芽生えを通して市民社会の基盤形成にもつながった（水内 1984; 佐賀 2007）．しかし，I章で

（18） ただし，朝鮮人集住地区の形成がスラムや被差別部落と常に空間的にオーバーラップしていたわけではない．高野（2009）によれば，京都の場合，朝鮮人の流入はむしろ被差別部落の周辺で目立っていた．

大大阪記念博覧会における
「朝鮮館」と「台湾喫茶店」

博覧会会場の中心には，「朝鮮館」（写真・上）と「台湾喫茶店」（写真・下）そして「大陸館」が置かれた．建造物やそこでの展示物・販売物は，来訪客に単なるエキゾチックな雰囲気を提供しただけではない．近代大阪という都市へのまなざしは，植民地主義とも分かちがたく結びついていたのである．世界に名だたる大阪の発展の基盤には，植民地主義に由来する序列的な文化意識があった（『大大阪記念博覧会絵葉書』）．

も述べたように，こうした都市政策において朝鮮人は単なる都市下層住民としてだけでなく，劣位な文化集団というまなざしを向けられる存在でもあった．一例として，在日朝鮮人の管理統制を目的に全国規模で組織化された協和会は，生活文化の差異が顕現した集住地区を，「内鮮一体」，つまり同化・皇民化の強制を進める上での重要なターゲットとしていた（樋口 1986）．

一方で，在日朝鮮人集住地区の場合，自営業への進出といった形で経済的に安定した層がコミュニティのリーダーとなり，失業対策や借家問題，さらには消費組合といった労働力再生産の基盤形成に役割を果たす者も登場し始めた．ただし，これらリーダー層は，社会主義運動への傾倒ではなく，生活安定を求めてむしろ協和会が主導する同化政策に加担する事例もみられた（外村 2004: 218-9）．ほかにも，たとえば被差別部落では，低賃金労働をめぐる朝鮮人と被差別部落民の競合が生じ（河 1997），その中で前者に対する差別意識が醸成されることもあった[19]．このように，朝鮮人集住地区を都市形成との関係から捉えると，低賃金労働者という社会経済的地位，植民地主義に由来するエスノセントリズム，さらに都市の歴史的な差別構造とが折り重なる様相を見て取れる．

1930年代の不況下で特に朝鮮人労働者の渡日については抑制が試みられたが，既に家族形成の進みつつあった集住地区では継続的な流入とその空間的拡大がみられた．さらに，アジア・太平洋戦争の勃発以降には，強制的な労務動員を含め，地方の鉱山のみならず大都市でも土木工事現場などに一時的な労働力の収容という形での集住が生じた．一例として全（2021）は，京都府宇治市の事例について，飛行場建設に伴う飯場の形成とその後の存続を明らかにしている．ただし，そうした集住地区のうち，その後長期間にわたって存続したものは稀であった．

これらの日本「内地」の動向に加え，「外地」を対象とした集住地区の事例研

（19） 昭和不況下の中国人労働者の場合は，失業の深刻化や彼ら・彼女らに対す排斥運動が生じ，また政府が帰国斡旋を行ったことで，集住地区が解体するという結果が生じた（阿部 1999, 2000）．労働市場での競合（への懸念）に由来する軋轢は，現代の移民問題にも通じるものであろう．なお，朝鮮人の場合には「内地」への移動は渡航証明書の発行などを通じて管理され，この時期には移動の抑制も試みられたものの，むしろその人口は増大していった．ここには，「内地」国民／植民地出身者／外国人に対する処遇の差異が表れている．

究も注目される．日本の地理学に限っても，旧「満洲」における「五族協和」イデオロギーとは相容れない明瞭なセグリゲーションの存在（水内 1985; Avila-Tapies 2016），さらには植民地期台湾の都市空間形成に関わる行政権力と居住分化の関係（葉 2001）などが明らかにされている．また，「交わりとしての都市」という側面に関しては，旧植民地や勢力圏の都市空間の形成を，日本の植民地主義・帝国主義下の諸般のネットワークと結びつけて検討した柳沢ほか編（2013）といった経済史からの成果も挙げられる．

欧米都市の事例研究では，グローバリゼーションに伴う多様な形態の移民が目立つ以前，エスニック集住地区はしばしば都市内部の事象として国際人口移動とは切り離して捉えられがちであった．しかし日本の場合には，「内地」「外地」いずれについても，戦前の東アジア，とりわけ日本の植民地主義を基盤とする多方向的に展開する人口移動との関係が意識されている．実際，近代都市のエスニック集住地区は，「広がりとしての都市」という観点に限定されるものではなく，宗主国―植民地の境界を越境する生活圏の一端を成す空間でもあった．人口移動の継起にとどまらず，日本で形成された同郷団体は故郷への送金などを通じて移住元との社会的・心理的関係の維持に寄与したし（外村 2004），人々の生活実践からみれば，「在日朝鮮人」という枠組みにとどまらない，出身地などをベースとする多様な社会関係が存在した（伊地知 2000）．

以上のように，図Ⅱ－1に示す１つ目の「山」に相当する段階の集住地区は，朝鮮人の移入を契機に形成されたものを中心に，労働力搾取と劣悪な居住環境という，資本主義の諸矛盾が表出する空間の一類型として存在していた．それと同時に，エスニック集住地区に顕在化した社会―空間的周縁性は，歴史的に存在した差別構造とともに，同化・皇民化といった政策的抑圧，さらには植民地主義下の人口移動システムとも不可分であった．これらの知見は，「広がりとしての都市」とともに，近代の大阪と東アジアという「交わりとしての都市」の観点からエスニック集住地区を捉える中で呈示されてきたといえるだろう．

しかしながら，１つ目の「山」と対応した集住地区の形成について，それが後にどのような変容を遂げたのかについての具体的な検討はごく一部に限られている．近代都市に見出された集住地区をめぐる居住と就業のダイナミクスは，戦後そして現在の都市空間をいかに特徴付けているのだろうか．この点は，都市におけるエスニック集住地区の来歴と展望を議論する上で，看過できない問題だと考える．

3．戦後の都市政策の不在と集住地区

図Ⅱ－1で確認した通り，戦前のエスニック集団の大多数を占めた朝鮮人は，終戦後の朝鮮半島への帰還によって約60万人にまで急減した．GHQ/SCAPによる公的な計画輸送だけでも，1946年までに実に約100万人の朝鮮人が帰還したが，朝鮮半島の政治・経済状況は不安定であり，少なく見積もっても数万人が非合法な形で再度日本に渡航した．1945年初頭には疎開といった形で朝鮮へと一時帰郷する人もおり，戦後の国境の再画定はそれ以前に成立していた越境的な生活圏を分断するに至った．「内地」に引き続き残留した朝鮮人・台湾人らは，「日本人」から「外国人」へと法的地位が変化し，社会保障や公的住宅供給の対象から除外され，そこに居住・就業面での社会的差別が複合することで，ある意味では戦前以上に不安定な生活を余儀なくされた．さらに，朝鮮人も台湾人も，冷戦下での分断国家の成立がコミュニティの一体的結束を阻んできたこともつとに知られる．

とりわけ戦後に旧植民地出身者が社会政策の埒外に置かれたことは，戦前の「不良住宅地区」政策との対峙・折衝が大規模な改良住宅の建設に結実した被差別部落とは対照的であった（水内 2005）．その結果，残留した旧植民地出身者（特に在日朝鮮人）の中には，河川敷などの所有関係の不明確な土地にバラック街を形成し，不安定な就業で糊口をしのぐ生活を強いられた者も多数いた．換言すれば，在日朝鮮人に関わる都市の社会－空間的周縁性は，法的にはグレーゾーンに類する場所で顕在化したといえる．近年，こうした戦後のバラック街に着目した研究が精力的に取り組まれ，クリアランス一辺倒の都市行政の圧力に対し，時に民族運動の南北対立を乗り越える形で連帯が生まれ，行政から幾許かの譲歩の引き出しに成功した経緯などが明らかにされている（島村 2010; 本岡 2019）．とはいえ，都市政策上の関心は専らこのような抑圧的な部分でのみ表れていたし，土地占有の「不法」性が強調されたことは在日朝鮮人に対するネ

ガティブな心象の生成・定着にもつながった．

また，戦前に引き続く都市下層への研究関心においては，やや時代は下るが，社会階層と寄せ場などの空間形成とを関連付けた論考において，副次的な形でエスニック集団への言及がみられた．特に寄せ場を対象とした事例では，1960年代の「都市の危機」に対応する形で，マルクス主義地理学の空間理論をベースとしつつ労働力移動と都市空間との関係が論じられてきた（青木 2000; 水内 2004）．ここで重要なのは，西澤（2011）も指摘するように，「出入国管理によって労働者を重層化して周縁労働力を創出することができる国家は，国内的な政策を通じても同様に労働力コストの削減を可能にする労働力の調達・配置を進め」（西澤 2011: 19），かつ，それが時に空間的な集中形態を伴う点である．こうした特徴的な就業の空間において，在日朝鮮人は労働力の提供に加え経営者層にも参画し，日本人との間で階級とエスニシティの交錯する複雑な関係を取り結んでいた．加えて，寄せ場については，青木（2000）や高（1998）が，日雇い労働市場におけるニューカマーの外国人労働者の増加をいち早くつかんでいた点は注目される．

一方で，公的な支援体制の欠如は，民族団体はもちろんのこと商工会のような組織や金融機関・病院・学校など，インフォーマルなエスニック・ネットワークに基づく相互扶助とあわせ，集住地区におけるセルフヘルプ型の生活基盤の形成を促した部分もあった（水内 2004）．特に就業面でのサポートは，特定の職種への集中をより高め，エスニック集団に特有の職業構造が生み出されることになった．在日朝鮮人で顕著にみられた自営業者層への参入には，エスニック・ネットワークを通じた労働力確保のほか，民族金融機関の融資といったビジネスの運営基盤の存在など，セルフヘルプ体制は居住のみならず就業の領域でも重要な役割を果たした．さらに韓（2010）によれば，こうした特定の産業への集中は静態的なものではなく，コミュニティ内部の経営・市場情報の共有と活用によって新たな分野への進出も盛んであったとされる．このような就業構造上の諸特徴は，戦前とはまた異なった形で社会階層の分化を生じさせ，年金などの社会保障制度からの排除もあって，日本人と異なる福祉課題を生じさせることにもなった（庄谷・中山 1997）．

とはいえ，戦後のエスニック集団はホスト社会から分離・隔離されていたわけではない．集住地区とはいっても，上述のバラック街を除けば小地域スケールの人口割合で50％を超えるような地区は稀であり，日常生活の中で日本人とも多様な関係が取り結ばれた．中でも都市社会学者の谷富夫らによる，丹念なフィールドワークに基づく一連の研究は注目に値する．谷らが集住地区で見出したのは，日常生活においてエスニシティ以外の様々な地位・役割関係が存在し，そのことが互いの文化的相違をふまえた共同関係の生起を可能ならしめる回路が存在することであった（谷編 2002; 谷 2015）．戦後の都市研究において往々にしてエスニシティに関わる要因が看過されてきた中で，日本の都市コミュニティにおけるエスニック間関係に着目した谷らの観点に学ぶべき点は多い．

ただし，以上の研究では，しばしば「国内」のマイノリティとしてのエスニック集団に関心が持たれている点は指摘しておきたい．この背景として，オールドカマーに占める2世・3世の割合の増大のほか，東アジアの政治情勢の中で（北朝鮮帰国運動を除いて）朝鮮半島への帰還は事実上とりえない選択肢になったことが挙げられる．この状況は端的には「定住」と表現されるが，しかし「密航」に代表されるように，戦前にみられた出身地との移動は完全に絶たれたわけではない（高 1998; 伊地知 2000）．また，情緒的なつながりについても，在日朝鮮人でみられた出身地や本貫を同じくする同郷団体は，生活・就業の扶助のみならず会員相互の親睦に重要な役割を果たしてきたし，出身地への送金は戦後も続き現地の地域発展にも大いに寄与した．つまり，集住地区はこのような越境的なネットワークが交差する空間でもあった．

以上から，戦後都市の集住地区については，都市政策・社会政策の欠如の下で，戦前について盛んにみられた都市の社会─空間的縁辺性への着目とともに，エスニック・ネットワークやホスト社会との結合といった社会的側面，さらにはそれらに由来する就業上の特徴などが明らかにされてきたとまとめられる．一口にエスニック集団といっても，自営業者層の伸張は社会階層の分化をより明瞭にしたし，「在日朝鮮人」という確固たるエスニシティが社会生活の全ての側面で自明だったわけではない．ただ，一瞥すると，戦前に比して集住地区の空間的形態に関する言及は少ないことが目に付く．というよりは，集住地区は分析のための所与の枠組みとして存在し，戦前にみられたような社会─空間および居住─就業の関係性を論じるような研究は，（多くが消滅した）バラック街に関するものを除いて限られていた．これには，戦前とは異なり小地域スケールでその分布をうかがい知れるような統計が整備されていなかったことも影響している[20]．

4．多文化化・消費空間化する現代の集住地区

1980年代後半からニューカマーの増加がみられ始めると，研究の関心も彼ら・彼女らの国籍の多様化や新たに現出した集住地区へと向けられていく．とりわけ最初期に集住という用語を伴う形で注目されたのは，大都市（主に東京）のインナーシティにおけるアジア系移住者と，地方都市の郊外団地で急増したブラジルをはじめとする日系の南米出身者であった．これらの事例は，しばしば地域の衰退という背景を持っていた点で共通する．つまり，前者については1970年代以来の人口流出やバブル崩壊の影響を受けて活性化の必要性が叫ばれており，後者では高齢化の進展と建造物の老朽化が地域の持続性をおびやかすような状況が生じていた．ここでは，前節までの議論との対照から，主として大都市の事例について概観したい[21]．

都市社会学者の奥田道大は，従前の都市コミュニティ研究を継続する中で，東京の新宿・池袋における外国人の増加をいち早くキャッチアップした．1980年代末頃，低家賃の木造アパートが残存していたこれらの地域に，空室を埋める形で新たな地域住民としてアジア系を中心とするニューカマーが増え始めたのである（奥田・田嶋編 1993, 1995; 田嶋 1998）．衰退するインナーシティの集住地区では，それまでとは異なり明瞭な文化的差異を呈する人々の存在が既存住民との間で軋轢を生じさせつつも，「共生」と称しうるような関係形成の萌芽がみ

---

(20)　国勢調査で市区町村よりも小さいスケールのデータが利用可能となったのは1970年以降で，地理学では桐村（2006）のほか千葉（1987）や島津（1998），歴史学では三輪（1983）がこの統計を用いた分析を行っているが，全体として日本の事例研究は不活発であったことは否めない．

(21)　後者の地方都市における集住については，大都市とはまた異なった形で地域社会の「共生」のあり方に関心が集まってきた．ただし，樋口（2010）が指摘するように，「共生」の背後にある構造的・制度的文脈が看過されがちという問題もあった．この点についての詳細は，福本（2018b）を参照されたい．

られた．奥田らの主眼は，そこに新たなコミュニティのあり方を見出すことにあった（奥田編 1997）．

注目すべきは，こうした研究の延長線上で都市論の彫琢を志向する研究も登場したことである．ここでは，その代表例としてトランスナショナリズムとの関連から論じた広田（2013）を挙げておきたい．国際人口移動の活発化と通信の発達は，特定の場所に根差さないコミュニティの存立を可能にしたとされるが，現実には依然として都市内にはエスニック集住地区が存在し，さらに集中の度合が高まるような状況がある．これは，移住者が自らの移動・定住のための諸施設や関係・制度を作りだし，ローカル・スケールにおける日常生活の積み重ねがエスニック・タウンのような領域を現出させることによる（広田 2013: 74）．1980年代以降の大都市インナーシティは，これら移住者間あるいは既存住民との間で対立や共生の関係が生じるとともに，離れた場所をつなぐ諸種のネットワークとローカルな領域化とが対峙する空間でもあったのである[22]．

広田の描く現代都市のエスニック集住地区は，もはや従前の社会─空間的周縁性のみによって捉えられないことを示唆する．1980年代以降の時期については，居住分布に代表される空間的側面の分析にも一定の蓄積があり[23]，様々な社会階層・国籍の外国人が増加する「世界都市」化という段階における，階層分化と空間分化との関係にも関心が集まった（町村 1994; 園部 2001）．東京の場合，港区では早くから欧米系外国人の集住が確認されていたし（まち居住研究会編 1994），中国人の急速な集住化で知られるようになった埼玉県川口市の集合住宅の事例についても，実際の居住者にはIT関係を始めとした技術職が多数いたことが報告されている（江・山下 2005）．本書で対象とする大阪についても，都心部において飲食業といったサービス業に加えて大企業の駐在員の増加が認められ，その国籍構成も実に多様である（徳田 2019）．

（22） ただし，こうした場所の特性は，大都市インナーシティに限られるものではない．マッシー（2014）が指摘するように，場所とは多様な軌跡や歴史がもつれ合いながら形成された，外部に対して開かれた多孔的な性質を有するとともに，その内部の諸要素の関係は不定性を特徴としている．場所が，こうした本来的な性質から離れて閉じられた固定的なものと捉えられるのは，主流の政治・経済・社会の諸実践がそのような認識を支配的にさせるからである．

（23） 『東京の社会地図』（倉沢 1986）が新編の発行にあたり，新たに外国人に関する項目を取り上げた（倉沢・浅川編 2004）．

ニューカマーの集住に伴う変化は，新たなビジネス空間の現出という点でも多くの関心を集めてきた．初期には同胞向けのニッチな財・サービスの提供を担ったエスニック・ビジネスは，バブル崩壊以降のテナント家賃の低廉化も後押しする形でホスト社会の市場へと進出していく．たとえば新宿区・大久保地区での悉皆調査を行った稲葉（2008）によれば，地域の不動産市場はもはや外国人の存在なくして成り立たない状況になっているという．ホスト社会の文化的嗜好に応えるビジネスは，エスニック・レストランに代表されるように，越境する多様な人々や食材との出会いによって地理的・歴史的断絶を乗り越える契機となるコンタクト・ゾーンとしての性質も持つ（町村 2006）．エスニック・ビジネスは近年の地理学でも注目の度合を増しており，単なる集中にとどまらず，そこではホスト社会の嗜好を捉えようとする経営戦略によって日々変化を遂げていることも明らかにされている（地理学での成果として，山下 2010; 金 2016; 粉川 2017; 金ほか 2019）．

このように，エスニック集住地区で，時に明瞭な景観などの文化的差異が目立つようになったのは，現代都市における空間の商品化とも切り離せない．そのトレンドは，都市研究において既に1980年代には主題の１つとなり，消費を喚起する差異が記号として顕示される空間が現出するという，新たな消費空間の形成が論じられてきた．エスニシティの特徴を帯びた空間もまた，そのような差異の構成要素でもあり，しかも韓流ブームのように時にグローバルに展開する文化現象とも接点を持つ．ただし，東京・上野の事例について五十嵐（2010）が指摘するように，在日朝鮮人の存在が潜在化しつつも包摂されてきた「下町」では，都市観光PRの一環としてそのオーセンティシティが強調される過程で，むしろニューカマーのビジネスの無秩序な増加に対して強い反発が示されることもある．同様に，政治的対立を乗り越えた地域づくりを展開してきた横浜中華街においても，地域のブランティングを当て込んで出店したニューカマーが価格競争を激化させ，歴史ある飲食店の経営にも悪影響が及んでいる（山下 2020）．

従って，ニューカマーの増加による都市内での新たな関係形成は，日本人とだけでなく，いわゆるオールドカマーとの間で取り結ばれるものもある．その意味では，日本の都市が内包してきたエスニシティの面での多様性の歴史的側面への着目にも意義があるといえよう．一例として広田（2019）は，横浜市の鶴見・塩田地区の沖縄出身者と日系人の結合関係に着目したフィールドワークを継続する中で，朝鮮人を含む移住者のほか，近代都市の形成下で主流社会の構築する社会—空間に抗った人々の存在に気付く．そして，この地域では定着を懸けた（ド・セルトーが言うところの）「戦術」が過去から現在に至るまで繰り返され，水脈となって地域を特徴付けているという．同様に，ニューカマーの集住地区形成を契機として，歴史的な側面から地区の多文化性の由来を論じようとする研究もみられ始めた（稲葉 2008; 川村編 2008; 川村 2015）ことは注目に値する．とはいえ，ニューカマーと都市との関係を捉えようとする研究において，分析の観点を過去という時間軸へと拡張していくような取り組みは依然として少ない．

総じて，ニューカマーの増大に伴う集住地区への関心は，社会と空間の両面で生じた新たな変化を看取するとともに，グローバリゼーションに代表される「交わりとしての都市」という観点から都市のあり方を論じる試みへと発展してきた．また，消費空間化する都市にあって，急速に増大するエスニック・ビジネスが正負両面の影響をもたらしていることも見出されている．1980年代以前に比べれば居住分布の空間的形態に主眼のある研究も増大し，エスニック集住地区が都市の社会—空間において重要な位置を占めるという認識も概ね共有されているといってよい．しかしながら，都市にこれらニューカマーとオールドカマーが併存する状況下にあって，両者をめぐる空間の関係性や都市の多文化性の由来を問う視座は未だ明瞭ではない．

5．2つの「山」の間にある「谷」への着目

日本のエスニック集住地区に関する既存研究では，エスニック集団人口の推移や都市空間形成の歴史的段階との対応から，それぞれの時代局面において外国人—日本人といった二元論的な図式に還元されえない関係形成や，都市の社会—空間的周縁性に象徴される集住地区の特性が明らかにされてきた．このような動向からは，日本の事例からエスニック集団と都市との関係を捉える研究が，主として横断的（クロスセクション）な観点に基づいていたことが看取でき

る．逆にいえば，縦断的ないし通時的な観点からの検討は十分になされてこなかったことが，第１の問題点として挙げられる．これは，端的には，エスニック集住地区研究における戦前と1980年代以降という分析対象時期の分断に由来している．「交わりとしての都市」という側面でいえば，集住地区をめぐる議論は植民地主義あるいはグローバリゼーションのいずれかを射程に含むものの，Ⅰ章でも挙げた「（ポスト）コロニアリズムとグローバリズムの交錯点」はみえない．その意味では，図Ⅱ－1に示す２つの「山」の間にある「谷」の時期が持つ重要性は大きい．

次いで，集住地区形成のダイナミズムについていえば，近代都市史研究とは異なり，戦後以降の時期に関しては居住―就業の関係性が分離して捉えられがちであった．関連して，就業上の特徴につながるエスニック集団特有の社会関係（むろんそれはエスニシティの相違からアプリオリにのみ生成されるものではない）など，概して既存研究の関心は社会的側面に向けられ，資料的な制約もあって空間的側面の特徴が主題化されることは少なかった．エスニック集住地区は，都市外からの移住者によって形成され，そこでの集団内外の社会的結合のありようを方向付けると同時に，これらの結合の積み重ねが空間を変容させていくという，社会と空間の再帰的な関係の産物でもある．地理学，特に都市社会地理学は，これらの関係のうち空間の位相に主な関心を寄せてきたし，セグリゲーションに関して日本の事例研究も一定程度蓄積されてきたものの（是川 2009; 石川編 2011, 2019; 桐村 2013; Ishikawa ed. 2021），それらが日本の都市を捉え返す試みへと敷衍されることは稀であった．

特に２つ目の問題点についていえば，「集住」の空間分析の手法を確立するとともに，居住―就業を統合的に理解する視点が有効であろう．事実，欧米におけるセグリゲーション研究でもこれら両側面の分離が問題とされ[24]，居住・就業それぞれの空間の特性へ着目する必要性が示されている（Ellis et al. 2004; van Ham and Tammaru 2016; Tammaru et al. 2016）．本書は，この点の探求にあたり，居住―就業の媒介項として資本の役割の検討に重きを置く．そもそも，マルクス

(24)　ただし，欧米都市の場合はむしろ居住の領域に関心が偏りがちであったことが，就業の空間的側面の重要性への指摘につながっている．

主義地理学の主眼である，空間分化を促す資本による空間編成の理論は，日本のエスニック集住地区研究では看過されがちであった．特に２つの「山」の間の「谷」に相当する時期，都市政策の不在の中で成立したセルフヘルプ型の集住地区は，相互扶助的あるいはフォーマルな支援体制を通じ，エスニック集団内部での資本蓄積やその循環を生じさせたはずである．戦後の集住地区の存続・変容を跡付け，ニューカマーの流入へとつながっていく経緯を描出する上でも，キーとなる分析観点だと考える．

むろん，本書に掲げたエスニック・バイタリティを看取する上では，集住地区に対する回顧的な観点からの分析のみでは不十分である．前節で示したように，エスニシティの表出した空間と都市空間の商品化の関係など，歴史的に存続・変容してきた集住地区のダイナミズムが，現代都市の特性とどのように接合しているのかも検討の対象とすべきであろう．

以上のように，日本のエスニック集住地区研究が見落としてきたのは，横断的観点に対する縦断的観点，および，社会―空間のうち後者の側面であったとまとめられる．このことをふまえると，本書の具体的な分析課題は次のように設定できる．すなわち，２つの「山」の間の谷に相当する時期を中心に，都市空間形成の諸力を見据えながら集住地区の変容過程を追い，そのメカニズムを居住―就業の統合的把握から解明し，さらに集住地区の現代的様相にも迫ることで，都市の，なかんずく大阪の特性を論じるものだと集約できる．以下の各章では，公刊された統計データのほかにも諸種の史資料を活用して資料的制約を乗り越えるとともに，地図を多用して集住地区の空間的形態を都市および小地域スケールで可視化して分析・考察の一助としたい．

第 III 章

現代日本の大都市における エスニック集団のセグリゲーション

大阪市中央区島之内では，ニューカマーの増加とともに，彼ら・彼女らを対象としたエスニック・ビジネスが増加している．エスニック・レストランは，ホスト社会をターゲットとしたビジネスの典型であるが，特徴的な景観の現出も含め，ホスト社会の人々がエスニック集団の集住を認知し異文化にコンタクトする契機にもなる（著者撮影，2021年12月）．

1. 東京・大阪のオールドカマーとニューカマー

本章では，東京・大阪を事例に，定量的な手法に基づいて現代日本の大都市におけるエスニック集住地区の空間的形態を把握する．集住地区の来歴と今後を知る上で，まずは現在の状況を正確に見据え，大阪におけるセグリゲーションの特質を「世界都市」化する東京との対比から捉えたい．その際，日本の事例に即した集住地区ないしセグリゲーションの分析手法を検討した上で，II章で述べた日本をめぐる国際人口移動の特性，すなわちオールドカマーとニューカマーの併存が都市空間にどのように表出し，また両者の分布の重複・分離がどのような傾向を示すかをみていく．

本章で主として使用するのは，1995年に供用開始された国勢調査小地域統計(町丁字)[(25)]の外国人数データである．現行では最も小さい空間的単位で公表されており，5年ごとの総人口数・外国人数の情報が得られる．ここでは，小地域統計の妥当性[(26)]も勘案し，分析対象時期を1995～2005年の10年間に設定する．この時期は，現在の在留資格制度が体系化された1991年の出入国管理法の改正施行以降，ニューカマーの居住域が拡大していく時期でもあり，オールドカマー・ニューカマー相互の関係を考察する上で注目すべき時期といえる．なお，分析の具体的な空間的範囲は，東京については特別区部，大阪は大阪市とその隣接市とする．両都市とも，対象地域となるのは，都心からおよそ15kmの圏内に含まれる市区であり，東京都・大阪府の中でも外国人人口の集中する地域である[(27)]．

(25) エスニック集団の居住分布の国際比較を試みたPoulsen et al.(2001)のデータでは，単位地区あたりの平均人口が，ニューヨークで約4,200人，シドニーで約600人，オークランドで約3,300人となっている．本章で用いる国勢調査の町丁字データは，これら諸外国の単位地区あたりの平均人口に最も近いものである．

(26) 2010年以降のデータを用いた分析ももちろん可能だが，近年の国勢調査，特にオンライン回答の導入以降は，調査票の未提出や未記入項目の増加が問題となっている．中でも国籍が「不詳」という回答割合の上昇のために，小スケールにおける外国人数の時系列的な推移，つまり増減の判断は慎重にならざるをえない部分がある．

ところで，欧米都市の事例では，現代の国際人口移動の活発化により，従来とは異なる居住分布の傾向がみられることが見出されている．このトピックに関する古典的理論であるMassey and Denton（1985）の空間的同化（spatial assimilation）モデルでは，エスニック集団のホスト社会への適応やそれに続く社会経済的地位の上昇の結果，居住地の選択肢が増え，また集住地区内にみられるエスニック集団特有の社会関係への依存度合が減じることで，居住地の分散が進むものとされていた．しかし，現代の新規移民の動向は，このような図式に必ずしも適合しない部分もある．I章に挙げたエスノバーブと呼ばれる郊外の集住地区のほか，ワシントンD.C.を事例としたPrice et al.（2005）では，新規移民の集中傾向が看取できる一方で，アメリカの大都市で歴史的にみられたアフリカ系の強固なセグリゲーションとは異なり，複数の移民集団の集中が空間的に重複していることが指摘されている．ほかにも，ロサンゼルスにおけるセグリゲーションの歴史的変遷に焦点を当てたAllen and Turner（1996a, b）は，白人とアフリカ系の強固なセグリゲーションがかなり弱まった一方で，1960年代以降の移民の急増と特定の地域への集中が，全体としてセグリゲーションの低下を鈍化させていることを示している．このように，移民の時期別の特性は，セグリゲーションの空間的形態を把握する際に重要な分析観点となる（Musterd 2005）．

日本のオールドカマーとニューカマーについては，移動の時期にとどまらず，出入国管理政策の影響もあってその属性が相当に異なることを指摘できる．つまり，前者が相対的に安定した永住資格を有し，就業に関して在留資格による職種・業種の制約を受けないのに対し，後者の多くは在留期間が限定され，在留資格で認められた範囲外での就業が困難であるという差異が存在する[(28)]．言い換えれば，定住コミュニティを持つオールドカマーと比して，ニューカマー

（27） 2005年の国勢調査によれば，東京都特別区部には東京都の外国人の80.1%が，大阪市と隣接市には大阪府の外国人の84.9%が居住していた．

（28） 就業を目的とした在留資格では，資格で認められた範囲内の職種・業種にのみ就業できる．また，「留学」「就学」「家族滞在」など就業を目的としない在留資格では，アルバイト等に従事することは可能だが，1週間あたりの労働時間数に制約がある（「就学」は現在は「留学」に一本化されている）．なお，「定住者」「日本人の配偶者等」「永住者の配偶者等」については，一部を除き職種・業種に制約はない．

は定住よりも一時滞在志向が強い人々とみなせる（成田 2005: 177-178）．移住時期や日本の出入国管理法制に起因する差異は，外国人の分布パターンやセグリゲーションの変化に異なるインパクトを与えていることが予測されよう．

本章で対象とする東京と大阪は，オールドカマーの集住地区の存在という点で共通する一方で，国際人口移動との関係を反映して，これら2集団の構成割合の点で極めて対照的な特徴を有している．すなわち，東京は，グローバリゼーション下での移民の動向とも結びついている一方で，大阪におけるオールドカマーの多さは，植民地主義下の人口移動に強く関連している．これらのことを統計から確認しておこう．

まず，国籍構成上の特徴としては（表Ⅲ－1），双方ともアジア系の割合が全国を上回る（東京都82.9%，大阪府92.8%，全国73.8%）が，前者では「中国」が，後者では「韓国・朝鮮」の割合が大きい．また，「北米」が東京都では全国水準を大きく上回るのに対し，大阪府ではその割合が小さい．なお，両地域とも，日本におけるニューカマーの代表的な集団の1つである日系人（南米出身者）は割合の上では目立たない．

『在留外国人統計』から東京都・大阪府の在留資格の特徴をみると（図Ⅲ－1），ほぼオールドカマーに相当する「特別永住者」の割合は，2005年時点で東京都の15.0%に対して大阪府では56.8%と大きな開きがある．東京都について，「特別永住者」以外の在留資格の内訳をみると，「人文知識・国際業務ほか」（15.1%以下，在留資格の内訳については図Ⅲ－1参照），「留学，就学ほか」（25.3%），「短期滞在ほか」（5.3%）という，滞在期間の限定された者の割合が大きい．これらのうち，「留学，就学ほか」については「韓国・朝鮮」「中国」あわせて7割強

表Ⅲ－1　出身地域別の外国人割合（東京都・大阪府，全国，2005年末）

単位：%

	韓国・朝鮮	中国	その他アジア	ヨーロッパ	アフリカ	北米	南米	オセアニア	計
東京都	29.7	34.5	18.7	6.3	0.8	6.2	2.4	1.4	100.0
大阪府	67.5	19.4	5.9	1.4	0.3	1.8	2.9	0.6	100.0
全国	29.8	25.8	18.2	2.9	0.5	3.2	18.7	0.8	100.0

典拠）入管協会『平成18年版　在留外国人統計』，2006．

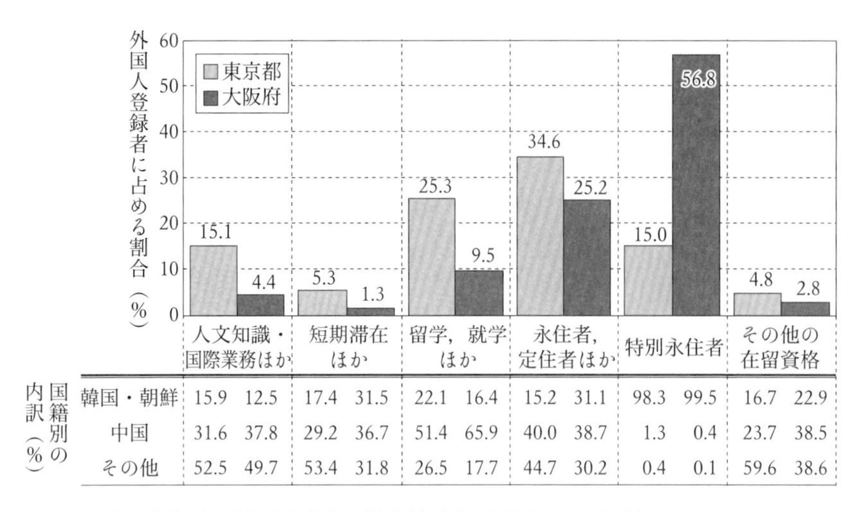

国籍別の内訳（%）	人文知識・国際業務ほか		短期滞在ほか		留学，就学ほか		永住者，定住者ほか		特別永住者		その他の在留資格	
韓国・朝鮮	15.9	12.5	17.4	31.5	22.1	16.4	15.2	31.1	98.3	99.5	16.7	22.9
中国	31.6	37.8	29.2	36.7	51.4	65.9	40.0	38.7	1.3	0.4	23.7	38.5
その他	52.5	49.7	53.4	31.8	26.5	17.7	44.7	30.2	0.4	0.1	59.6	38.6

図Ⅲ－1　在留資格別の外国人登録者の構成（東京都・大阪府，2005年末）

典拠）入管協会『平成18年版　在留外国人統計』，2006.

注）各カテゴリーの区分は，在留資格の就労条件・滞在年数の違いによる．「人文知識・国際業務ほか」は「投資，法律，医療，研究，教育，人文知識・国際業務，企業内転勤，興行，技能」，「短期滞在ほか」は「文化活動，短期滞在」，「留学，就学ほか」は「留学，就学，研修，家族滞在」，「永住者，定住者ほか」は「永住者，日本人の配偶者等，永住者の配偶者等，定住者」，「その他の在留資格」は「教授，芸術，宗教，報道，特別活動，未取得者，一時庇護，その他」の，それぞれ略である．小数第2位で四捨五入しているため，合計が100%にならない列がある．

を占めるが，「人文知識・国際業務ほか」は，大企業の管理・事務職として働く欧米系の外国人が多い（町村 1994: 260）ことを反映して，「その他」の割合が過半数を占める．このように，東京・大阪は，オールドカマーとニューカマーの比率や国籍・在留資格の構成で対照性が明瞭である．

次いで，対象地域について，国勢調査をもとに市区別の外国人総数および1995～2005年の増減率と国籍別の構成比を確認しておく（図Ⅲ－2）．2005年時点の東京における外国人数の分布は，15,000人を超える新宿区・足立区を含め，10,000人以上の区は23区中 8 区あり，11区が5,000～10,000人の範囲にある．よって，区スケールでは外国人の偏在度合はそれほど極端ではない．外国人の増減については，中野区と渋谷区を除く区で増加しており，うち中央区，台東区，江東区では50%を上回っていた．また国籍別にみると，「韓国・朝鮮」の割合は，荒川区（58.7%）を筆頭に，足立区（43.5%），新宿区（39.4%），葛飾区（37.6%），台東区（37.0%）で 3 分の 1 を超える．一方，「中国」については，北区（46.5%）

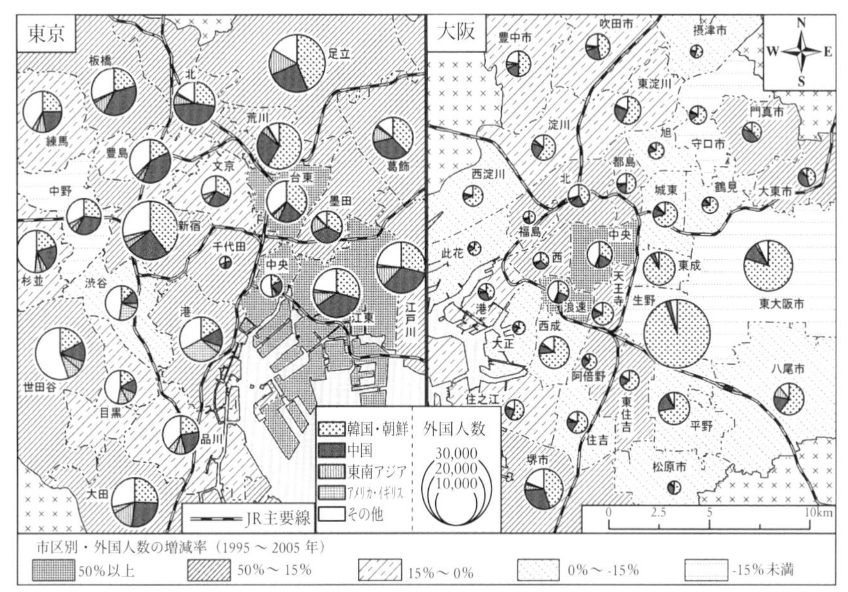

図Ⅲ－2　在日外国人の市区別・国籍別の分布と増減率（東京・大阪，1995～2005年）

典拠）国勢調査より作成.
注）図中の「×」は対象地域外を表す.

をはじめ，豊島区（38.0%），江東区（36.8%），墨田区（36.5%），板橋区（34.2%），葛飾区（34.2%）で3分の1以上に及ぶ．これらの国籍以外では，港区（31.8%）や渋谷区（22.0%）における「アメリカ・イギリス」の割合の大きさが注目される．

大阪では，30,000人近い外国人人口を抱える生野区をはじめとして，東大阪市が15,000人，堺市が10,000人を上回り，東成区，西成区，平野区，八尾市で5,000人を超えていた（図Ⅲ－2）．2005年までの10年間で対象地域全体の外国人数が2.5%減少したことを反映して，外国人数の減った市区が目立っており，とりわけ外国人数の多い生野区・東大阪市・東成区での減少が大きい．そうした中で，中央区と浪速区で増加率が50%を越えていることが注目される．国籍別の割合をみると，門真市を除く全ての市区で「韓国・朝鮮」が最大で，外国人数が5,000人を超える市区では，生野区（93.7%），東大阪市（79.4%），東成区（89.2%），西成区（73.2%），平野区（72.1%）で7割を上回る．ただし，浪速区（35.7%），中央区（33.2%），西区（31.9%）などの中心部では「韓国・朝鮮」の比率は相対的に低い．

これら両都市の特徴をふまえた上で，次節では日本の事例に適った分析手法を検討する．数式や空間分析に関わる用語が頻出するため，不案内な読者は飛ばして 3 節以降の分析結果を確認しても差し支えない．本章の分析手法は，端的には，広域的なセグリゲーションを数値化して評価するものと，地図化して集住地区の狭域的な分布を把握するものに大別される．

2．セグリゲーションの分析手法

一般にセグリゲーションの把握を主眼とする研究では，空間的な居住分離の程度を計測することで集団間ないし集団内部の接触可能性の多寡を推定するが，分離の形態のどのような側面に注目するかで，多様な分析手法が存在する．たとえば，代表的なセグリゲーションの計測指標である非類似係数（index of dissimilarity）では，2 集団間の分布の相違に着目し，集団間での分布の偏り度合を把握することに主眼がある．それに対し，特定の集団内部における接触可能性の多寡をセグリゲーションと捉える場合もある（van Kempen and Ozuekren 1998）．セグリゲーションの類型化としては，Massey and Denton（1988）の 5 類型[29]が広く知られているが，Brown and Chung（2006）は，現代都市におけるセグリゲーションの実態に鑑みた場合，エスニック集団間の空間的偏在の違い，および，同一集団が近接して居住する度合という二側面に集約でき，それぞれの側面に関する分析が求められるとしている．言い換えれば，セグリゲーションの計測は，2 集団の場合と 1 集団のみを対象とする場合の双方で行われることが望ましい．

また，セグリゲーションの計測・分析は，全域指標か狭域指標[30]かでも区別

(29) 集団間の分布の(不)均等度合に着目する(un)evenness，居住地を共有する割合から潜在的な接触可能性を算出するexposure，都市域に占めるエスニック集団の居住する面積に着目するconcentration，都心からの距離からみた各集団の居住地の違いを把握するcentralization，エスニック集団成員同士が近接して居住する程度に着目するclustering，の5つである．

(30) 全域指標(global index)は，何らかの事象の特徴を，対象地域全体のデータから算出し単

される（Wong 1997; Brown and Chung 2006）．非類似係数に代表される全域指標は，対象地域のセグリゲーションの度合を単一の数値で表せることから，都市間比較で用いられることが多い．一方，立地係数[31]（location quotient）のような狭域指標は，値の地図化を通じて都市内部の居住分布の変動を把握できるというメリットがある．広域・狭域指標の併用により，全域指標の変化を局地的な動向から説明でき，かつ都市間比較を行うことが可能になろう．

まとめると，セグリゲーションの包括的な分析と評価には，２集団と１集団の双方の場合を取り上げること，および，広域・狭域指標の双方を用いることが適切といえよう．ただし，従来から広く用いられてきた非類似係数や立地係数は，市区町村スケールの分析ではさほど問題にならないが，小地域スケールでの分析の場合にはいくつかの欠点があることが指摘されている．

まず，非類似係数については，単位地区の空間的関係を考慮しない点，および，単位地区の詳密さによって値が変動する点が批判されてきた（Morill 1991; Wong 1993; Dawkins 2004）．非類似係数Dは，

$$D=\frac{1}{2}\sum_{i}^{n}\left|\frac{x_i}{\sum_{i}^{n}x_i}-\frac{y_i}{\sum_{i}^{n}y_i}\right| \quad (1)$$

という式で表される．式（1）において，x_i，y_iはそれぞれ単位地区iにおける集団X，集団Yの人口数，nは単位地区数である．

この式から看取できるように，非類似係数では，任意の単位地区をランダムに入れ替えても指標の値が変化しないため，セグリゲーションの空間的な側面が指標値に反映されないという問題がある．さらに単位地区数が多いほど値が

一の数値として提示するものである．これに対し，狭域指標（local index）は，各単位地区ごとに値を算出する．地理学では，グローバル／ローカル指標と表記するのが一般的であるが，本書ではスケールの広狭を指すものとしてこれらのタームを用いているため，誤解を避けるために全域／狭域指標と訳出している．

（31） 立地係数は，ある地区における特定集団の人口割合を，全地区におけるその集団の人口割合で除すことで求められ，1.0以上の値を示す地域は，特定集団の人口が相対的に集中していることを意味している．

高くなる傾向があり，また，地区間の面積・人口の差による影響を受けやすく，都市間の有意な比較が困難である．

この点に関連して，単位地区の空間的関係，特に隣接関係を可変的に設定できる指標を用い，指標値の変化を検討することで非類似係数の問題点を回避ないし低減しようとする研究が出てきている（Wong 2005, 2008; Feitosa et al. 2007; Brinegar and Leonard 2008; Lee et al. 2008; Reardon et al. 2008）．これらの研究に共通するのは，隣接関係を各単位地区の重心点間の距離（バンド幅）によって設定し，バンド幅の増加に伴う指標値の変化に着目している点である．たとえばWong (2005) が提示したgeneral spatial segregation index（以下，GD係数[32]）は，以下の式で表せる．

$$GD = \frac{1}{2}\sum_{i}^{n}\left|\frac{cx_i}{\sum_{i}^{n} cx_i} - \frac{cy_i}{\sum_{i}^{n} cy_i}\right| \quad (2)$$

ただし，$cx_i = \sum_{r}^{n} d(x_r)$，$cy_i = \sum_{r}^{n} d(y_r)$

式（2）において，dは各単位地区の重心点からの距離を表す関数であり，可変的に設定される．従って，cx_iは，集団Xの地区iの人口x_iと，対象地域の地区rにおける集団Xの人口のうち，地区iからの距離による重みづけがなされた値を合算したものと言い換えられる．仮に，外国人人口の集中する空間的範囲が狭い場合と広い場合とで指標値の変化を比較すると，前者では短いバンド幅での値の落ち込みが顕著となる．これに対し，後者では，バンド幅の増大に伴う値の低下はゆるやかになる．このように，可変的なバンド幅を用いるセグリゲーションの指標は，居住分布の空間的側面を把握しやすいという利点がある．ほかにもいくつか指標が提案されているが[33]，GD係数は非類似係数と同様にセグ

(32)　「GD」とは，generalized dissimilarity (index) を指す（Wong 2005: 287）．

(33)　可変的なバンド幅を用いた代表的な指標として，Lee et al. (2008) やReardon et al. (2008) によるエントロピーを用いたアメリカ都市のセグリゲーションの比較分析がある．ただし，この指標では，センサストラクト別の分析をするにあたり，トラクトよりも下位の集計スケールであるブロック単

リゲーションの程度を0から1で表現でき，また計算が比較的簡便であるというメリットがあり，本章でもこの指標を用いることにしたい．

一方，狭域指標については，特定の地区におけるエスニック集団の絶対数・比率と単位地区の隣接関係という2つの側面から，局所的な空間的集中(concentration) ないし集住 (clustering) を検出する手法が用いられてきた．狭域指標は，とりわけ人口規模が比較的小さいエスニック集団のセグリゲーションを捉える際に活用されてきたが (Allen and Turner 1996a; Pamuk 2004)，基準の設定が恣意的なことが多く，厳密な比較には適していないという問題があった．この点に関し，Wong (1997) やLogan et al. (2002) は，上記の2側面が空間的自己相関の演算に関わる要素であることと，局所的な特異性をもつパターン検出という問題の性質から，ローカル自己相関分析の援用が有効であると示唆している．近年のセグリゲーション研究では，以下のローカル・モラン統計量L_iを用いる事例が増えつつある (Paiva-Turra 2003; Chung and Brown 2007)．

$$L_i = \frac{(y_i - \bar{y}) \sum_{j}^{n} w_{ij} (y_j - \bar{y})}{\sigma_y^{\ 2}} \quad (3)$$

式 (3) において，y_iは単位地区iにおける集団Yの人口数，$\bar{y}$は集団Yの地区別平均人口，$\sigma_y^{\ 2}$は分散，そしてw_{ij}は地区iと地区jの隣接関係をあらわす関数 (ウェイト・マトリックス) である (中谷 2003: 30)．ローカル・モラン統計量を用いた研究は，いずれも，正の自己相関について有意水準を満たす地区を集住地区とし，その分布パターンを分析している．

以上に述べたセグリゲーション指標に関する近年の研究動向をふまえ，本章では，全域指標としてGD係数を，狭域指標としてローカル・モラン統計量L_iを用いることとしたい．具体的には，以下の手順で分析を行う．すなわち，ⓐ分析データは国勢調査の小地域 (町丁字) ごとに集計された人口数および外国

位のデータをもとに密度サーフェスを作成することが必要になる．日本では，町丁字よりも下位スケールでの外国人の集計がないため，単位地区ごとの人口数をもとに算出できるGD係数を用いることが適当と考える．

人数とする[34]．ⓑGD係数については，カーネル関数による重み付けを行い，単位地区の平均面積[35]に鑑みてバンド幅の最小を500mとし，2,000m[36]まで250mごとに値を算出する．ⓒLiは，重心点間の距離が500m以下の地区同士を隣接とみなし，距離の2乗の逆数による重み付けを行う．なお，Liについては，Logan et al.（2002）にならい，ⓓ有意水準1％を満たす地区を抽出し，ⓔこのⓓで抽出された地区群のうち外国人割合のオッズ比が5.0以上[37]の地区を含む連続した範囲を確定する．これを本章における分析上の「集住地区」と定義する．

なお，国勢調査の小地域統計の外国人数をデータとして用いるに際して，次のような制約があることを予め断わっておく．第1に，国籍別の情報が得られないこと，第2に，「外国人」というカテゴリーは日本国籍を保持しない人々を指すため，日本国籍を取得した人々の数を把握できないことがある．また，第3に，在日外国人数に関して，国勢調査と『在留外国人統計』の数値に乖離がある点が挙げられる（法政大学日本統計研究所 1991; 石川 2005）．これらの問題点

（34） 分析にあたっては，人口0の町丁を除外する．また，各年次間の統計は，町丁字の境界変更・合併等により，単位地区数が異なる．そのため，東京・大阪とも，最も地区数の少ない2005年の町丁字の境域データを基本とし，1995年・2000年の統計をGISにて空間結合する．この結果，分析の対象となる地区数は，東京が2,948地区，大阪が4,921地区となる．

（35） たとえば，本章の対象地域である東京都特別区部における町丁字の面積の平均は194,816m^{2}である．仮に各単位地区を同一面積の方格と考えれば，その一辺は441.4mとなる．同様に，大阪市とその隣接市では，面積の平均が110,711m^2，一辺は332.3mとなる．以上をふまえ，重心点間の距離が500m以内を隣接しているとみなす．

（36） GD係数の値は，バンド幅の増大に伴い市区町村スケールでの算出値に近づいていく．市区町村別の面積でみると，最小は大阪市浪速区の4.37km^2（方格に置き換えると，一辺2.09km）であることから，バンド幅の最大値を2kmと設定した．

（37） ここでのオッズ比とは，対象地域の日本人総数に対して地区iの日本人人口が占める割合をp_i，対象地域の外国人総数に対して地区iの外国人人口が占める割合をq_iとしたとき，

$$\frac{q_i(1-q_i)}{p_i(1-p_i)}$$

によって求められる．

ローカル・モラン統計量を外国人数から求めると，それほど集住が顕著でなくとも，人口密度の高いところで有意な正の自己相関が検出される可能性がある．オッズ比を用いることには，こうした問題を回避するという意味合いがある．Logan et al.（2002: 305）は，総人口に占める割合が少ないエスニック集団について，オッズ比を5.0と設定し，人口比率が3.0％のフィリピン人の集住地区の析出に適用している．本章で対象とする各都市の外国人割合は，東京が2.3％，大阪が2.6％（いずれも2005年）となっていることをふまえ，本章でもオッズ比を5.0に設定する．

への対処として，本章での結果の解釈に際し，国勢調査における市区町村ごとの国籍構成のほか，小地域統計の「5年前常住地」のデータ，住宅地図といった非集計データなどを併用することにしたい．

3．小地域統計からみた空間的セグリゲーション

a．東京におけるセグリゲーションと集住地区分布

小地域統計のデータをもとに算出した，日本人と外国人の全体的なセグリゲーションの度合をあらわすGD係数の値（図Ⅲ－3）をみると，グラフの傾きについては，いずれの年度も，バンド幅が0.5～0.75kmの区間と0.75～1.0kmとの間で傾きの変化が大きく，1.0km以上では変化が小さい．このように，より小さいバンド幅でGD係数の値の変化が大きいことは，外国人割合の大きい町丁の連続する範囲が広くないことを示唆する（Lee et al. 2008: 772-3）．各年次間の違いとしては，全てのバンド幅について，1995年から2000年にかけて上昇した後，2005年にかけて低下していることが確認できる．また，図のみでは判別しづらいが2005年のバンド幅1.0km以上の値が1995年・2000年と比べ減少幅が大きいことも指摘できる[38]．この結果は，外国人人口の集中程度の増大がより狭い空間的範囲でみられるようになったことを意味する．

それでは，こうしたセグリゲーションの動向は，ローカル・モラン統計量をもとに析出された集住地区とどのように関係しているだろうか．まず，集住地区に関する全般的な特徴をみると（表Ⅲ－2），1995年から2000年にかけて集住地区数が大きく減少するとともに，1地区当りの外国人数が増加し，集住地区内での外国人割合が上昇していることが特筆できる．両時期の間でのセグリゲーションの増大には，これらの変化が反映されていると考えられよう．しかし2000年から2005年の間，集住地区における外国人割合は上昇しているものの，非集

（38）　バンド幅1.0kmにおける2005年と1995年・2000年とのGD係数の値の差は，それぞれ，0.0023, 0.1038であった．一方，バンド幅2.0kmでの差は，それぞれ，0.0044, 0.1196であった．

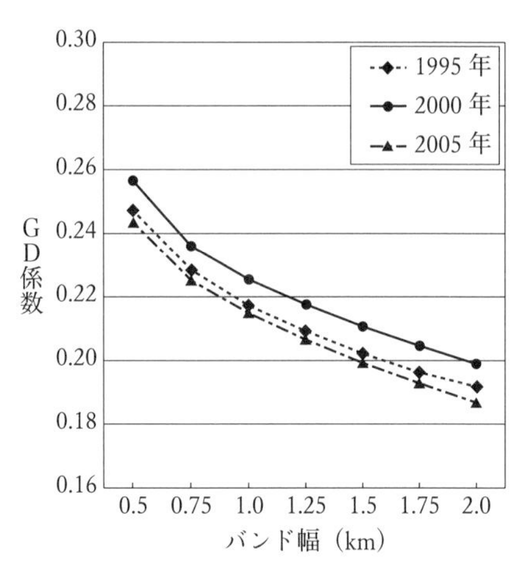

図Ⅲ－3　東京におけるGD係数の変動（1995・2000・2005年）

表Ⅲ－2　集住地区・非集住地区別にみた東京における外国人数と外国人割合

年次	区分	地区数	外国人数	1地区当り外国人数	外国人割合[1)]
1995年	集住地区	130	28,678	220.6	5.7%
	非集住地区[2)]	2,818	128,371	45.6	1.7%
2000年	集住地区	89	26,064	292.9	7.7%
	非集住地区	2,859	147,637	51.6	1.9%
2005年	集住地区	87	26,652	302.7	8.1%
	非集住地区	2,861	171,339	59.9	2.1%

典拠）各年次の国勢調査小地域統計．
注1）当該地区の全人口に占める外国人の割合．
注2）集住地区以外の地区を指す．

住地区の1地区当り外国人数および外国人割合も，1995～2000年の時期より上昇している．従って，この期間には外国人の分布は分散的になり，このことがGD係数の低下につながったと推測される．

次に，ローカル・モラン統計量に基づく集住地区の分布（図Ⅲ－4）をもとに，小地域スケールの居住分布の変化とセグリゲーションとの関わりについて述べる．なお，ここでは，集住地区の数の変化や1地区当りの外国人数の増減に寄与した町丁字を特定するために，1995〜2005年に①集住地区の基準を満たさなくなった地区，②新たに集住地区となった地区，③両時期とも集住地区の基準を満たし，かつ外国人数の増加率が20%を超える地区，の3つの類型に着目する．

図Ⅲ−4から，東京における外国人集住地区は，荒川区，豊島区，新宿区の山手線沿線に加え，中央線沿線の中野区と杉並区，ほかに足立区，江東区，港区，渋谷区に分布している．①の類型は，足立区，江東区，板橋区，豊島区，中野区，杉並区，渋谷区に目立つ．このうち，外国人数が減少した町丁[39]を区ごとにみていくと，足立区では，西新井本町（1・5）[40]，興野（2），本木（2），梅田（4・5）が挙げられる．江東区では，枝川（3）が該当し，2000年には同区で基準を満たす集住地区はみられなくなった．豊島区では，池袋本町（3・4），西池袋（2・3），上池袋（3），東池袋（3・4）が該当する．杉並区と中野区には①の地区は広範囲に分布し，杉並区の高円寺北（3），阿佐ヶ谷南（1・2），高円寺南（1・2），和田（1），中野区の大和町（1・3），中野（1），中央（3〜5），本町（3〜5），東中野（1・2），弥生町（2）では外国人数が減少した．これらの地区の中には外国人数が20%以上減少した地区も含まれるが，そのほとんどは2000年の時点で集住地区の基準を満たさなくなっていた．

新たな集住地区である②の類型は，台東区と港区に集中している．台東区では，根岸（2〜5），下谷（2・3），竜泉（1），松が谷（4）が該当し，その多くは荒川区の集住地区に隣接している．港区では，赤坂（2・6・7），六本木（3・6）が集住地区として新たに現出している．なお，以上の町丁は，港区の六本木（6）を除き，いずれも2000年には集住地区として析出されなかった．実際，類型②の集住地区全体（19地区）での外国人の増加率は，1995〜2000年の49.7%に

（39） ①類型の集住地区には，外国人が増加している町丁字が含まれる．これらの中には，近隣地区での外国人数の減少が影響し，有意水準を満たさなくなったケースが多いと推測される．ただし，板橋区の大山東町・大山金井町・中丸町のように，近隣地区でも外国人数が増加している町丁字も存在する．その理由として，外国人数の増加率が低い一方で，1995-2005年の期間にLiの分母である分散の値が若干上昇した結果，有意水準を満たさなくなったことが挙げられる．また，江東区の塩浜2丁目は，2000年・2005年とも有意水準を満たしていたものの，オッズ比が5.0を下回った．

（40） 以下，本文にて図中の町丁字に言及する際は，「町丁名（丁名）」のように記す．

対し，2000～2005年は82.7%と大きく伸びている．さらに，類型②の集住地区全体の総人口に占める外国人割合は，1995年の3.2%，2000年の4.7%に対し，2005年には7.5%に達している．

類型③に該当する町丁字は，荒川区，新宿区，豊島区に偏在している．荒川区の荒川（2～5・7），西日暮里（2・5・6），東日暮里（2・4～6）のほか，荒川区に隣接する北区の田端新町（1）もこの類型に属する．新宿区では，下落合（1），北新宿（1），百人町（1・2），歌舞伎町（2），大久保（1・2），戸山（2），西早稲田（2・3），新宿（5）が，豊島区では，池袋本町（2），池袋（4），北大塚（1・2），南大塚（2）が該当する．これら3区以外では，目黒区の駒場（4）[41]，港区の元麻布（3），中野区の中央（1）が挙げられる．③の類型に該当する32地区の外国人増加率は，1995～2000年の36.3%に対し，2000～2005年には9.5%と鈍化したが，外国人割合については1995年の7.3%から2000年には9.4%，2005年には9.8%へと上昇した．

以上から，対象時期における集住地区分布の特徴をGD係数の変化との関係から整理すると，2000年にかけて，足立区，江東区，杉並区，中野区の集住地区が減少して集住地区の収斂が進んだ一方，類型③の集住地区では外国人数・外国人割合の増大が見られた．このことがGD係数の増大に結びつき，セグリゲーションの程度が高まった．しかし，2000～2005年にかけては，台東区や港区の一部で外国人の増加と集住地区形成がみられたものの，他区の集住地区での増加は鈍化した．さらに，非集住地区での外国人数が増加したことも（表III－2），GD係数の低下に寄与したと考えられる．従って，対象時期における東京でのセグリゲーションの程度は増大傾向にあるとはいえない．しかしながら，新たに出現した集住地区のほか，荒川区，豊島区，新宿区，港区の集住地区で外国人数の増加と外国人割合の増大が確認でき，これらの町丁での外国人人口の集中は程度を増していることに注意したい．

(41)　東京大学に隣接する，東京留学生会館の存在が大きく影響していると思われる．

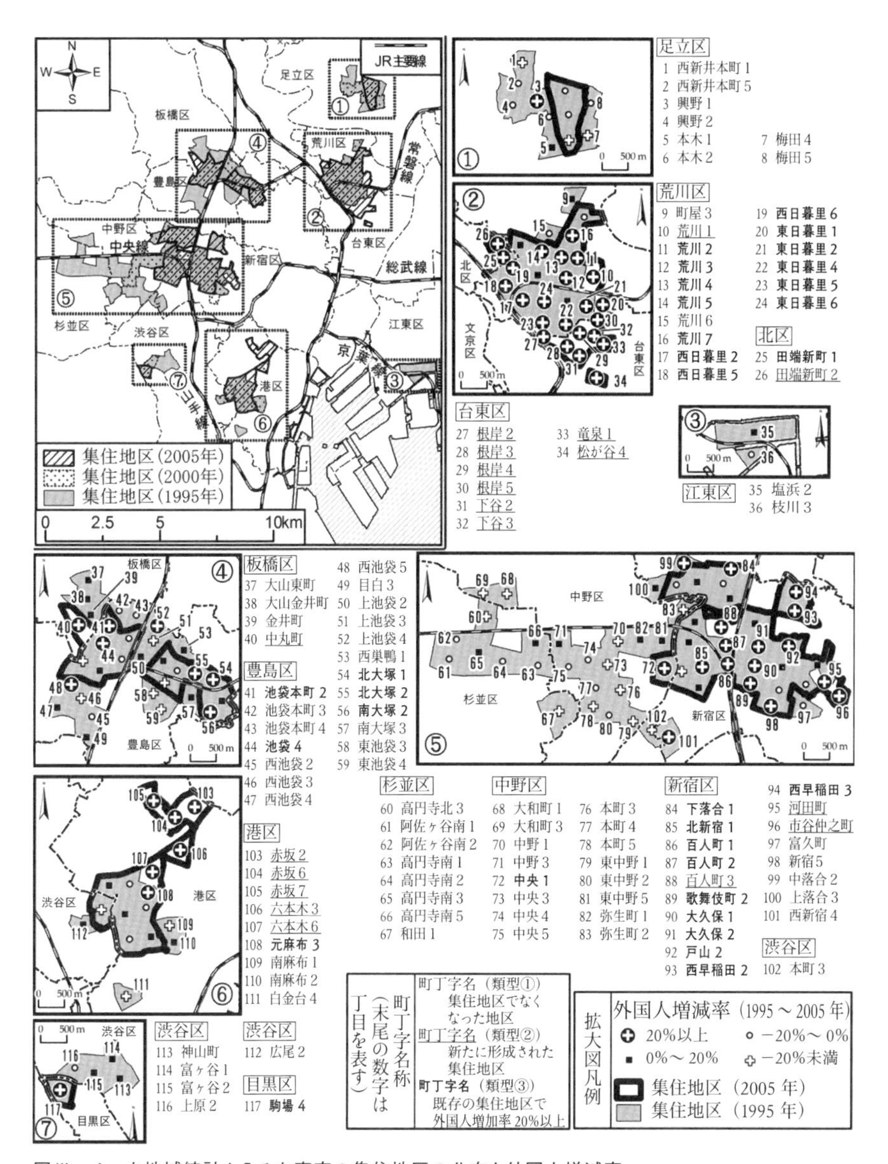

図Ⅲ－4　小地域統計からみた東京の集住地区の分布と外国人増減率

典拠）国勢調査小地域統計より作成.
注）図中の「×」は対象地域外を表す.

b. 大阪におけるセグリゲーションと集住地区分布

大阪のGD係数の値（図Ⅲ－5）は東京と比べ高く，セグリゲーションの程度は大阪の方が強いといえる．各年次の値を比較すると，いずれのバンド幅でも，1995～2000年，2000～2005年の期間にそれぞれ減少しているが，減少幅は後者の時期の方が大きい．バンド幅の増加に伴う値の変化は，東京の場合と比べ，バンド幅0.5～1.0kmでの傾きが相対的に緩やかである．このことは，大阪の方が集住地区が連続して分布する空間的範囲が広いことを示唆している．バンド幅の増大に伴う変化について，1995年と2000年を比較すると，バンド幅0.5kmでの差に比べ，0.75～1.25kmの差の方が大きくなっている(42)．また，2000年と2005年では，傾きに関してそれほど大きな相違はみられない．

東京の場合と同様に，まず，ローカル・モラン統計量によって析出した集住地区の概要について確認すると（表Ⅲ－3），1995～2000年の期間で集住地区数には大きな変化はない．しかし，集住地区内の外国人数は減少し，外国人割合も1.2ポイント低下しており，これらの変化がセグリゲーションの弱化につながったと思われる．2000～2005年の期間についても，集住地区数ならびに1地区当り外国人数は減少し，集住地区内の外国人割合も低下した．それに加え，非集住地区における外国人数・1地区当り外国人数・外国人割合は増大している．これらの変化により，GD係数の値がより大きく低下したものと考えられよう．

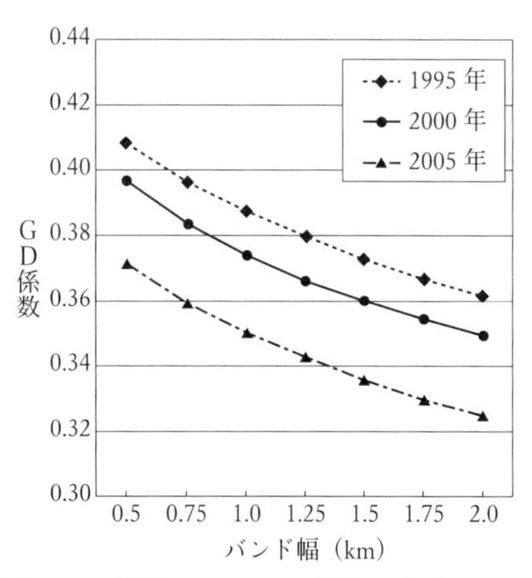

図Ⅲ－5　大阪におけるGD係数の変動（1995・2000・2005年）

次に，図Ⅲ－6から小地域スケールの集住地区を対象地域全体でみ

(42)　1995年と2000年のGD係数の差は，バンド幅0.5kmでの0.0114に対し，0.75kmで0.0125，1.0kmで0.0133，1.25kmで0.0130となっている．

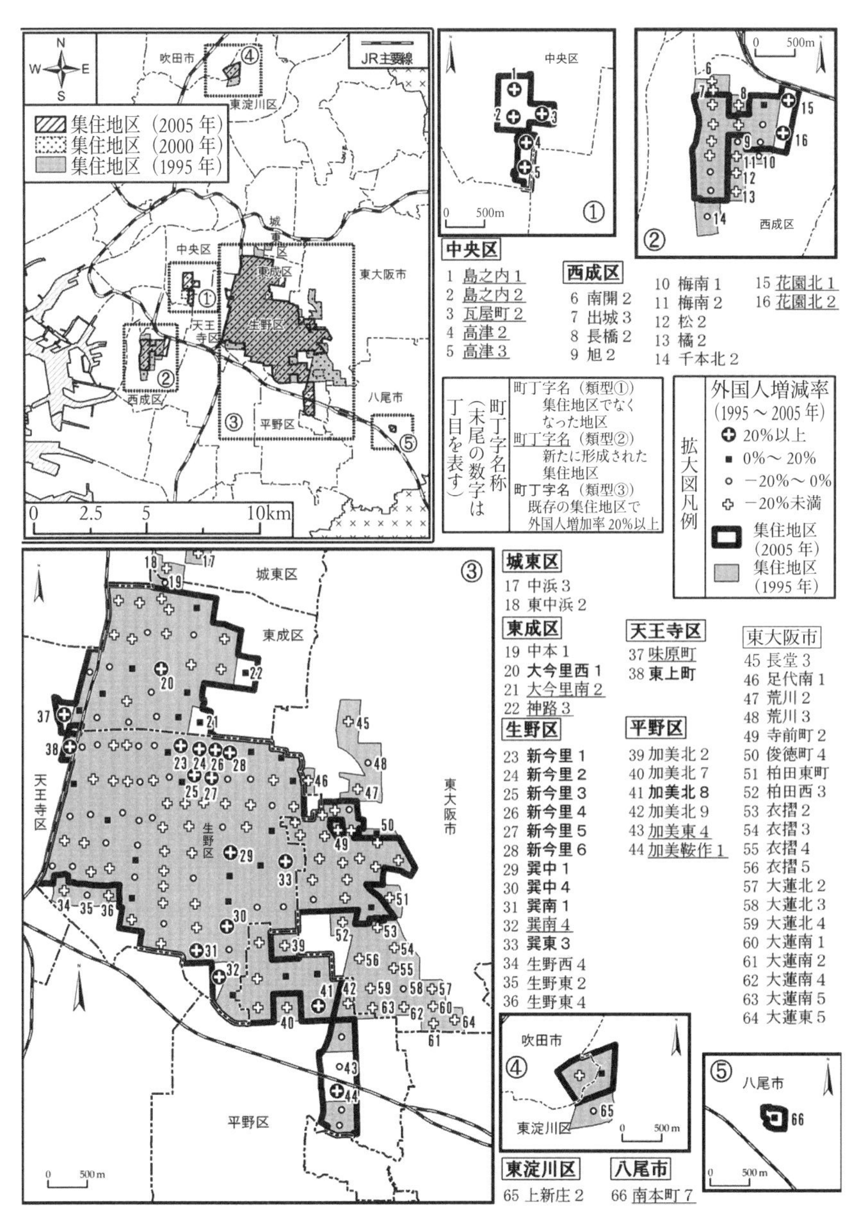

図Ⅲ－6　小地域統計からみた大阪の集住地区の分布と外国人増減率

典拠）国勢調査小地域統計より作成.
注）図中の「×」は対象地域外を表す.

表Ⅲ－3　集住地区・非集住地区別にみた大阪における外国人数と外国人割合

年次	区分	地区数	外国人数	1地区当り外国人数	外国人割合[1]
1995年	集住地区	183	56,728	301.0	18.8%
	非集住地区[2]	4,738	96,402	20.3	1.8%
2000年	集住地区	182	51,816	284.7	17.6%
	非集住地区	4,739	94,299	19.9	1.8%
2005年	集住地区	158	43,872	277.7	17.2%
	非集住地区	4,763	105,425	22.1	1.9%

典拠）各年次の国勢調査小地域統計．
注1）当該地区の全人口に占める外国人の割合．
注2）集住地区以外の地区を指す．

ると，東成区，生野区，平野区，東大阪市にかけて広範囲に分布しているほか，西成区，（規模は小さいが）中央区，東淀川区，八尾市などの市区にも確認できる．

前項と同様の類型化に基づいて順に確認していくと，類型①の集住地区の基準を満たさなくなった地区は，とりわけ東大阪市に集中しており，生野区の東側に位置する長堂（3），足代南（1），荒川（2・3），寺前町（2），俊徳町（4）のほか，平野区・八尾市に近い柏田東町，柏田西（3），衣摺（2～5），大蓮北（2～4），大蓮南（1・2・4・5），大蓮東（5）が該当する．ほかにも，生野区の生野西（4），生野東（2・4）や，西成区の南開（2），出城（3），長橋（2），旭（2），梅南（1・2），松（2），橘（2），千本北（2）などが挙げられるが，以上の地区のほとんどは，2000年時点では集住地区の基準を満たしていた．また，これらの市区では，1995年と2005年の両時点で集住地区であるものの，外国人減少率が20%を超える町丁が多いことも目立つ．

類型②の新たに形成された集住地区は，1995年の集住地区に隣接するいくつかの町丁字に散見されるが，特に中央区に集中していることが注目される．具体的には，中央区の島之内（1・2），瓦屋町（2），高津（2・3）に集中して分布している．そのほか，生野区の巽南（4）に加え，1995年の集住地区との空間的な関係性が薄いという点では，八尾市の南本町（7）も挙げられよう．対象地域である大阪市とその隣接市全体での外国人数の増減率は，1995～2000年に－5.7

%，2000〜2005年に2.8％であったが，類型②に属する集住地区14地区全体でみれば，1995〜2000年に18.0％，2000〜2005年には36.1％と大幅な増加がみられた．さらに，外国人割合も，1995年の7.1％から2000年の8.1％，2005年の10.1％へと上昇傾向にある．

1995年の集住地区の多くで外国人数の減少が目立つ中で，類型③の両時期とも集住地区の基準を満たす町丁字のうち外国人数の増加率が20％を超える地区も一定数存在する．生野区が最も多く，新今里（1〜6），巽中（1・4），巽南（1），巽東（3）がこの類型に該当するが，特に新今里での集中が際立っている．類型③に属する13地区全体における外国人増加率は，1995〜2000年に26.0％，2000〜2005年に11.7％と前者の時期の方が高いが，外国人割合は1995年の10.2％から2000年の12.1％，2005年の13.5％と継続して上昇している．

以上に述べた集住地区の分布の動向をGD係数との関連からまとめておく．1995〜2000年の時期，集住地区での１地区当り外国人数や外国人割合が低下したことが，GD係数の低下につながった．ただし，中央区においてまとまった形で新たな集住地区の現出がみられ，このことが短いバンド幅でのGD係数の減少を相対的に小幅におしとどめたと解釈できる．一方，2000〜2005年のGD係数の低下には，東大阪市や西成区における集住地区の空間的縮小と非集住地区での外国人数の増加が関係している．集住地区全体での外国人数が一貫して減少していることもふまえると，セグリゲーションの程度は弱化傾向にあると考えてよい．ただし，その中にあって，生野区の新今里（1〜6）のような外国人数の増加がみられた町丁字の存在や，中央区での集住地区の現出は注目される．

4．オールドカマー・ニューカマー別にみた集住地区の動向

本節では，前節で明らかにしたセグリゲーションの動向や小地域レベルの外国人分布の特徴と変化を，オールドカマーとニューカマーという渡来時期の違いと関連付けることによって，それぞれのカテゴリーの外国人が分布の変化にどのように寄与したかを分析する．ただし，国勢調査小地域統計では，渡来時

期や国籍を区別する項目がない．そこで，まず，集住地区がオールドカマー・ニューカマーのいずれを起源とするかで区分し，それぞれの居住分布傾向を検討する．1970・1975・1980年の国勢調査では，外国人総数のほか，国籍別（「韓国・朝鮮」，「中国」，「アメリカ（合衆国）」，「その他」）の人数が国勢統計区単位で集計されている．ニューカマーの増加が1980年代後半に当たること，および1980年時点での「特別永住者」の割合は日本における外国人の83.9％を占めていた（法務省入国管理局編 1981: 119）ことをふまえると，1980年国勢調査における国勢統計区別集計の「韓国・朝鮮」の数値をほぼオールドカマーのものとみなしてよいだろう．

次に，人口移動のデータに関して，対象時期の国勢調査のうち，2000年の小地域統計の「人口移動集計」から，「国外」を含む6区分の5年前常住地（以下，「前住地」）のデータが得られる．これは，日本人を含む常住人口全体を母数としており，外国人のみを対象としたデータではないが，ニューカマーのうち新規入国者の居住動向を推察できる側面を有する．というのも，「前住地が国外」の者の数が僅少な地区では，新規入国の外国人は少ないとみて間違いないし，新規入国者が多く流入すれば，「前住地が国外」の割合が高くなると予想されるからである．

a．東京における渡来時期別の居住分布傾向

国勢統計区データから，オッズ比（5.0）によって1980年の東京における集住地区を特定した（図Ⅲ－7）．条件を満たす地区は，足立区，荒川区，北区，台東区，江東区，港区にみられる．これらのうち，「韓国・朝鮮」の比率が少なくとも8割を超える，足立区の梅田（4・5），関原（1〜3），本木（1），荒川区の荒川（3），東日暮里（3〜6），西日暮里（1・6），江東区の塩浜（1・2），枝川（1・2），北区の豊島（5〜8）や台東区の東上野（1〜3）は，オールドカマーの集住地区とみなせる．一方，港区の六本木（1〜6）や元赤坂（1・2），赤坂（8），麻布台（1〜3），東麻布（1〜3），西麻布（3・4），元麻布（1〜3），南麻布（1〜3）は，国籍別にみて「アメリカ」「その他」が多い．よって，1995年の集住地区について，足立区，荒川区，江東区はオールドカマー起源，それ以外はニューカマー

大阪市中央区島之内界隈の
ニューカマーによるビジネスの生起

エスニック集団に特有の財・サービスを提供する店舗は，彼ら・彼女らの集住に伴う現象として多くの大都市にみられる．ニューカマーによるエスニック・ビジネスの集中は，東京の新宿・池袋などが著名だが，大阪にも同種の空間が存在する．新型コロナ禍以前は免税を掲げるドラッグストアなども多数あり，諸種の国際人口移動の結節点にもなっていた（撮影：筆者，2021年12月）．

由来と区分できよう．

まず，ニューカマーに由来する，新宿区，中野区，杉並区，豊島区，板橋区，渋谷区，港区の集住地区について，「前住地が国外」の者が常住人口に占める割合（図Ⅲ－7）と外国人の増減との関係を検討する．図Ⅲ－7を図Ⅲ－4と比較すると，「平均＋1.0標準偏差」（4.0％）以上を示す町丁の多くにおいて，外国人数

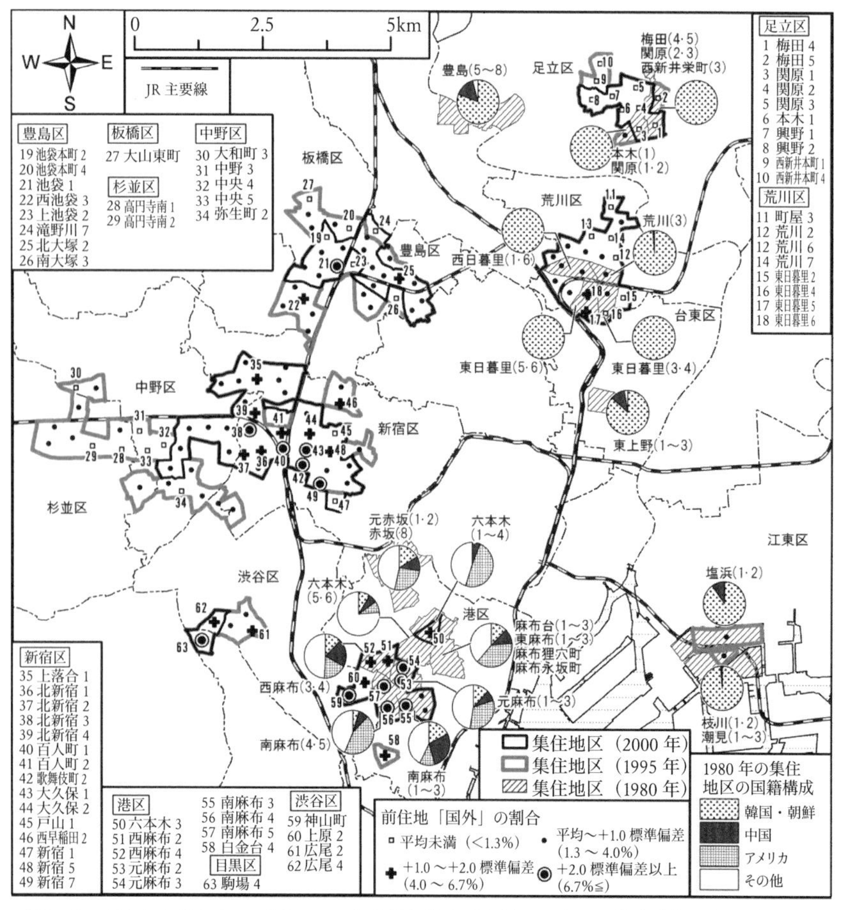

図Ⅲ－7　東京におけるオールドカマーの集住地区および各地区に占める前住地「国外」の割合

典拠）国勢調査国勢統計区別集計および小地域統計より作成．

注）円グラフに付随する地名・数字は国政統計区と対応する町丁を表す．また，別掲として町丁名を示したのは，前住地「国外」の割合が平均未満，または平均＋1.0標準偏差以上の地区．

の顕著な増加が見受けられる．1995〜2000年の外国人増加率と「前住地が国外」の割合とを対照させると（表Ⅲ－4），後者が「平均＋1.0標準偏差」以上の町丁

表Ⅲ－4　東京の集住地区における外国人増減率と前住地「国外」の割合の関係

前住地「国外」の割合	区	外国人増減率（町丁名）			
		−20%未満	−20〜０%	０〜20%	20%以上
平均未満（＜1.3%）	中野	弥生町（2）	中野（3）		
		中央（4・5）			
		大和町（3）			
	杉並	高円寺南（1・2）			
	豊島		南大塚（2）	池袋本町（2）	池袋本町（4）
			上池袋（2）		
			滝野川（7）		
	荒川			荒川（6）町屋（3）	荒川（2・7）
				東日暮里（4）	東日暮里（2）
	板橋			大山東町	
	足立	梅田（4）関原（1）	興野（2）関原（2）	梅田（5）興野（1）	
		西新井本町（1）	本木（2）	関原（3）	
			西新井本町（4）		
平均＋1.0〜＋2.0標準偏差（4.0〜6.7%）	港			西麻布（3・4）	六本木（3）
	新宿				新宿（7）百人町（2）
					大久保（2）
					西早稲田（2）
	渋谷		広尾（4）上原（2）		神山町
	新宿				上落合（1）
					北新宿（1・２・4）
					西早稲田（2）
	豊島		西池袋（3）		北大塚（2）
	荒川				東日暮里（5・6）
平均＋2.0標準偏差以上（≧6.7%）	港		南麻布（5）		南麻布（3・4）
					元麻布（2・3）
	新宿			北新宿（3）	新宿（5）百人町（1）
					歌舞伎町（2）
					大久保（1）
	目黒			駒場（4）	
	渋谷				広尾（2）
	豊島		池袋（1）		

平均1.3%（0.013），標準偏差0.027

（オールドカマー起源の荒川区の東日暮里（5・6）を除外した30地区）は，渋谷区の広尾（4），上原（2），豊島区の西池袋（3），池袋（1），港区の南麻布（5）を除いて外国人の増加がみられ，うち21地区で増加率（1995〜2000年）が20%を上回っている．従って，ニューカマー由来の集住地区について，外国人の増加と新規入国のニューカマーの流入との間に一定の関係性を見出すことができよう．

一方，図Ⅲ－7から，2000年に集住地区でなくなった町丁では，「前住地が国外」の比率が「平均＋1.0標準偏差」を上回るのは3地区のみである．中野区の弥生町（2），中央（4・5），大和町（3），杉並区の高円寺南（1・2）では，「前住地が国外」の割合が平均を下回り，かつ外国人減少率が20%を超える．これらの地区が集住地区の基準を満たさなくなった一因として，新規入国のニューカマーが少ないことを挙げうる．

次に，オールドカマーに起源を有する集住地区（足立区，荒川区，江東区）についてみると，足立区・江東区では一部の町丁で外国人の増加がみられたものの，2000年に集住地区の基準を満たさなくなった地区がある（図Ⅲ－4）．一方，荒川区には，1995〜2005年の期間の外国人増加率が20%を超える町丁が集中している．図Ⅲ－7および表Ⅲ－4から，これら3区では東日暮里（5・6）のみが「前住地が国外」の割合が「平均＋1.0標準偏差」を上回っている．この割合が平均を下回る（1.3%未満）町丁に関していえば，東日暮里（5・6）の近傍に位置する東日暮里（2・4）のほか，同区内の荒川（2・6・7）でも外国人の増加が確認できる一方，足立区では梅田（5），興野（1），関原（3）を除いて外国人数は減少している．従って，オールドカマー起源の集住地区では，新規入国を含むニューカマー増加の有無が外国人数の増減トレンドを違えたといえる．

以上に示したニューカマー・オールドカマー別の集住地区の分布傾向の検討から，1995〜2000年の集住地区における外国人増減は，新規入国のニューカマーの多寡によってある程度説明しうる．また，「前住地が国外」の比率が「平均＋1.0標準偏差」以上の地区のうち，1995〜2000年に外国人が増加した27地区では，2000〜2005年の期間に23地区で外国人人口が増大し，うち11地区では同期間の増加率が20%を上回る[43]．このことも併せて判断すると，集住地区がニュ

(43) 港区の元麻布（3），六本木（3），新宿区の新宿（5），歌舞伎町（2），百人町（1・2），大久保

ーカマーかオールドカマー起源かによらず，新規入国のニューカマーが特定の集住地区における外国人の集中に寄与した部分が大きいものと考えられる．

b．大阪における渡来時期別の居住分布傾向

1980年の国勢統計区別データから外国人の集住地区をみると（図Ⅲ－8），オッズ比5.0を満たす地区における「韓国・朝鮮」の割合は，最も小さい地区で94.4％であり，集住地区におけるほぼ全ての外国人が「韓国・朝鮮」で占められていた．1995年の集住地区との関係についていえば，平野区や東大阪市の一部の統計区を除き，1980年の集住地区のほとんどは1995年の集住地区に継承されている．従って，東成区，生野区，西成区，平野区，東大阪市の西部，ならびに東淀川区，吹田市の集住地区は概ねオールドカマー起源といってよいだろう．これらの市区に対し，中央区および八尾市の集住地区は，ニューカマーに由来するといえる[(44)]．

まず，オールドカマー起源の集住地区について「前住地が国外」の割合（図Ⅲ－8）をみると，1995年の集住地区では，生野区の鶴橋（1）と新今里（2～5）を除き，全ての町丁（178地区）で「平均＋1.0標準偏差」（1.7％）を下回っており，新規入国者の流入は僅少である．また，178地区のうち，1995～2005年の期間に外国人数が減少したのが143地区，このうち減少率が20％を超えるのが94地区であった．従って，大阪における集住地区の空間的縮小や集中の程度の低下は，オールドカマーの減少に起因する部分が大きいといえる．

ここで，この減少が社会減によるものか，日本国籍取得（帰化）によるものかを確認しておく必要があろう．国籍取得に関しては，各年次の『住民基本台帳人口要覧』に記載されている「住民票記載数」の「その他」[(45)]の数値が市区町村別で得られる．社会移動に関しても，公刊されている国勢調査では市区ス

（1･2），西早稲田（2），目黒区の駒場（4），豊島区の北大塚（2）の11地区．

（44）八尾市の南本町（7）での集住地区形成は，隣接する町丁にある雇用促進住宅へのベトナム人の入居が影響している可能性が高い（福本 2002）．

（45）「住民票記載数」の内訳として，「転入者数」「出生者数」「その他」の3区分の集計がなされている．「その他」は，「実態調査，帰化等により，住民票に職権で記載された者の数」である．

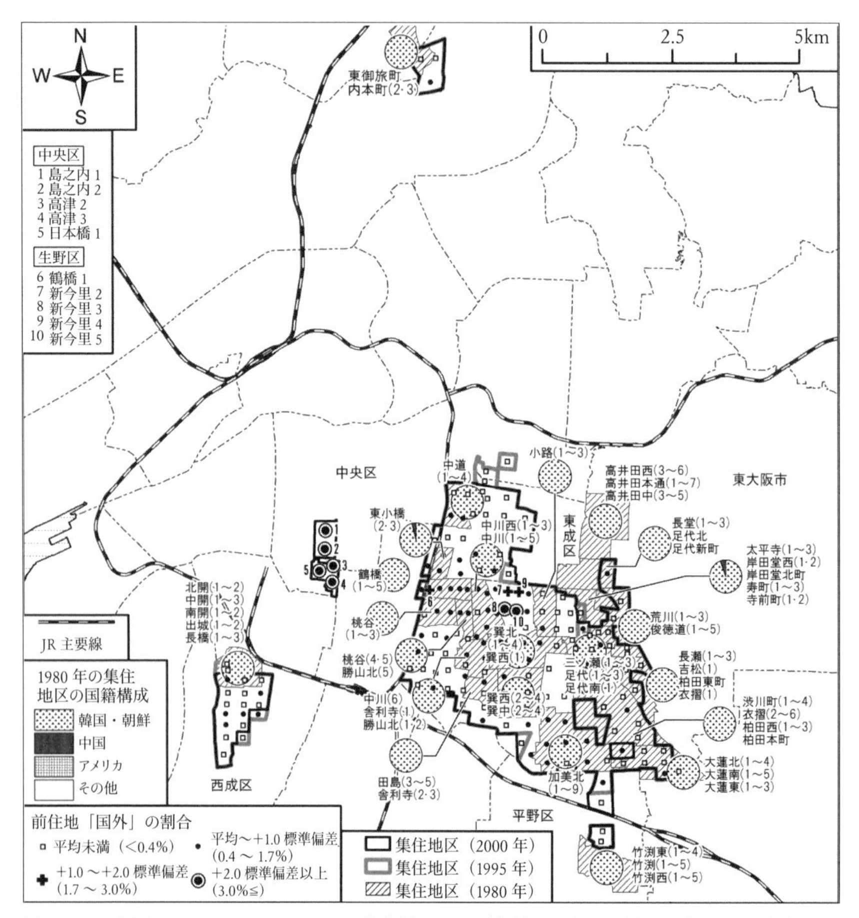

図Ⅲ－8　大阪におけるオールドカマーの集住地区および各地区に占める前住地「国外」の割合

典拠）図Ⅲ－7に同じ.
注）図Ⅲ－7に同じ.

ケールでの外国人のデータは得られないが，大阪府に関しては，推計人口および住民基本台帳における転入者・転出者の差を求めることで，区ごとの外国人の社会移動（年度ごと）の概数を知ることができる(46).

(46)　推計人口の社会増減に関する統計において，外国人登録者の扱いは都道府県によって異な

表Ⅲ－5　大阪市生野区における外国人の社会増減と住民基本台帳の異動数（国籍取得・実態調査）

期間	外国人の社会増減		（外国人の社会増減）(A)－(B)	職権記載数（国籍取得・実態調査）
	外国人転入数 (A)	外国人転出数 (B)		
1996～2000年度	5,972	6,281	(－309)	1,787
2001～2005年度	7,195	7,454	(－259)	2,316

典拠）各年次の『住民基本台帳人口要覧』および「大阪市推計人口」（大阪市計画調整局『統計時報』所収）.

区内の町丁のほとんどが集住地区に含まれる生野区を例に挙げると，図Ⅲ－6に挙げた集住地区のうち，1995～2005年の外国人増減率が０％を下回る57地区全体での外国人数の減少は，1995～2000年は3,235人，2000～2005年は3,514人であった．一方，増加率が０％以上の25地区全体では，それぞれ707人，271人の外国人数の増加がみられた．表Ⅲ－5から，区全体での外国人の社会減は必ずしも多いわけではないが，外国人転入数の一部にはニューカマーが含まれることを勘案すれば，外国人の減少を国籍取得によってのみ説明することはできない．自然減のほか，オールドカマーの転出も相当程度影響しているといえよう．

次に，ニューカマー由来の中央区の集住地区（5地区）についてみると，その全てで「前住地が国外」の割合が「平均＋2.0標準偏差」を上回り，1995～2000年の外国人増加率も20％を超える（表Ⅲ－6）．これらの地区のうち，2005年に集住地区の基準を満たさなくなった日本橋（1）を除き，島之内（1・2），高津（1・2）における2000～2005年の増加率は20％を上回る．また，生野区の新今里（2～5）も，「前住地が国外」の割合が高く，周囲の町丁で外国人数の減少がみられるなか，1995～2000年，および2000～2005年の期間の双方で外国人の増加がみられた．従って，オールドカマー起源かニューカマー由来かによらず，外

る．大阪府の場合，外国人登録の転入・転出（国外含む）を住民基本台帳の転入・転出に合算した「転出者」「転入者」が月ごとに集計されていた．一方，東京都の場合，外国人の社会増減は，国籍取得・離脱を含めて「その他の増減」として集計されていたため，国籍取得を除く外国人の移動数を知ることができない．なお，外国人登録法の廃止によって，現在は外国人の移動も住民基本台帳ベースで集計されている．

表Ⅲ－6　大阪の集住地区における外国人増減率と前住地「国外」の割合の関係

前住地「国外」の割合	区	外国人増減率（町丁名）		
		－20％未満	0～20％	20％以上
平均+1.0～＋2.0標準偏差（1.7～3.0％）	生野	鶴橋（1）		新今里（2・4）
平均＋2.0標準偏差以上（≧3.0％）	生野		新今里（5）	新今里（3）
	中央			島之内（1・2） 高津（2・3） 日本橋（1）

平均0.4％（0.004），標準偏差0.013

国人数の増大や集住地区の形成には，新規入国のニューカマーの流入が大きく寄与していたといえる．

以上から，オールドカマー・ニューカマー別にみた大阪の集住地区の動向について，次の2点が明らかとなった．第1に，オールドカマー起源の集住地区のほとんどにおいて外国人数の減少がみられることから，集住地区の空間的縮小や地区内の外国人の集中の度合の低下は，部分的にはオールドカマーの転出に起因している．第2に，生野区の新今里や中央区の島之内・高津など，外国人数の増大した地区が集中している地域では，新たに入国したニューカマーの流入が目立っていた．

5．東京と大阪における外国人居住分布の特質

以上に示した東京と大阪の分析結果をふまえた上で，外国人居住にみられる共通点と相違点を整理し，オールドカマーとニューカマーという渡来時期別の違いが，日本の都市における外国人のセグリゲーションとどのように関わっているかについて議論する．

まず，東京と大阪のGD係数を比べると，大阪の方が高い値を示している．こ

の違いは，大阪の方が集住地区内での外国人割合が高く，かつ，空間的に連続して分布する集住地区の範囲が大きいことの結果である．特に後者の側面は，単位地区の空間的関係を加味したGD係数を用いることでより明瞭に表れた．もとより大阪ではオールドカマーの集住地区が広範囲に分布しており，その意味で，両都市間のGD係数の差は過去の集住地区の存在に由来する部分が大きい．

次に，対象時期におけるGD係数についていえば，東京における値の変化の度合は相対的に小さいが，これには集住地区が空間的に縮小した一方で，特定の集住地区における集中の度合が高まったことが関連している．ニューカマーの居住分布の動向に何らかの一貫性を見出すことは難しいものの，前節で述べたように，少なくとも新規入国のニューカマーについては集中傾向が優位だといえる．オールドカマー起源の集住地区についても，荒川区の東日暮里のように，外国人の増加した町丁と新規入国のニューカマーの流入との間には一定の関係性が認められる．

東京とは異なり，大阪のGD係数は，特に2000年以降に値が大幅に低下している．オールドカマー起源の集住地区の多くで外国人数の減少と外国人割合の低下が生じており，このことがGD係数の低下に顕著に反映されたものといえよう．ただし，大阪でも，新規入国のニューカマーの流入が外国人の増加に寄与した地区も確認できた．

このように，オールドカマー・ニューカマーという渡来時期別の観点からいえば，セグリゲーションの程度が低下する中にあって，特定地区において新規入国のニューカマーが増加している点で両都市は似通っている．では，その背景として，両都市に共通するような要因を見出すことはできるだろうか．

一般に，外国人に対して家主側が貸したがらないことや保証人を得にくいことが影響して，とりわけ新規入国のニューカマーに関しては住居の選択肢が少ないとされてきた．しかし，新宿区の大久保・百人町における外国人の居住実態を調査した稲葉（2008）によれば，日本人の借り手が減少したという貸主側の理由と，外国人顧客をターゲットとした営業を行う不動産業者が増加した結果，同地域で賃貸マンションに入居する外国人が増加したという．ここで確認したいのは，同様の状況がオールドカマーの集住に由来する地区（荒川区の東日暮里，生野区の新今里）や，大阪市中央区のような新たに現出した集住地区でも

表Ⅲ－7　東京都荒川区における外国人居住が確認されたマンション数

集住地区	前住地「国外」の比率(2000,%)	外国人居住が確認された建物数／詳細の記入された建物数	
		1995	2005
荒川区			
荒川 2	1.1（Ⅰ）	0／2	1／11
荒川 3	2.2（Ⅱ）	2／13	10／27
荒川 4	1.8（Ⅱ）	3／14	5／19
荒川 5	1.3（Ⅱ）	0／4	4／14
荒川 7	1.0（Ⅰ）	1／11	1／10
西日暮里 2	3.0（Ⅱ）	8／43	11／50
西日暮里 5	2.9（Ⅱ）	2／15	8／24
西日暮里 6	1.8（Ⅱ）	5／39	14／48
東日暮里 2	1.2（Ⅰ）	4／16	7／33
東日暮里 4	1.3（Ⅱ）	1／13	15／50
東日暮里 5	4.1（Ⅲ）	10／47	20／57
東日暮里 6	4.6（Ⅲ）	12／28	12／45

典拠）国勢調査小地域統計および『ゼンリン住宅地図』.
注）前住地「国外」の列で，Ⅰは前住地「国外」の割合が「平均未満」（<1.3%），Ⅱは「平均～＋1.0標準偏差」（1.3%～4.0%），Ⅲは「平均＋1.0標準偏差以上」（4.0～6.7%）をあらわす.

表Ⅲ－8　大阪市生野区・中央区における外国人居住が確認されたマンション数

集住地区	前住地「国外」の比率(2000,%)	外国人居住が確認された建物数／詳細の記入された建物数	
		1995	2005
生野区			
新今里 1	1.0（Ⅱ）	4／39	5／18
新今里 2	2.3（Ⅲ）	2／26	8／27
新今里 3	3.7（Ⅳ）	10／50	22／49
新今里 4	2.3（Ⅲ）	3／19	5／27
新今里 5	3.9（Ⅳ）	5／20	5／19
新今里 6	0.5（Ⅱ）	3／14	3／6
中央区			
島之内 1	5.5（Ⅳ）	5／24	8／20
島之内 2	6.7（Ⅳ）	16／45	14／27
高津 2	6.7（Ⅳ）	3／9	3／8
高津 3	3.6（Ⅳ）	2／20	7／21

典拠）国勢調査小地域統計および『ゼンリン住宅地図』.
注）中央区の日本橋1は，2005年の集住地区に含まれなかったため除外した．前住地「国外」の列で，Ⅱは「平均～＋1.0標準偏差」（0.4～1.7%），Ⅲは「平均＋1.0標準偏差以上」（1.7～3.0%），Ⅳは「平均＋2.0標準偏差以上」（≧3.0%）をあらわす.

当てはまるかどうかである.

表Ⅲ－7には，『ゼンリン住宅地図』のビル・マンション別の各戸一覧をもとに，荒川区内の外国人集住地区のマンションを外国人の有無でカウントした数値(47)を載せている．この表からは，西日暮里（5・6）や東日暮里（5）など，新

（47）　商業ビルと判断されるものや，詳細が全く記入されていないマンションは総数から除外している.

規入国のニューカマーが多く流入した地区において，外国人の居住するマンション数が増加していることがわかる．ほかにも，荒川（3）や西日暮里（5）など，前住地が「国外」の割合がやや高い地区でも同様の傾向が看取できよう．従って，オールドカマー起源の集住地区の中でも，ニューカマーの増加が見込まれる町丁では，外国人が相対的に入居しやすい賃貸マンションが多いと考えられ，この点で上述した新宿区の大久保・百人町の状況と共通していると推測される．

一方，大阪に関していえば（表Ⅲ−8），2005年のデータにはやや制約があるものの[48]，前住地が「国外」の比率の高い生野区の新今里（2〜5），中央区の島之内（1・2）と高津（2・3）において外国人の居住するマンションが増加したことが確認できる．ニューカマーを誘引しやすい住宅の存在が，オールドカマー起源の集住地区の集中・分散を分けた一つの要因とみることができよう．

以上の分析を端的にまとめるならば，オールドカマーの分散とニューカマーの集中という全般的なトレンドがあり，これらの組合せが外国人全体としてのセグリゲーションの空間的形態に寄与していることが明らかになった．従って，東京と大阪を比較した際，大阪においてセグリゲーションの弱化が顕著であるのは，オールドカマーの割合が大きいという大阪の特性が影響しているとみなせる．加えて，オールドカマー起源の集住地区の間で外国人増減の差異が生じたのは，ニューカマーが借りやすいと考えられる賃貸マンションの存在など，ローカルな住宅市場の要因による部分もあると考えられる．

Fukumoto（2021）でも示したように，オールドカマーの継続的な分散傾向は，後の章でも言及する職業構成上の特徴とその変化と合わせ，Massey and Denton（1985）の空間的同化モデルの説明図式に概ね合致する．一方，ニューカマーに関しては，定住を前提としない日本の出入国管理政策ゆえに在留期間や資格外活動の制限された者が多く，そのことが特定の空間的範囲における集中の増大につながっている．ただし，ニューカマーの方が集中傾向にあるとはいっても，集住地区からの分散が全くみられないわけではない．本章の対象時期からは外

なお，荒川区については5階以上，生野区・中央区については3階以上の建物が記載されている．

（48） 新今里では，詳細が記入されていない建物がかなり増加した．

れるが，参考として，2015年（2014年分）から提供が始まった住民基本台帳の人口移動集計の結果を挙げておく．たとえば東京・新宿区の場合，2014年において，外国人の国内人口移動による転出超過は1,668人（転入6,624人，転出8,292人）であったのに対し，国外との人口移動ではおよそ3,300人の転入超過(49)であった．つまり，ニューカマーの集住地区において，国外からの直接の流入だけでなく，同時にそこから国内・国外への流出も顕著であることは重要である．その意味では，こうした集住地区は国際人口移動の結節点であり，かつ移住後の定住・定着の起点ともなるようなゲートウェイとしての機能も有している．大阪については，海外との人口移動は活発ではないが，それでもニューカマーの集住地区形成がみられた中央区・生野区では他市区と比べて国外との人口移動が多くなっている(50)．

本書の目的に照らして注目すべきは，単にオールドカマーとニューカマーという分布傾向の異なる集住地区が存在するだけでなく，一部で両者の空間的重複が析出されたことである．集住地区の来歴と展望を大阪という都市に即して論じる上で，どうやらオールドカマーとニューカマーをつなぐある種のミッシング・リンクに着目する必要が示されたように思う．まずは次章にて，大阪における在日朝鮮人集住地区の起源を探ることにしよう．

---

(49)　『住民基本台帳人口要覧』は，いわゆる住民票をベースとした人口統計である．国内人口移動の場合，転入・転出は手続きに応じて計上され，一部の無届けのケースでは職権による記載・消除が行われる．東海地方の某市での聞き取りによれば，社会保険関係の書類等で転出が判明し，台帳からの消除がなされるという．ただし，その数値は大きくない．問題は，国外との人口移動，特に転出の場合の集計である．2014年のデータでは，国外からの転入者は9,176人，国外への転出者は1,696人となっているが，帰国などに際して転出届を提出しない場合も多い．その際は，入管から帰国の通知があったり，再入国の意志を示していてもその期限内に来日しなかった場合，台帳から職権で消除される．この場合，統計では「その他」に計上される．実際に国外への転出が生じた時点とはタイムラグが生じるが，おおよそ，この「その他」と国外への転出の届けを合算したものが，国外への転出とみなせる．新宿区の場合，「その他」は4,131人となっており，2014年には国外との間で約3,300人の転入超過であったと推計される．

(50)　対象地域における国外との人口移動を市区別にみると，転入・転出とも，堺市に次いで浪速区・中央区・生野区が上位を占める（2014年の『住民基本台帳人口要覧』による）．

第Ⅳ章

1920年代から1950年代初頭の在日朝鮮人居住分布の変遷

1920年代の猪飼野町（現生野区・東成区）．大阪のインナーシティでは都市発展とともに市街地化が急速に進み，都市外からの人口の受け皿となる住宅も多く見られた．猪飼野町では，耕地整理によって道路が直交する形で街区が整備され，朝鮮人をはじめ都市への移住者が暮らす長屋が多数建設された（朝鮮総督府『朝鮮の人口現象』1927年）．

1．在日朝鮮人の増加と急減

本章の分析課題は，1920年代から1950年代に焦点を当て，大阪市における在日朝鮮人集住地区の起源と戦中・戦後を経た変化を明らかにすることにある．図Ⅱ－1で示したように，この期間の前半から中盤にかけて日本「内地」の朝鮮人数は一貫して上昇したが，終戦後の朝鮮半島への帰還によって大きく減少した．本章では，都市内の居住分布パターンの形成と変容が，こうしたドラスティックな人口の変動とどのような連関性を持っていたかを明らかにする．分析に際しては，主として区スケールの在日朝鮮人人口の空間的集中ないし分布の偏在に着目する．

欧米における都市の空間分化や集住地区形成に関わる諸理論は，基本的にはエスニック集団人口の増加あるいは停滞局面の動向から導出されたものであり，戦後の朝鮮人にみられたような人口の急減に伴う変化を説明しうるものではない(51)．もとより，日本の都市空間については，都市政策および経済構造の両面で，戦時体制下の都市改変や戦後の復興計画が大きなインパクトをもたらしたことが，都市史研究の共通理解としてある．その意味でも，日本をめぐる国際人口移動と都市空間の歴史的形成過程とのつながりを考える際，戦時から戦後という時期は重要な意味を持っている．

Ⅱ章で述べたように，戦前の大都市における朝鮮人の居住分布やその偏在については，既にかなりの研究蓄積がある．大阪の場合，「内地」で最多の朝鮮人人口を抱えていたことに加え，他都市に比べて工場職工の比率が高いという特徴もあり，就業構造にも踏み込んだ研究が多く，対象となるスケールも個別の集住地区から都市域全体を視野に入れたものまで幅広い．1910年代の集住地区形成の萌芽期については，堀内（2000）が明らかにしているように，大工場の斡旋によって来阪した朝鮮人労働者が大阪市の西南部に偏在していたが，第1

---

(51) 1つの例外として，アジア・太平洋戦争の勃発に伴うアメリカ都市における日系人の強制収容に伴う集住地区の消滅が挙げられる．集住地区の強制収容の前後での空間的重複については，杉浦（2011a）が言及している．

次世界大戦後にその多くが解雇され，偏在の中心が市東南部および北部に移った．

1920年代以降については，Ⅲ章で示した，現在でも広範囲にわたる集住地区が存在する大阪市東南部地域（生野区・東成区）や西南部地域（西成区）について，居住や就業の実態を扱った数多くの研究がある．このうち東南部地域については，特に済州島～大阪航路の開設によって同地からの労働者が多数渡来したことで知られる（金 1985）．これらの地域では，地縁・血縁に基づく連鎖移民が集住を促進するとともに，在日朝鮮人が小資本の自営業者層へ進出していく傾向も強まった（河 1997; 杉原 1998; 外村 2004）．1930年前後の時点でも，依然として朝鮮半島の間では短期的な往来も多く（森田 1996: 73），大阪と出身地との人口移動を介した結びつきは強かったが，一方で，階層分化が生じて定着の度合を高める者も現れ始めたわけである．

しかし，戦後の時期については，外村（2004）が残存した一部の集住地区において自営業者が目立つ点を指摘している程度で，特に分布パターンを扱った研究は僅少である．

むろん，こうした既存研究における時期的分断の問題は，そもそもデータを得ることの難しさにも由来している．戦前については，大阪市社会部が刊行した多数のモノグラフのほか，人口動態に関わる統計も比較的得やすい．しかし，戦後直後については，社会・経済の混乱を反映して，そもそも資料の信頼性に疑義が拭えない場合もあるために分析が進んでこなかった．本章では，考えつく限りの資料を収集し，複数の統計の信頼性を慎重に検討した上で，分布傾向の把握に努めたい．

加えて本章では，Ⅱ章で挙げた都市内集住地区の居住―就業に関する既存研究をふまえ，集住地区間の空間的差異，特に就業上の特徴に焦点を当てる．後述するように，自営業者層への参入を通じた社会経済的地位の上昇は，各所の集住地区にわたってみられるものではなく，その機会にはかなりの地域差が存在していた．このことは，戦後の在日朝鮮人にみられる自営業者の多さ（Ⅳ・Ⅴ章参照）もふまえると，戦前から戦後の（非）連続性を理解する上でも改めて着目する意義があると考える．

以上に鑑み本章では，大阪市の区スケールの統計を中心に，部分的に小スケールの集住地区に関わる資料を用いる．戦後直後の時期については，日本の公的統計のほか，GHQ/SCAPの資料なども併せて分布の実態に迫る．方法として，偏在度合やその位置を特定する際には，Ⅲ章で挙げた全域指標の非類似係数，狭域指標の立地係数を参照して分析を進める．

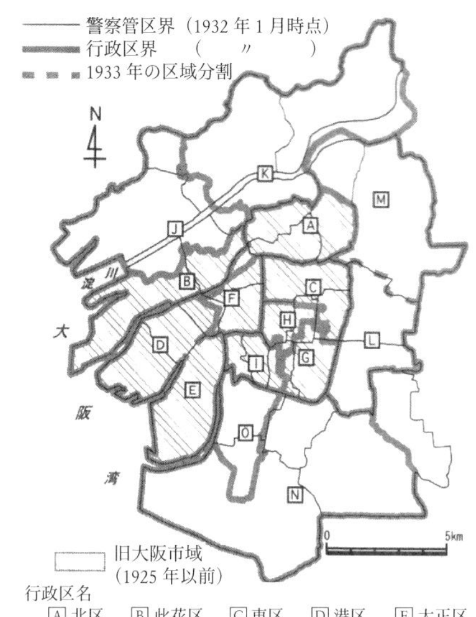

図Ⅳ－1 対象地域（行政区および警察管区）

なお，戦前・戦後をまたぐ形での居住分布形態の把握にあたっては，両時期で区界が大きく異なるため（図Ⅳ－1），偏在の度合をうまく評価することができない．むしろ，戦後の区界との一致度が高い警察統計の方が時系列的な比較に適しており，また1929〜1942年の各年次のデータが『大阪府警察統計書』によって得られる[52]．そのため，本章では図Ⅳ－1に示す警察管区の境界を用い，戦後の区別のデータを指す際，混乱を避ける意味で区名をこれら警察管区の名称に合わせて表記する．ただし，戦前の就業構造に関する統計については，区ごとにしか得られないものがほとんどであるため，概ね対応する警察管区を併記して地域間の差異を検討する上での一助としたい．

以下，戦前・戦後を通じた在日朝鮮人数の推移（図Ⅳ－2）に鑑み，3つの時期区分を行う．すなわち，旧大阪市域の外側で在日朝鮮人が増加した1920年代を集住地区の「形成期」，在日朝鮮人数の急増がみられた1930年代から終戦までを集住地区の「拡大期」とし，在日朝鮮人数の激減の結果大半の集住地区が消滅した占領期を，今日まで維持された集住地区の「残存期」とする．以下では，これらの時期の政治・経済的背景をふまえつつ，在日朝鮮人の居住分布パター

(52) 警察統計は国勢調査に比べ在日朝鮮人の実数が少なく，統計の妥当性が疑問視されることもあるが，カイ二乗検定で区別人口比率の同一性を検定したところ，1%水準で有意であった．

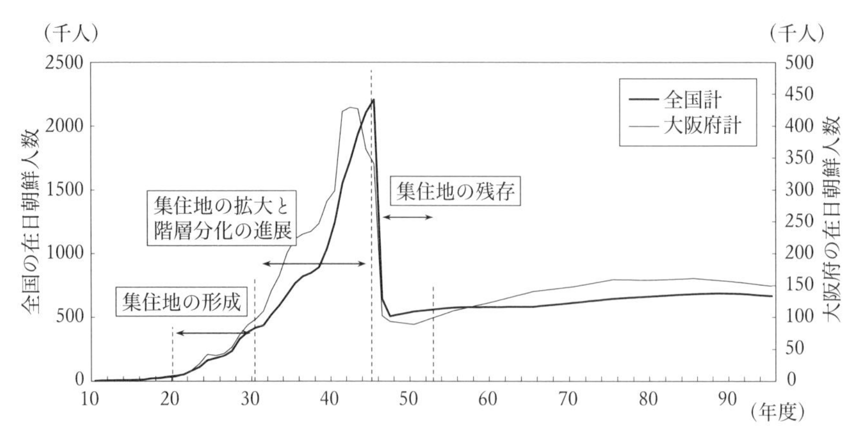

図IV－2　在日朝鮮人数の推移

典拠)全国計は左軸，大阪府計は右軸．1910～45年は，田村(1998)に基づく．1950～95年の全国計は，外国人登録者数によるもの．同期間の大阪府計は，国勢調査による数値．

ンおよび就業構造の変遷とその要因を分析する．

2．集住地区の形成期――1920年代――

前述したように，1910年代の大阪市では，在日朝鮮人の偏在は旧大阪市域の西南部に見られ，1920年時点の分布も概ねこの状態を踏襲していた(53)．これに対し，1929年の分布（図IV－3）では，大阪市東南部（鶴橋・中本）での在日朝鮮人の集中が明瞭で，立地係数も2.0を超えている(54)．さらに，淀川南岸の地域（今福・中津・福島・朝日橋）や大阪市西南部（泉尾・今宮）でも朝鮮人人口が多く，特に中津と泉尾で1.5を超える立地係数を示している．なお，旧市内に位置する玉造・難波・芦原と，淀川北岸の柴島は，人口規模は小さいが立地係数が高い．

(53)　実際，1920年の国勢調査では，大阪市のほぼ西半分に相当する西区・南区と西成郡(1925年に大阪市に編入された地域のおおよそ西半分に相当)で，大阪府の在日朝鮮人数の約60%を占めていた．

(54)　これ以降，本章2節・3節では，『大阪府警察統計』の数値を用いて立地係数・非類似係数を算出している．

韓国併合後に大阪へ移入した人々の集住と暮らし

初期の集住地区は単身労働者を中心としていたが，次第に女子人口の割合が増大し世帯形成が進む．写真・上は「東橋町」（東成区東小橋町の誤記と思われる）の集住地区の長屋のようす．写真・下はガラス工場で働く朝鮮人労働者．ガラス工業をはじめ，大阪は他都市に比べて職工労働者の割合が大きく，その多くが劣悪な環境下での低賃金労働に従事した（朝鮮総督府『朝鮮の人口現象』，1927年）．

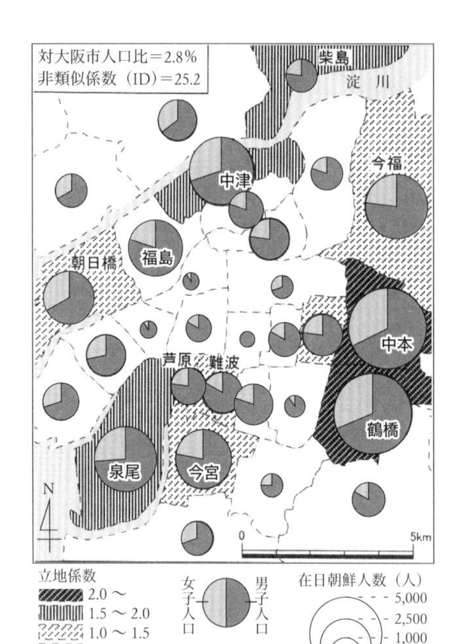

図Ⅳ－3　在日朝鮮人の分布と立地係数（1929年）

典拠）『大阪府警察統計書』より作成．

また図Ⅳ－3では，全般的に男子人口が女子人口を大きく上回っており，当時の在日朝鮮人の多くが男子単身労働者であった（外村 1991）ことを反映している．以上のように，1920年代の初頭から末期にかけて，いわば西部→東部という形で朝鮮人人口の分布の中心が移っている．なぜこうした変化が生じたのか，その要因を彼ら・彼女らの就業構造と居住の場との関係から探ってみよう．

1920年代に来阪した男子単身労働者は出稼ぎ的性格が強く，雇用先で住宅が提供される場合を除けば，その多くは労働下宿等に居住していた（外村 1991）．朝鮮人経営による労働下宿（図Ⅳ－4）は，大阪市東南部（玉造・中本・鶴橋），西南部（難波・芦原・泉尾・今宮），大阪市北部では淀川南岸（中津・福島・朝日橋）に多く，旧大阪市域を取り囲むように分布している．また，1920年代後半にあった彼ら・彼女らが密集して居住する街区（以下密集街区，図Ⅳ－4）の多くが，朝鮮人経営の労働下宿が偏在していた地域に分布しており，このことは労働下宿の存在が集住地区形成の一因であったことを示唆している．

では，当時の集住地区は，彼ら・彼女らの職業属性や労働の場とどのような関係にあったのか．1923年当時，朝鮮人労働者が30人以上就業していた工場等（図Ⅳ－5）の中では，窯業（ガラス）工場が16件と最も多く，主に淀川南岸地域と難波に分布している．紡織業のうち，大阪市西南部にあったのは，寄宿舎に居住する女子紡績職工[55]が就業していた大規模の紡績工場であり，淀川南岸に

（55）「本市に於ける朝鮮人の生活概況」（大阪市社会部発行，1929）によれば，1928年当時，朝鮮

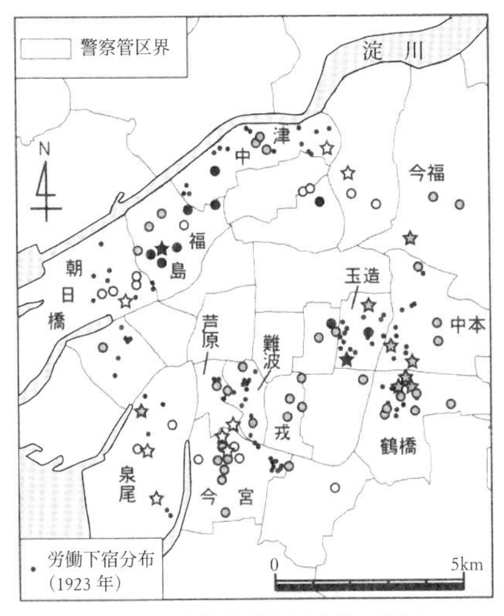

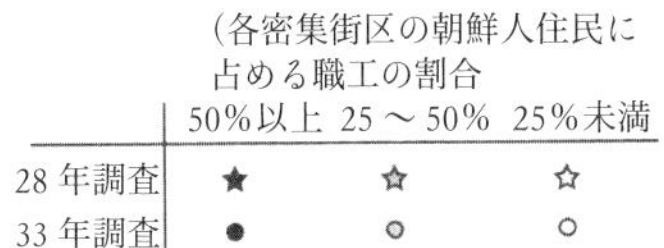

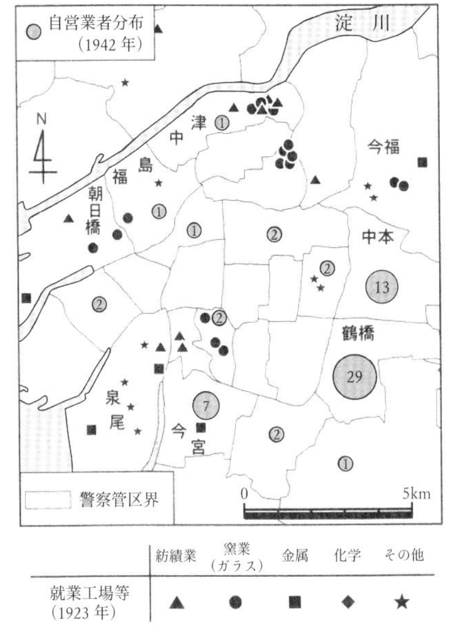

図Ⅳ－4　在日朝鮮人の労働下宿と密集街区の分布

典拠）密集街区のうち，1928年のものは，大阪府警察部特高課による調査資料（大阪市社会部「本市に於ける朝鮮人の生活概況」同発行，1929年に所収）．1933年のものは，大阪府警察部「朝鮮人ニ関スル統計表」同発行，1934．労働下宿の分布は，大阪市社会部『日傭労働者問題』弘文堂，1924．ただし，全207の労働下宿のうち，場所が確認できたものは163（78.7%）．
注）「密集街区」とは，大阪府警察部特高課の資料において「朝鮮人密住地区」として記載されている町丁字のことを指す．

図Ⅳ－5　朝鮮人工場労働者の就業施設と自営業者の分布

典拠）図中の就業工場等は，朝鮮総督府『阪神・京浜地方の朝鮮人労働者』同発行，1924による．自営業者の分布は，大阪中央電話局編『大阪市電話番号簿一覧』同発行，1943による．
注）朝鮮総督府の資料は，1923年時点で30人以上の朝鮮人労働者を雇用していた工場等に限ったものである．また，自営業者の分布は，警察管区ごとに集計しており，円中の数字は業者数をあらわす．

は男子職工を雇用する染色工場が分布していた．「その他」の多くは土木工事や雑役に関わる施設（仮設を含む）で，泉尾・玉造などに分布している．

図Ⅳ－5を図Ⅳ－4と対照させると，1920年代前半の淀川南岸地域や難波における朝鮮人経営の労働下宿の分布と，まとまった規模で朝鮮人労働者が就業する紡織業・窯業（ガラス）工場の分布の間には，空間的な対応性が認められる．

人女子労働者の6割以上が紡績職工であった．

表IV－1　朝鮮人工場労働者と就業施設の地域別構成（工場法適用の工場のみ，1930年）

	在日朝鮮人総数（A）	朝鮮人工場労働者（B）	（B）／（A）（%）	（概ね対応する警察管区）	朝鮮人労働者を雇用していた工場数						
					紡織業	窯業（ガラス）	金属	機械	化学	その他	合計
北区	5,184	1,051	20.5	（天満・曾根崎・網島）	13 [22.4]	29 [50.0]	3 [5.2]	2 [3.4]	1 [1.7]	10 [17.2]	58 [100.0]
此花区	5,619	672	12.1	（朝日橋）	2 [5.1]	8 [20.5]	17 [43.6]	5 [12.8]	3 [7.7]	4 [10.2]	39 [100.0]
東区	2,465	179	7.3	（船場・玉造）	1 －	1 －	1 －	3 －	1 －	3 －	10 －
港区	8,984	1,096	12.2	（市岡・築港）	3 [3.3]	5 [5.6]	27 [30.0]	11 [12.2]	5 [5.6]	39 [43.3]	90 [100.0]
大正区				（泉尾）							
西区	703	60	8.5	（九条・新町・川口）	2 －	－ －	1 －	2－	－ －	3 －	8 －
天王寺区	1,645	11	0.7	（高津・戎・天王寺）	－ －	－ －	1 －	－ －	－ －	1 －	2 －
南区	1,525	29	1.9	（島之内）	－ －	－ －	1 －	1 －	1 －	3 －	6 －
浪速区	5,128	616	11.9	（難波・芦原）	2 [4.4]	14 [31.1]	16 [35.6]	6 [13.3]	1 [2.2]	6 [13.1]	45 [100.0]
西淀川区	4,943	879	17.8	（大和田・福島）	11 [15.1]	7 [9.6]	16 [22.0]	7 [9.6]	13 [17.8]	19 [26.0]	73 [100.0]
東淀川区	8,679	1,441	16.6	（中津・十三橋・柴島）	35 [35.7]	21 [21.4]	13 [13.3]	9 [9.2]	9 [9.2]	11 [11.2]	98 [100.0]
東成区	22,044	1,476	6.7	（中本・鶴橋）	7 [9.5]	17 [23.0]	8 [10.8]	9 [12.2]	18 [24.3]	15 [20.3]	74 [100.0]
旭区				（今福）							
住吉区	3,077	119	3.8	（住吉・平野）	2 [12.5]	4 [25.0]	2 [12.5]	2 [12.5]	5 [31.3]	1 [6.3]	16 [100.0]
西成区	7,128	463	6.5	（今宮）	3 [7.0]	5 [11.6]	14 [32.6]	7 [16.3]	8 [11.5]	6 [21.7]	43 [100.0]
合計	77,124	8,092	10.5		81 [14.4]	111 [19.8]	120 [21.4]	64 [11.4]	65 [11.6]	121 [21.7]	562 [100.0]

典拠）大阪市社会部「本市に於ける朝鮮人工場労働者」同発行，1931.
注）工場法適用工場とは，原則として30名以上の労働者を雇用する工場を指す．従って，表中の（B）／（A）の値は，各区の在日朝鮮人数のうち，中規模以上の工場に就業する労働者が占める割合をあらわしている．「朝鮮人を雇用していた工場数」の［　］は，各区の合計数に占める割合（%）をあらわす．ただし，合計数が10以下の区については省略した．

また，1930年に朝鮮人を雇用していた工場（表Ⅳ－1）のうち，紡織業・窯業（ガラス）の工場は淀川南岸地域(56)（中津・天満・曾根崎・福島・朝日橋）に多く見受けられる．従って，当地域で形成された朝鮮人人口の偏在は，これらの業種の中規模以上（職工30人以上）の工場に就業する職工によって存立していたといえよう．

これに対し，旭区（今福）や大阪市東南部に相当する東成区（中本・鶴橋）は，最多の朝鮮人職工を抱える一方で(57)，中規模以上の工場労働者の割合は大阪市の平均を下回っている（表Ⅳ－1）．また，1920年代前半，大阪市東南部には30人以上の朝鮮人労働者が就業していた工場はなく（図Ⅳ－5），工場法適用の窯業（ガラス）工場のほとんどが旭区に集中していた(58)ことから，大阪市東南部（中本・鶴橋）に居住していた在日朝鮮人の多くは，窯業を除く小・零細規模の工場の職工であったと考えられる．

大阪市西南部の泉尾では，工場労働者が朝鮮人総数に占める割合が大阪市の平均よりやや高く，金属工業の労働者の他，「その他」の大半を製材業が占めていた(59)（表Ⅳ－1）．またこの地区には，港湾埋め立てなどの土木工事や雑役に従事する労働者に加え，港湾労働者も集中していた(60)．これに対し今宮では，中規模工場に就業する職工の割合は低かった．

以上から，1920年代に旧大阪市の外側で形成が進んだ在日朝鮮人の居住分布の偏在には，すでに就業構造に関して明瞭な地域性があったことが想定できよう．すなわち，①中規模以上の紡織業・窯業（ガラス）工場の職工が中心的な位置を占めていた大阪市北部の淀川南岸地域，②零細規模工場の職工が卓越していた大阪市東南部，③職工に加えて土木工事・雑役・港湾労働者も多かった

---

(56) 淀川両岸にまたがる区域を持つ東淀川区・西淀川区について，「大阪市工場名簿一覧」（大阪市社会部発行，1928）から工場法適用の工場の分布を確認したところ，西淀川区は109のうち85（80.0％）が，東淀川区は141のうち97（68.8％）が淀川南岸に位置していた．

(57) 「バラック居住朝鮮人の労働と生活」（大阪市社会部発行，1927）による．

(58) 「大阪市工場名簿一覧」（大阪市社会部発行，1928）によれば，1928年の東成区の19のガラス工場のうち14（73.7％）が今福地域にあった．

(59) 表Ⅳ－1の港区・大正区における39の「その他」のうち，26（66.7％）が製材に関わる工場であった．

(60) 「バラック居住朝鮮人の労働と生活」（大阪市社会部発行，1927）による．

大阪市西南部，に大別される．

3．集住地区における朝鮮人増加と社会階層の分化
――1930年代から終戦まで――

1931年の満州事変を契機として日本は鉱工業の増産体制に入り，33年頃には経済不況（昭和不況）を脱して工業生産額が増大したことに伴い，在日朝鮮人の増加もいっそう加速した．その結果，1931年から日中戦争を契機に日本が戦時体制に突入する38年までの間に，大阪市の在日朝鮮人数は2.8倍に増加し，総人口に占める割合も2.5％から6.2％に上昇した．さらに1940年前後からは，労務動員により渡日した労働者が激増し，42年には，大阪市の在日朝鮮人数は約32万人（総人口の10.4％）にも達した．

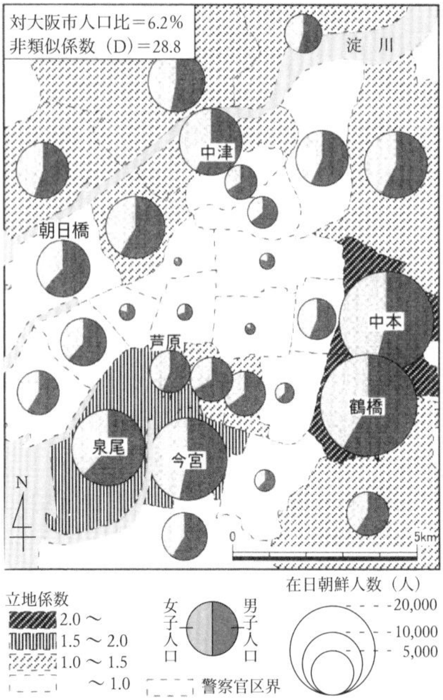

1938年の在日朝鮮人の分布（図Ⅳ－6）では，1929年時点（図Ⅳ－3）と比較すると，女子人口の割合が軒並み上昇して各管区で概ね4～5割を占めており，1930年代には単身の男性労働者への偏りという特徴が弱くなったことがわかる．また，市の中心部を除くほとんどの管区で在日朝鮮人数が増加したが，分布パターンの偏在性に大きな変化は見られない．淀川北岸地域で立地係数がやや上昇し，淀川南岸地域（特に中津・朝日橋）では若干低下したものの，非類似係数は，1929年の25.2から1938年の28.8へと小幅の上昇にとどまった．その後，動員による労働者の急増が大阪湾岸地域でみられたことや，大

図Ⅳ－6　在日朝鮮人の分布と立地係数（1938年）

典拠）『大阪府警察統計書』より作成．

阪市東南部での朝鮮人人口の増加を反映して，1942年の非類似係数は32.7と上昇し，偏在性がやや強まった．

1928年から1933年の間に新たに形成された密集街区のほとんどは，淀川南岸や大阪市西南部・東南部といったそれ以前とほぼ同じ地域に分布しており（図Ⅳ−4），特に大阪市西南部・東南部では，集中の程度は顕著に増大した．それでは，同時期の彼ら・彼女らの職業や就業の状況には，どのような特徴がみられるだろうか．

淀川南岸地域の密集街区では，職工割合が50％以上の街区が集中しており(61)（図Ⅳ−4），また当地域の工場労働者が朝鮮人労働者に占める割合は大阪市の平均を上回っている（表Ⅳ−2）ことから，1920年代から引続き，中規模以上の工場職工が同地域の朝鮮人有業者の多数を占めていたと推測されよう．一方，最大規模の朝鮮人人口を抱える大阪市東南部（鶴橋・中本）では，職工の割合が25〜50％を占める密集街区が多く，また，中規模以上の工場で就業する労働者数は多いがその比率は低い（表Ⅳ−2）ため，1930年代も小・零細規模工場の職工が多数を占めていたことがわかる．これらと対照的に，大阪市西南部（難波・芦原・泉尾・今宮）には，職工の割合が25％未満の密集街区が集中している．大正区（泉尾）では工場労働者の割合が大阪市の平均よりも高いが（表Ⅳ−2），これは工場での雑役に従事する労働者の比重が高かったことに起因する(62)．また，難波・芦原・今宮には，職工の割合が25〜50％の密集街区が集中している．総じて大阪市西南部では，1920年代と同じく，職工に加え，土木・雑役労働者が朝鮮人有業者の主要な部分を構成していた．

このように，1920年代の在日朝鮮人の就業構造の地域的特性は，1930年代にも大筋で受け継がれたことがわかる．その一方で，同時期の就業構造上の重要な変化として，社会階層の分化が顕在化したことも指摘できる．すなわち，従来低賃金にあえいでいた朝鮮人労働者の中から，少数ながらも，飯場頭や工業の自営業者となる人々が登場してきた（西成田 1997; 外村 2004）．大阪市の場合，

(61)「朝鮮人ニ関スル統計表」には「無職」も含まれているため，これらの地域に居住する朝鮮人労働者のうち，工場労働者の占める割合は極めて高かった．

(62) 西成田（1997）によれば，1930年代には重工業の工場で就業する在日朝鮮人が増加したが，そのかなりの部分を雑役労働者が占めていたとされる．

表Ⅳ－2　朝鮮人工場労働者の地域別構成（工場法適用工場のみ，1933年）

	在日朝鮮人数（A）	工場労働者（B）	(B)/(A)（%）	（概ね対応する警察管区）
北区	6,383	1,189	18.6	（天満・曾根崎・網島）
此花区	7,100	934	13.2	（朝日橋）
東区	3,125	268	8.6	（船場・玉造）
港区	5,793	476	8.2	（市岡・築港）
大正区	7,706	1,564	20.3	（泉尾）
西区	552	65	11.8	（九条・新町・川口）
天王寺区	2,126	18	0.8	（高津・戎・天王寺）
南区	2,551	52	2.0	（島之内）
浪速区	7,926	662	8.4	（難波・芦原）
西淀川区	8,365	1,884	22.5	（大和田・福島）
東淀川区	11,590	1,791	15.5	（中津・十三橋・柴島）
東成区	26,729	1,670	6.2	（中本・鶴橋）
旭区	8,076	913	11.3	（今福）
住吉区	4,234	91	2.1	（住吉・平野）
西成区	9,511	769	8.1	（今宮）
合計	111,767	12,346	11.0	

典拠）大阪市社会部「第四回労働統計実地調査概要」同発行，1934.
注）工場法適用工場とは，原則として30名以上の労働者を雇用する工場を指す.

こうした社会経済的地位の上昇は，主に零細規模の工業の自営業者層への参入という形で果たされた(63)．これには，工場労働者の場合，朝鮮人・日本人間に明瞭な賃金差別が存在し(64)，在職年数に関わらず，彼ら・彼女らにとって未熟練の職工から熟練工へ昇進する機会が限られていたことも影響している.

職業電話帳の姓名から工業の朝鮮人自営業者を選び出し，その分布を地図化すると（図Ⅳ－5），限られたデータではあるものの，それらは鶴橋・中本・今宮に集中しており，在日朝鮮人の社会的上昇の機会の局所性がうかがえる．杉

(63)　1942年当時，高（1942）が「大阪半島人（ママ）の成功者」として挙げている13人のうち，工業の自営業者が10人を占める一方で，長期間の在職を通じて熟練工となった事例は1人しかない.

(64)　「本市に於ける朝鮮人工場労働者」（大阪市社会部，1931）によれば，朝鮮人職工の賃金は，業種によって異なるが，平均で日本人職工の5割～8割程度だった.

原（1998）が指摘するように，自営業者の偏在には確かにこれらの地域で零細規模工場が卓越していたことの影響もあるが，それと同時に，上述した就業構造の地域的差異に起因する部分も看過できない．すなわち，淀川南岸地域の集住地区は中規模工場の職工によって存立し，大阪市西南部では職工以外の労働者もかなりの割合を占めていたために，これらの地域では零細工業の自営業者層へ参入する機会が限定されていたと考えられる．

このような社会的上昇の機会の地域的偏在は，各地域の朝鮮人人口の定住性にも一定の影響を及ぼした可能性がある．というのも，1930年代に至っても朝鮮人労働者の移動性はなお高い水準にあったからである．たとえば，大阪府学務部社会課の資料(65)によれば，1933年当時，大阪市で1年以内に居住地移動を経験した者は59.9％，2年以内では80.3％にものぼる．従って，1920年代に見られた就業構造の地域的差異は，30年代には社会階層の分化に加え定住性の面でも地域差を生み出すに至ったといえるだろう．

4．終戦後の集住地区の残存——占領統治下——

終戦時，大阪市にはおよそ23万前後の在日朝鮮人が居住していたと推計される(66)．終戦後，在日朝鮮人の間で朝鮮半島への帰国熱が高まり，帰還が盛んに行われた結果，大阪はもとより日本における朝鮮人人口は激減した（図Ⅳ－2）．では，残留した在日朝鮮人数はどの程度だったのだろうか．

1946年3月の帰還希望調査(67)，および1947年10月の外国人登録令による登録数(68)では，大阪府の在日朝鮮人数は約10万人となっている．1946年の春頃に帰

(65) 「在阪朝鮮人の生活状態」（大阪府学務部社会課，1934，朴編（1982）に所収）による．
(66) 梁（1994），三輪（1996），田村（1998）などの研究では，終戦時の大阪府の在日朝鮮人数は約30万人とされており，大阪市の数値については，戦前の府・市の比率に基づいて類推した．
(67) 厚生省社会局「朝鮮人，中華民国人，台湾省民及本籍チ北緯三十度以南（ロノ島チ含ム）鹿児島県又ハ沖縄県ニ有スル者登録集計（昭和二十一年三月十八日実施）」同発行，発行年不明．
(68) GHQ/SCAP公文書‘From Headquarters, Osaka Military Government. To Commanding General, I Corps. Subject: Registration of Foreign Nationals’（1947年9月12日付，マイクロフィッシュナンバーGS（B）01609）．

還流動は落ち着いたことと，食糧難に伴う都市転入制限政策が1946年初頭から約２年半実施された（竹前・中村 1996）ことから，1949年初頭まではほぼこの数値で推移したとみられる．1947年10月の臨時国勢調査には，区別のデータが挙げられており，大阪府の合計が93,458人となっている(69)．

この時期の在日朝鮮人の分布（図Ⅳ－7）は，戦前のそれから大きく変化している．大阪市東南部（鶴橋・中本）では絶対数は多少減少したものの，依然４万人近い朝鮮人人口を抱え，立地係数も突出している(70)．これに対し，大規模な朝鮮人人口の偏在があった淀川南岸地域や大阪市西南部では，在日朝鮮人数は激減しており，引き続き明瞭な偏在を確認できるのは，上述の鶴橋・中本と大阪市西南部の今宮を加えた２箇所にとどまる．また，少数の区への集中が顕著になったことを反映して，非類似係数も37.3へと上昇した(71)．

このように，地域によって異なる帰結が生まれた要因は何だろうか．そもそも終戦は在日朝鮮人にとっての「解放」であり，終戦直後，その多くが連絡船が出航する港へ殺到した（出水 1993）．大阪市でも彼ら・彼女らの帰国熱は凄まじく，他都市と同様にほとんどの人が帰国を希望していた(72)．同時に，空襲による生活基盤の喪失は，朝鮮へ帰還するほかない状況を生み出した．大阪市の空襲罹災状況をみると，特に大阪市中心部と湾岸部に被害が集中しており（図Ⅳ－8），在日朝鮮人数が軒並み減少した地域と対応する．従って，空襲の罹災地域では，生活基盤の喪失が帰国熱に拍車をかけたことは想像に難くない．

それでは，残留を選択した在日朝鮮人はどのような状況に置かれたのか．終戦から約８ヶ月の間に，合法・非合法に朝鮮へ帰還した人々は約130万人を数えた．しかし，朝鮮の深刻な経済的混乱が順次伝わったことや，占領当局による持ち出し荷物（250ポンド）・貨幣（千円）の制限のために，帰還者は急減した

---

(69)　臨時国勢調査における大阪市の在日朝鮮人数は58,340人となっている．1948～49年の警察統計では，およそ63,000～65,000人で推移していることからも，この統計の信頼性は高いといえる．

(70)　本節では，各指標の算出には国勢調査の値を用いている．

(71)　戦前の警察管区数が29であったのに対し，1947年の区数は22であるため，偏在の度合の変化はこの数値が示している以上のものであったといえる（非類似係数は単位地区数が少ないほど値が低くなりやすい）．

(72)　前出の厚生省社会局の調査によれば，大阪府の在日朝鮮人のおよそ8割が帰国を希望していた．

朝鮮半島との玄関口であった大阪築港

19世紀末に完成した築港は，人・モノの国際的流動の結節点であり，朝鮮半島から海路来阪した人々はまずこの地に降り立った．写真家の北尾鐐之助は『近代大阪』(1932)にて「朝鮮航路，済州島通ひの京城丸，君ヶ代丸などの着発時間になると，あの桟橋通りの広い道路は，殆ど朝鮮人の群れに埋められて，家財道具などが，あちこちに山と積まれ，それこそ，震災の避難所のやうな光景を現出する」と記している(朝鮮総督府『朝鮮の人口現象』，1927年)．

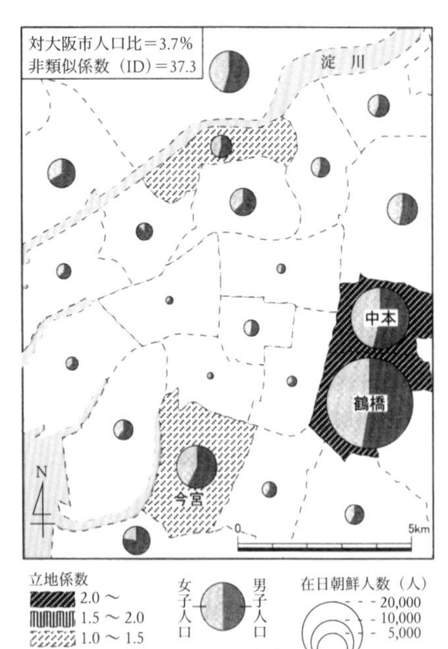

図IV－7　在日朝鮮人の分布と立地係数（1947年）

典拠）1947年臨時国勢調査により作成.

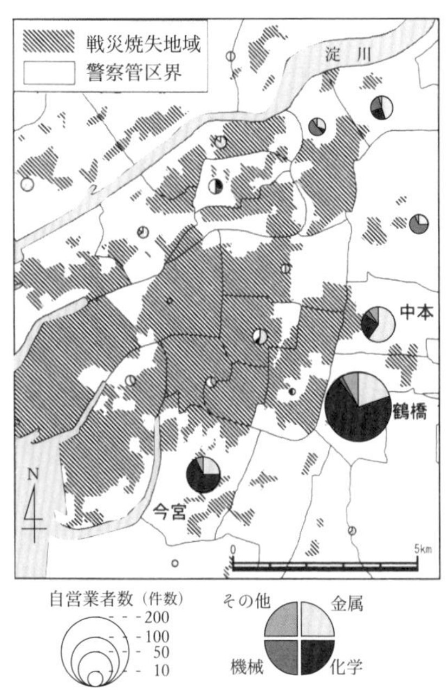

図IV－8　空襲被災状況と朝鮮人自営業者の分布

典拠）戦災焼失地域については，日本地図株式会社編『大阪市街図―戦災焼失区域表示』日本地図，1946を参照した．在日朝鮮人の自営業者（商業除く）は，在日本朝鮮人連盟大阪本部勤労斡旋所『在大阪朝鮮人各種事業所名簿録』同発行，1948のリストに基づく．

（ワグナー 1975）．特にこの「持ち出し制限」政策は，在日朝鮮人の帰国を阻害する大きな要因となった（ワグナー 1975; 金 1997）．なぜなら，日本で資産を形成していた人々にとって，それを残して不安定な経済状況の朝鮮に帰国するのは，全てを失うことに近かったからである．「持ち出し制限」の影響を最も多大に被ったのは，大阪市の場合，（零細規模ながらも）自営業者として社会的地位を向上させていたような，相対的に安定した生活基盤を築いた人々であった．

1948年の大阪市における自営業者（工業）の分布をみると，鶴橋には200を超える自営業者が存在し，その大半がゴムを中心とする化学工業であった（図IV－8）．また，中本や今宮にも100近くの自営業者がいた．図IV－7と図IV－8を比較すると，①空襲の被害が小さい地域，②在日朝鮮人自営業者の多い地域，および③在日朝鮮人集住地区の残存した地域の3者には，明瞭な空間的対応が認められる．朝鮮人人口の偏在の存続・消滅は，むろん自営業者の存在だけで完全に説明できるわけではない．しかしそれでも，一定の資産を有し定住性を高めていた人々の空間的な集中が，戦中から占領期の居住分布形態を変化させた最重要の要因の1つであることは疑いない．

なお，以上に示した戦前・戦中・占領期を通じた集住地区の変化と，現在の在日朝鮮人の居住分布パターンとの関係にも触れておきたい．1995年の在日朝鮮人の分布（図Ⅳ－9）は，一見して占領期のそれからほとんど変化していない．密集街区の分布は概ね大阪市東南部・西南部に限られており，非類似係数も40.3と占領期とほぼ同程度の値を示している．1920年代から種々の要因や条件の下で形成された朝鮮人人口の地域的偏在は，占領期に大きく変動し，人口の激減期を経てなお存続した箇所が現在に至るまで維持されている．従って，現在の彼ら・彼女らの居住分布パターンの大枠が形作られたのは，占領期の在日朝鮮人激減期であったといえる．

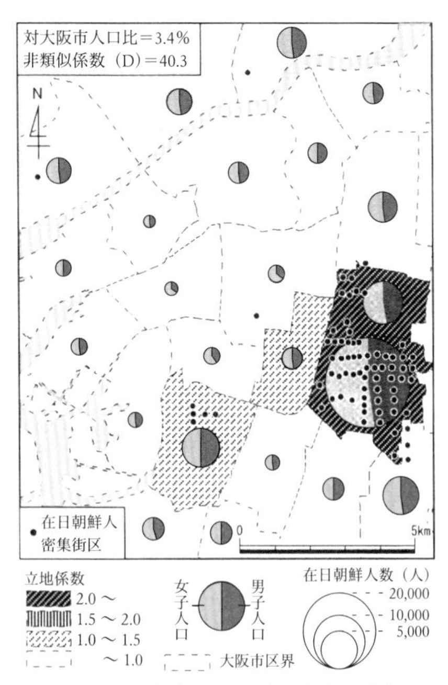

図Ⅳ－9　在日朝鮮人の分布と立地係数（1995年）

典拠）国勢調査をもとに作成．
注）図中の「在日朝鮮人密集街区」は，便宜的に，国勢調査において外国人数が200人以上で外国人割合が10％以上の町丁字と設定した．

5．居住分布の変化をもたらした諸要因

民俗学者の赤松啓介は，戦前の大阪における朝鮮人集住地区を，次のように描写している．「西浜〔現・浪速区，以下同〕の南西に続いて鶴見橋〔西成区〕があり，ここは朝鮮の人たちの密集住居地であった．鶴橋，玉造から猪飼野，今里〔生野区・東成区〕にかけても部落，スラム街，朝鮮人密集地が相接するようにあるし，西九条，西野田，四貫島周辺〔福島区・此花区〕も同様な地域であり，ここには沖縄の出身者の群居地もあった．天六〔北区〕は特に朝鮮の人たちの飲食街，スラム街が密集し，続く長柄〔北区〕には部落やスラム街がある．まだいろいろと小地域の密住地はあったが，大阪の場合は部落，スラム街，朝鮮人密住地，稀には沖縄出身者の密住地もあるという．…〔中略〕…厳密な資料調査でないが，だいたいスラム街→沖縄出身者密住地→部落→朝鮮人密住地という風な，階層観があったのではないかと思われる．沖縄出身者も，朝鮮の人たちも，また内部に階層差別があり，居住区域が違ったそうである」（赤松 2005: 192）．彼自身の関心は被差別部落にあるのだが，インナーシティに広範に分布する集住地区が他の移住者の集まる地区とも近接して分布するという，近代都市における空間分化と社会階層化との密接な関係を看取し，しかもそこにあったエスノセントリズムに由来する社会集団の序列化を的確に見抜いている．特に集団内部にも及んだ社会階層化についての言及は，本章の知見を先取したものといえる．

すなわち，1920年代，大阪市のインナーシティの広い範囲に在日朝鮮人人口の偏在がみられ，多くの集住地区が主として男子労働者の流入に起因する形で形成された．これらの集住地区の間には，就業構造の面で次のような地域差が認められる．すなわち，淀川南岸地域では紡織・ガラス業を中心とする中規模以上の工場の職工が，大阪市東南部では零細規模の工場の職工が，また，大阪市西南部では職工に加え土木工事・雑役労働者が在日朝鮮人の職業構成の中心であった．1930年代の集住地区の「拡大期」にも，これら3地域の朝鮮人の就業構造は，「形成期」にみられた特徴を大筋で継承していた．一方，同時期に進

展した社会階層の分化，とりわけ，零細工場の自営業者層の出現は，大阪市東南部と西南部にほぼ限定されていた．こうした特性は，当該地域の就業構造や都市空間における位置を反映したものであり，のちに定住性の面でも地域差を生み出す背景となった．

ところが，終戦後には在日朝鮮人が激減し，その結果彼ら・彼女らの居住分布パターンも一変した．すなわち，朝鮮人人口の偏在は大阪市東南部と西南部の一部でのみ存続した．大半の集住地区の消滅は，当時の大量帰国とそれを促した空襲被害による生活基盤の喪失に起因する．逆に，偏在の残存の要因となった帰国に際しての荷物・貨幣の「持ち出し制限」の影響を強く受けたのは，日本で形成した自己資産を失う人々，中でも自営業者層であった．加えて，偏在の残存した場所は，自営業者層の存在のみならず空襲被害の少なさという条件を備えていた．そして，戦中・戦後に再編された在日朝鮮人の分布パターンが，今日の大阪市における居住分布形態の原型となっていることも指摘できる．

大阪は，ピーク時には実に10％の人口が朝鮮人によって占められる都市であった．済州島を含め，植民地の中でもとりわけ朝鮮半島との結びつきの強さは，改めて指摘するまでもないだろう．偏在の度合を示す非類似係数をみても，戦前の値が戦後と比べて低かったことは，それだけ分布が広範囲に及んでいた状況を反映している．そして，戦後の政治的要因，つまり「日本帝国」の崩壊と冷戦構造の確立，さらには戦後の占領下という諸条件が，朝鮮人を日本に残留させただけでなく，そこに居住するという結果を生み出したのである．また本章を通じて明らかにしたように，戦後に形成された分布パターンは，直接的には戦後直後の人口移動によるものだが，それ以前の集住地区間の就業構造の違いに由来していることも見逃せない．

ただし，日朝間の公的な往来の途絶は，戦前に成立していた越境的な生活圏という地域間のつながりを即座に分断したわけではない．戦後は，「密航」という非合法な形で，日朝間に新たに引かれた国境を越えて渡日する人々が，その後も長く底流として存在し続けた．大阪はその主要な目的地であり，存続した集住地区は，家族再結合や出稼ぎなど日朝間にまたがる生活圏の一端が表出する場でもあり続けた．

ところが，前出の赤松は，「戦後は，これらの居住地域群の相互に流通現象が生じているかもわからない」（赤松 2005: 193）というように，戦後の集住地区の様相をつかめずにいる．赤松に限らず，戦前の大阪において広く認知されていた集住地区の存在は，都市の表舞台から姿を消すに至った．戦後直後の空間的パターンが現在まで明瞭な形で存続してきたにもかかわらず，である．この，戦前と現在のミッシング・リンクを探る上では，戦後における集住地区の存続過程についての具体的な分析が求められよう．次章では，在日朝鮮人による不動産取得に着目し，集住地区の空間的な固定化の経緯を詳しくみていく．

第 V 章

1950年代から1980年代の在日朝鮮人の土地取得と集住地区の存続

チマチョゴリを来た1世と思しき女性がいるのは，現在のコリアタウンに隣接する御幸森神社の一角．キャプションには「何十年も風化しそうもない岩のような『朝鮮の魂』」とあるが，実際には戦前から現在まで，時代に応じて様々な変化が生じてきた（『アサヒグラフ』1972年7月14日号 提供/朝日新聞社））

1. エスニック集団にとっての持ち家取得の意味

前章で示したように，戦前期に形成された大阪市のインナーシティにおける朝鮮人人口の偏在は，アジア・太平洋戦争末期の空襲や戦後の帰還流動などの影響を受け，現在に近い分布パターンを呈する形で大きく変化した．その過程で，自営業者の多さに代表される生活基盤の形成が，アメリカ占領期の貨幣持ち出し制限もあって，集住地区の残存につながったことが示された．これに引き続いて検討の主題としたいのが，アメリカ占領期の分布パターンがその後大きく変化しなかった背景要因である．本章では，大阪市生野区を事例に，主として在日朝鮮人の土地取得過程に着目することで，集住地区の存続過程を捉えたい．

土地取得あるいは持ち家取得に着目した研究は，セグリゲーションや集住地区の（不）変化の具体的過程を明らかにしうるトピックとして，欧米の事例でも住宅市場や居住地移動との関係から一定の蓄積が存在する．もとより欧米都市では，移民・エスニック集団は住宅市場において不利な状況に置かれることが多く，民営ないし公営の賃貸住宅に集中する傾向が強かった．さらに，アメリカのアフリカ系に対する住宅ローンからの排除（Massey and Denton 1993）のように，社会的差別が強固なセグリゲーション存続の要因となることも往々にしてある．一般に，都市空間構造において持ち家層は郊外に多いため，持ち家の取得に伴う居住地移動によってセグリゲーションの程度は弱化すると予想される[73]．

一方で，エスニック集団の選好やエスニック・ネットワークの機能を重視する立場では，持ち家取得はこれと異なる帰結をもたらすと想定されている．もとよりこの観点では，集住地区の形成自体，強固なエスニック・ネットワークの存在が空間的に反映されたものとみなしてきた．持ち家の取得過程でも，エ

(73) 特に社会経済的地位の上昇に伴う持ち家取得がセグリゲーションの弱化に至るという捉え方は，空間的同化モデルにおける1つの前提となっている（Freeman 2000, 2002）．

スニック・ネットワークを介した情報が空間的に偏在している場合には，特定の地区へのエスニック集団人口の集中が促進される（Palm 1985; Teixeira 1995; Teixeira and Murdie 1997）．そもそも，持ち家取得は移動性の低下に寄与することから（Diez and Haurin 2003），それが何らかの空間的な偏りを伴う場合には，セグリゲーションの程度は維持されることになる．それと同時に，エスニック・ネットワークの介在を考える上では，そうした関係が家屋や土地の取得に際して資金提供の役割を果たす点も見逃せない（Logan et al. 2002; Painter et al. 2004）．あるいは，マルクス主義地理学の主眼である資本循環と空間編成の図式に照らせば，持ち家取得はエスニック・ネットワークに代表される社会関係資本が空間的に固定された消費財へと転化した結果とも捉えられる．

このように，不動産の取得をめぐるエスニック集団内部の要因を考える上では，不利な状況下で依拠する情報やサポートのリソースと，実際の資金の流れの両面に着目することが有益であろう．特に後者に関連して，Zhou and Lin (2005) は，エスニック集団特有の人的資本・社会関係資本・金融資本[74] (financial capital) を総称してエスニック資本と定義している．つまり，エスニック・ネットワークやエスニックな組織は，生産活動から得られる超過利潤の蓄積[75]やその流動に深く関わるとともに，具体的な金銭の供与をエスニック集団成員に対して行う．特に本章では，エスニック資本との対比で上記の情報やサポート源をエスニック資源と呼び表し，土地取得にエスニシティ由来の資源・資本がいかに寄与したのかを検討したい．

ところで，在日朝鮮人の場合，後述するように持ち家居住者の割合が日本人に比べても大きいという，この点でも欧米とはかなり異なった特徴を呈している．それは，必ずしも社会経済的地位の上昇ではなく，「外国人化」や戦後の社

---

(74)　ここでの「金融資本」の定義は，貨幣資本や不動産に代表される有形資産を指し，経済学で一般的に用いられるような，産業資本と銀行資本が結びついた寡占的な資本所有形態とは異なる．本書では「金融資本」を専ら前者の意味で用いる．

(75)　エスニック・ネットワークを介して得られる労働力は，概して安価であり，雇用主はその利用によって利潤を得る．この場合，労働力の需給マッチングは情報・サポートの領域に，労働力から得られる利潤は資本の領域に関わることになる．社会関係資本といった場合，一般的には集団内の信頼関係の程度や利用できるリソースを指すが，それがエスニック金融機関等を介して金融資本に転化する経路があることに注意したい．

会的差別に伴う公営および民営の賃貸住宅市場からの排除の結果である．同時に，労働市場においても，排除・差別の中で特定の業種への偏りや自営業者層の伸張が顕著となっていった．戦後のバラック街の事例と比較して，相対的に安定した集住地区の形成・存続は，このような居住および就業にみられる特徴といかに関わっていたのだろうか．特に在日朝鮮人の場合，自営業者層で職住が空間的に一致するケースが多いとされる（庄谷・中山 1997; 韓 2010）ことからも，集住地区の存続を捉える上で居住・就業双方の動向に着目する意義は大きい．

2．土地取得への着目と用いるデータ

持ち家取得過程は，居住地移動（housing career）の一環として論じられることが多い．これに対し本章の分析では，土地所有者の変遷という，属人ではなく属地データを用いる．というのは，土地の売買をみることで，集住地区存続の契機が生じたタイミングを特定でき，また，移動者だけでなく継続して居住する者も分析の視野に含みうるからである．さらには，Immergluck (1998) やHipp (2012)，Rosenbaum and Argeros (2005) などの先行研究が示すように，売り手・買い手のエスニシティに関する情報も併せて検討することで，エスニック・ネットワークの介在が看取できるというメリットもある．本章で対象とする大阪市生野区については，既に吉田ほか（1995），西村（2002），韓ほか（2006）などの研究があり，このうち西村（2002）は相続を契機とする日本人地主から朝鮮人貸借人への土地移転を指摘している点で興味深い．ただ，集住地区の存続過程におけるエスニック資源あるいは資本の関与や，就業の側面との関連性は明らかになっていない．

在日朝鮮人の居住―就業の関連性を検討する上で，まず居住の側面を分析するための基礎的データとして，国勢調査が挙げられる．しかし先述したように，区よりも小さいスケールでの統計が得られるのは1970年以降に限られる．そのため，1970年より前の分布形態については，区別のデータに依拠しておおよその傾向を捉えることにしたい．また，対象時期外のデータについても，在日朝

鮮人の居住および就業の特徴を捉える上で補足的に用いる.

次に，就業については，公的統計からその動向を把握することは困難である.次節でも言及するように，在日朝鮮人については工業・サービス業の事業主が多いという特徴があり，これらを収録した名鑑がいくつか存在する（韓 2010).そこで本章では，分析対象とする時期設定に鑑み，前章でも用いた在日朝鮮人連盟発行の『在大阪朝鮮人各種事業者名簿録』(1948) とともに，統一日報社による『在日韓国人企業名鑑』(1974) を利用する.大阪市内の在日朝鮮人事業者は，前者の資料には628件，後者には872件含まれており，さらに業種や住所に関する情報も得られる.

ただし，これらのリストには分析上一定の限界がある点も指摘しておかねばならない.『在大阪朝鮮人各種事業者名簿録』に関していえば，発行元の朝鮮人連盟は当時最も広範に在日朝鮮人を組織化した団体であったとはいえ，アメリカ占領下という時代背景の中でどこまで正確に事業者を網羅したかは定かでない.一方,『在日韓国人企業名鑑』については，全国で約2万件と見積もった在日朝鮮人事業者のうち，7,000件強を収録したとされている.しかし，この選定の基準が明確でなく，何らかのバイアスが存在する可能性は否定できない.とはいえ，これらの資料に含まれる空間情報を基に事業者の空間的分布を地図化でき，そのことを通じた事業所の偏在と居住地の関連性を明らかにする上でまたとない資料だといえる.

本章の主眼である土地取得過程に関しては，法務局で閲覧に供されている土地登記に関するデータを用いる.土地登記からは，現在および過去の所有者のほか，所有権移転の年月日や理由（相続・売買・差押えなど），所有者の住所，抵当の種類（抵当または根抵当），抵当権者の一覧といった情報が得られる.所有者は，個人・法人のいずれかで，後者の場合には事業者が所有しているとみなせる.さらに，抵当権のうち根抵当権が設定されている場合には，所有者が個人であっても何らかの事業に従事している可能性が高いと考えられる[76].土地

(76) （通常の）抵当権は，借入した金額に対して設定され，その金額を担保する性質のものである.これに対し根抵当権は，借入できる上限金額を保証し，その金額の範囲内で回数を問わず借入・返済を可能とするものである.また，小切手の振り出しに際しても用いられることがある.ここからわかるように，根抵当権は金融業者を頻繁に利用する事業者向けのものであり，一般の居宅購入で

登記の閲覧には高額の手数料を要するため，対象地域である大阪市生野区の中でも特に在日朝鮮人割合の大きい統計区における複数の街区に着目し，彼ら・彼女らの関わった所有権移転を抽出する．法務局での閲覧により，全部で143区画の土地登記のデータを得た．なお，取得された土地における建造物の有無は，住宅地図からおおよその判別が可能である．

このように土地登記からは本章の分析にとって非常に有用な情報が得られるが，しかし所有者のエスニシティを確定することは容易ではない．というのは，戦後の在日朝鮮人の多くが差別を避けるために通名（日本式の姓名）を用いており，その通名での登記も可能だったためである．そこで本章では，吉田ほか(1995）の方法[77]にならって所有者のエスニシティを把握し，判断の難しいケースについては分析から除外することとしたい．また，登記に記載された所有者や抵当権者の住所は，手続き時点のものであるため，その後の転居ないし事業所の移転に関する情報を得ることも難しい．ただ，個々の登記を見る限りそうしたケースはさほど多くなく，分析に当たって大きな支障は生じないと考える．

3．1950年代から1980年代における在日朝鮮人の居住分布形態と就業との関係

本節では，土地取得の検討に先立ち，前章に引き続く期間の大阪市における在日朝鮮人の居住分布の概要を把握するとともに，就業の特徴を空間的側面も含めて確認しておきたい．さしあたり，ニューカマーの増加が始まる以前の，1985年までの時期についてみていく．

まず，居住分布について，区別の動向を国勢調査から確認すると（図Ｖ－1)，1950年から1985年の間にパターンの大きな変化はみられない．在日朝鮮人割合

設定されることは稀である．

(77) 具体的な手順は以下の通りである．まず，本名で登記がなされている場合はすぐに判別可能である．次いで，通名で登記がなされている場合でも，住宅地図において本名と通名が併記されている場合には，在日朝鮮人による土地取得とみなせる．さらに，抵当権者に民族金融機関が含まれる土地取得は，在日朝鮮人によってなされたものと考えて差し支えない．通名のみの場合については，「熙」「鍾」「鳳」といった特定の漢字を用いた名前の組み合わせや，ほとんど在日朝鮮人でしかみられない通名の姓などから，かなりの確度をもって経験的に判断しうる．

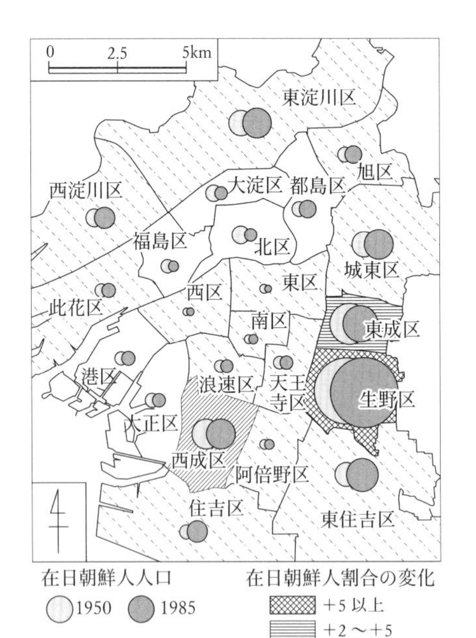

図Ⅴ－1　在日朝鮮人数および割合（1950年，1985年）

典拠）国勢調査より作成．

が1ポイント以上増加したのは生野区・東成区・西成区の3区にとどまり，特に生野区では5ポイントを超える割合の上昇がみられた．ただし，絶対数の変化に関していえば，1955年から1980年の期間に，生野区で6,631人（増加率22.8%）とかなりの増加がみられる反面(78)，西成区では363人（同5.4%）の増加にとどまり，東成区は1,515人（同－13.8%）減少している．こうした生野区の特徴については，戦後にその周辺市区からの朝鮮人の移入がみられたとする吉田ほか（1995）の推測とも符合する．より小スケールの国勢統計区別のデータをみると（図Ⅴ－2），1970年時点で在日朝鮮人割合が5%以上の統計区は，全体の39のうち16が生野区に位置し，20%以上の統計区に限ると6のうち5が生野区内にある．また，生野区の全17統計区のうち，在日朝鮮人割合が5%を下回るのは1つしかない．このように，国勢統計区単位では生野区への偏在がさらに顕在化して現れている．国勢調査の区ごとのデータから算出した非類似係数の値は，1950年の39.5から1985年の39.6へとほぼ同じ水準で推移しており，分布パターン自体に目立った変化はなかったものの，特に生野区では集中の程度と絶対数の増大があったことは押さえておきたい．

所有形態からみた居住の特徴に関しては，国勢調査でデータが得られるのが1985年以降で，スケールも都道府県単位で外国人全体(79)を合算したものに限ら

(78)　1955年に生野区に編入された旧巽町の値を含めて算出している．

(79)　1985年の国勢調査によれば，大阪府の外国人総数172,935人のうち，「韓国・朝鮮」は161,070人（93.1%）を占めている．従って，外国人全体の統計から看取できる特徴は，「韓国・朝

れる．しかし大阪府全体でみても，持ち家世帯の割合は外国人のみの世帯で63.7％と，日本人のみの世帯の58.4％を上回る．これに対し，公営・公団住宅に居住する世帯の割合は，大阪府スケールで，日本人の12.6％に対し外国人では4.1％にとどまる(80)．これらの結果は，社会的差別が民営住宅にも及ぶ中で，持ち家取得が在日朝鮮人にとって限られた選択肢の1つであった(81)可能性を示唆している．

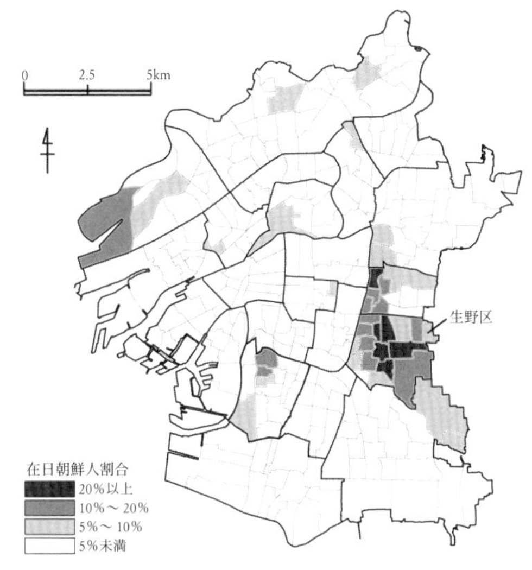

図V－2　国勢統計区別の在日朝鮮人割合（1970年）

典拠）国勢調査国勢統計区別集計より作成．

対象地域である生野区でも在日朝鮮人の持ち家世帯率は高かったと推測されるが，この点に関して西村（2002）によれば，戦前の同区では朝鮮人労働者の流入を見込んだ日本人地主が借家経営に進出し，在日朝鮮人のかなりの部分がそうした借家に居住していたとされる．そして，戦後に地主から土地を購入する者が次第に増え始めたという指摘は，本章の分析にとっても着目すべきものである．この点は，土地登記のデータをもとに，次節で詳細に検討したい．

次に，1950年代以降の在日朝鮮人の就業上の特徴については，法務省の出入国管理関連の統計などからその概要を把握しうるが，しかし多くが全国スケールで集計されたもので，対象地域における傾向を端的に捉えられるものは少ない．『在留外国人統計』において職業別の集計が公表されており，大阪市の動向

鮮」の動向をほぼ反映したものと考えて差し支えないであろう．

(80)　1970年代，一部の自治体で公営住宅への外国人の入居が可能となった．ただし，そのインパクトは，ここでの数値が示す通り大きなものではなかった．

(81)　1949年に公布された財産取得令は，外国人による不動産等の資産取得を制限するものであったが，旧植民地出身者はその適用対象から除外されていた（呉 1992: 63）．

をかなりの程度反映しているという前提で大阪府スケールの結果をみると，1969年時点では「技能・生産」の割合が3分の2近くに及んでいることが特徴的であり，「販売・サービス」がこれに次ぐ（表V－1）．ただし，1984年には「技能・生産」は，最多であるものの割合は半分を下回っており，職業構成上の変化が現れ始めた点も看取できよう．なお，この変化ついては次章で分析対象とする．

従業上の地位に関しては，外国人の全数データが公表されたのは1985年の国勢調査以降であり，これも大阪府全体での集計である．事業主と家族従業者の合算が就業者全体に占める割合は，日本人で19.4%，外国人では38.6%となっており，事業主の大半が「雇人のある業主」「雇人のない業主」であることからも，やはり在日朝鮮人では日本人に比べ自営業への集中が顕著だといえる．この値は，職業分類別にみて「技能工・生産工程」と「サービス」において特に高くなっており（図V－3），事業主・家族従業者の割合は，「技能工・生産工程」では日本人就業者の20.2%に対し外国人は44.8%と2倍以上にのぼるほか，「サービス」についても日本人の31.8%に対して47.7%と大きく上回る．

こうした就業上の特徴は，移民・エスニック集団の就業に関する既存研究に照らすと，以下の2つの要因が反映されたものと解釈できる．一方では，在日朝鮮人研究でも繰り返し指摘されてきた，労働市場における差別・排除の問題が大きい．すなわち，在日朝鮮人は国籍を事由に公務員就任権を持たなかったし，またホワイトカラー職を中心に日本の大企業への門戸が閉ざされてきた．他方，エスニック・ネットワークを介した労働力の調達，さらには頼母子講や民族金融機関の提供する資金などが，エスニックなニッチを形成してきた側面もある．つまり，労働市場における差別という構造的要因の下，エスニック資源およびエスニック資本の存在が，製造業やサービス業への就業者の集中，および自営業者割合の大きさに寄与したと考えられる．

では，こうした就業上の特徴はどのような空間的帰結を伴っていたのだろうか．前章でも指摘したように，大阪市の東南部および西南部では朝鮮人自営業者の集中がみられ，その多くが製造業に従事していた（図IV－8）．1948年の『在大阪朝鮮人各種事業者名簿録』に基づけば，規模に関する特徴として，生野区と西成区の合計で，564の事業者のうち313（55.5%，64件は従業者数の情報無し）が就業者10人以下という小・零細規模であった．さらに，韓（2010）の指摘に

表Ｖ－1　大阪府における「韓国・朝鮮」籍の職業構成（1969年，1984年）

	専門	管理・事務	技能・生産	(うち単純労働者)	農林漁業	販売・サービス
1969年	2.6%	11.1%	63.8%	(16.2%)	2.9%	19.7%
1984年	3.7%	27.2%	46.6%	(4.1%)	0.9%	21.6%

典拠）各年次の『在留外国人統計』による．

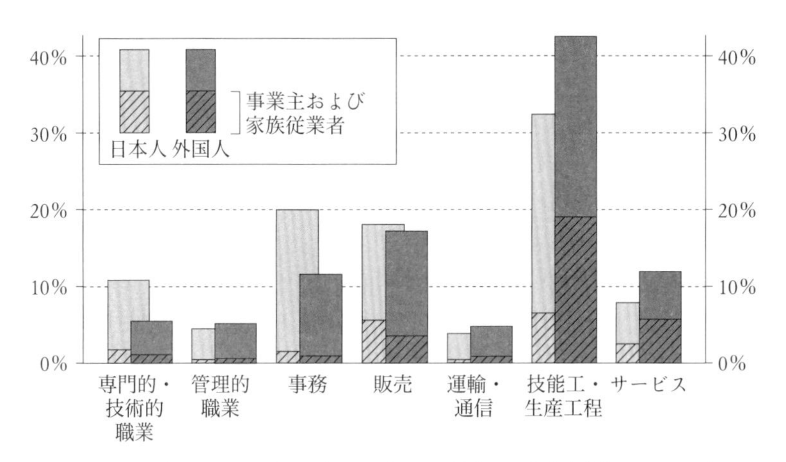

図Ｖ－3　大阪府における日本人・外国人別にみた従業上の地位（職業別，1985年）

典拠）国勢調査より作成．

注）事業主は，国勢調査における従業上の地位のうち，「役員」「雇人のある業主」「雇人のない業主」から構成される．

もあるように，1948年の『在大阪朝鮮人各種事業者名簿録』では実に95％の事業者の住所が経営者のそれと同一であった点も見逃せない．つまり，アメリカ占領期の大阪市における自営業者のほとんどが，職住近接ないし職住一致という特徴を共有していた．

1974年の『在日韓国人企業名鑑』による分布を1948年のものと比較すると（図Ｖ－4，図Ｖ－5），大阪市の中心部や淀川区・東住吉区で事業者数が増加しており，居住地の分布と比べると偏在の度合はやや弱くなったことが看取される．とはいえ，生野区では237（28.5％）と大阪市全体の3割近くを占めており，また製造業の割合の大きさは依然として際立っている．さらに，生野区内の国勢統

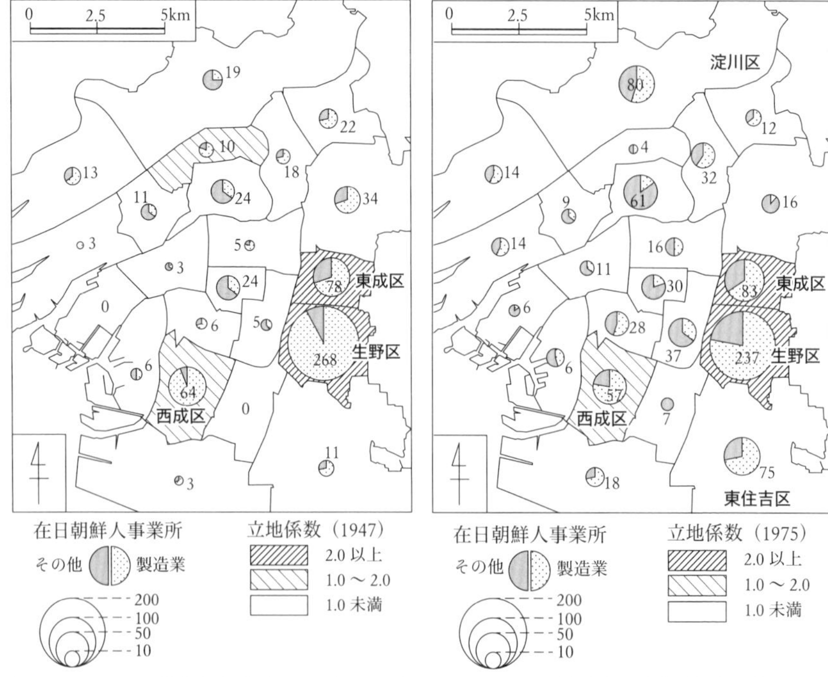

図Ⅴ－4　在日朝鮮人自営業者の分布（1948年）

典拠）1947年臨時国勢調査，および，在日本朝鮮人連盟大阪本部勤労斡旋所『在大阪朝鮮人各種事業者名簿録』同発行，1948．

図Ⅴ－5　在日朝鮮人自営業者の分布（1974年）

典拠）1975年国勢調査，および，在日韓国人企業名鑑編集委員会『在日韓国人企業名鑑』統一日報社，1975．

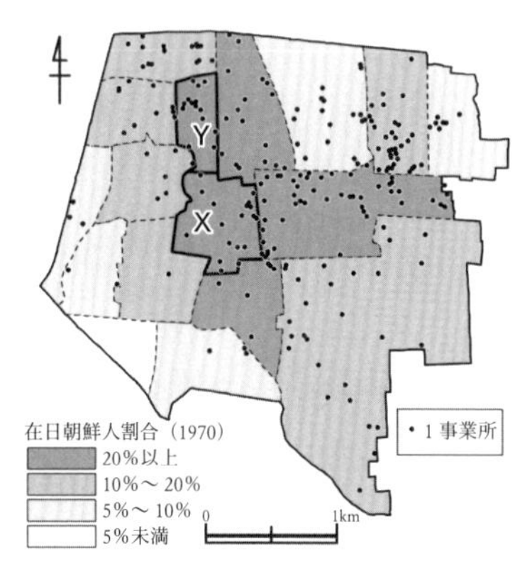

図Ⅴ－6　生野区における在日朝鮮人人口および自営業者の分布

典拠）図Ⅴ－5に同じ（国勢調査は1970年のもの）．

計区スケールでみても，在日朝鮮人割合の高い統計区にこれらのビジネスの偏在が確認できる（図Ⅴ－6）．加えて，次章で分析の対象とする『在日韓国人名録』（1981年）によれば，大阪府全体でみても事業主の職住が一致するケースは1,851件中1,402（75.7％）と，1948年よりも若干減少したとはいえそれでも多数を占めている．従って，集住地区における居住と就業の空間的偏在の重複は，対象時期の間も，かなりの程度存続したと考えられる．

以上から，対象時期である1950年代から1980年代にかけての居住・就業の特徴は，以下のようにまとめられよう．第1に，全体的な居住分布パターンに大きな変化は認められないとはいえ，生野区・東成区・西成区での在日朝鮮人割合は上昇し，特に生野区では絶対数の点でも在日朝鮮人数の大幅な増加がみられた．また，大阪府スケールでみれば，持ち家世帯の割合が日本人と比べても大きいことが指摘できる．第2に，就業の側面についていえば，製造業・サービス業への偏在とともに，これらの業種での事業主・家族従業者の比率がかなり高いことも特筆される．加えて，自営業者の分布は上述の3区，とりわけ生野区に偏在しており，居住・就業の空間的集中がオーバーラップする傾向が確認できる．次節では，こうした大阪市の在日朝鮮人に関わる居住と就業の特徴をふまえ，具体的な土地取得の過程を検討したい．

4．在日朝鮮人による土地取得

a．土地所有権の移転過程にみる特徴

本章の分析で用いる土地登記データは，図Ⅴ－6に示す在日朝鮮人割合が20％を上回る統計区XとYのうち，住宅地図から判断して彼ら・彼女らの集住が特に顕著だと推測される複数の街区について得たものである．統計区X（以下，X地区と略記）は，主として桃谷4・5丁目から構成されており，ここでは63筆のデータを閲覧した．Y地区には，田島1・2丁目，中川6丁目，中川西3丁目が含まれ，その中のある街区の80筆について情報を得た．これらの町丁は，いずれも戦前より在日朝鮮人の集住で著名な旧猪飼野町（Ⅶ章の図Ⅶ－1参照）に

表Ⅴ－2　在日朝鮮人による土地取得の推移

所有権移転	年次						合計
	1949-55	1956-60	1961-65	1966-70	1971-75	1976-80	
非・朝鮮人→朝鮮人	5 (3.5)	19 (13.1)	77 (53.1)	27 (18.6)	15 (10.3)	2 (1.4)	145 (100.0)
朝鮮人間	0 (0.0)	6 (7.3)	16 (19.5)	30 (36.6)	20 (24.4)	10 (12.2)	82 (100.0)

典拠）土地登記による.
注）下段の数値は，行方向の合計に対する割合（％）をあらわす.

含まれる．X・Y地区の中で分析対象とした街区は，登記情報が比較的整理され所有者の確定がしやすく，また，住居と商業地という２つの異なる特徴を持っており，比較検討に適していると考えた．X・Y地区から得られた合計143筆のデータのうち，以下では在日朝鮮人の関わったのべ227回の土地所有権移転について分析する．

まず元の所有者についてみると，対象とした街区では，記録の残る限り（明治期以降）1949年まで，在日朝鮮人を所有者とする土地は１つもなかった．これは，ほとんどの朝鮮人が戦前から借地・借家に居住していたことを示唆する．また，全てではないが，かなりの部分が特定の日本人地主によって所有されていたことも指摘できる．

在日朝鮮人による土地取得が進んだ時期を特定するために，所有権移転のあった時期を年代別に整理したものが表Ⅴ－2である．述べ145回あった「非・朝鮮人」[82]から朝鮮人への移転のうち，元の所有者が「非・朝鮮人」の地主であるものが92（64.3％），これに対し大蔵省が51（35.7％）を占めていた．「非・朝鮮人」から朝鮮人への移転については，1960年以前に行われたものは24（16.6％）にすぎず，1960年代，特に1961-65年の期間に77（53.1％）と半数以上が集中

（82）　前出した吉田ほか（1995）による方法では，所有者のエスニシティについて，「日本人」であることを証するのは難しい．日本人と推測される姓名でも，通名である可能性は否定できないし，日本国籍を取得した場合なども判別することはできない．従って，ここでは朝鮮人と判断される以外の所有者・法人は，「非・朝鮮人」として一括している．

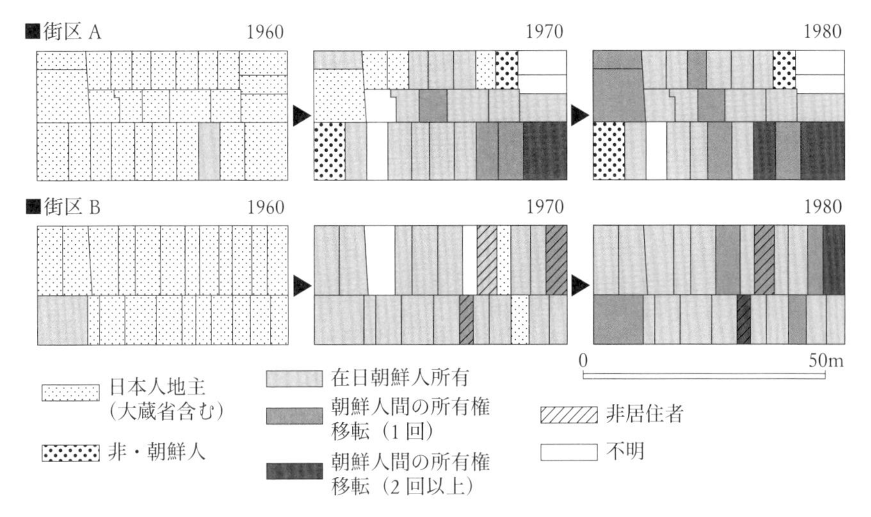

図Ⅴ－7　X地区における土地所有者の推移（1960～1980年）

典拠）土地登記による.

している点が注目されよう．一方，朝鮮人間での所有権移転は，1955年以前にはみられず，７割以上が1966年以降に生じていた（表Ⅴ－2）.

このような土地所有権移転の推移が，ミクロスケールでどのように展開したかを分析するために，特定の街区に着目して所有者の変化を検討したい．最初に取り上げるのは，X地区（図Ⅴ－6）のA・B２つの街区で，いずれも住宅地図からは長屋が密集していたと考えられるエリアである.

図Ⅴ－7から，街区A・Bにおいて，1960年時点では，２区画を除き全てが日本人地主か大蔵省によって所有されていた．なお，大蔵省所有の土地については，相続税の代物弁済である旨が記載されている．1970年になると，在日朝鮮人の所有する土地が多くを占めており，1960年からの10年間に所有権の移転が急速に進んだことがうかがえる．住宅地図と照合したところ，この期間に土地取得を行った者のほとんどが，売買を機に転居したのではなく，もともと居住していた箇所の土地を購入していた．その後，1980年にかけての変化をみると，購入時から引き続き所有されていた土地が多い一方で，別の在日朝鮮人に売却されたケースも目立ち始める．この場合には，居住者の入れ替わりが生じた可能性が高いとみなせる．買い手・売り手の関係性を直接確認しうるデータは存

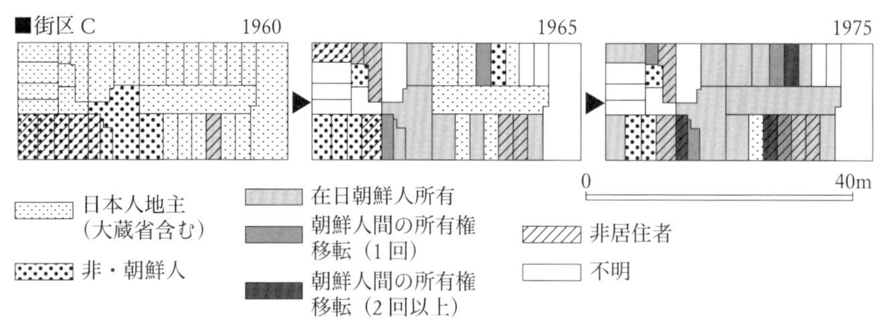

図V－8　Y地区における土地所有者の推移（1960～1975年）

典拠）土地登記による．

在しないが，買い手・売り手のマッチングが同一エスニック集団内で行われていたという点が注目されよう．

次いで，Y地区（図V－6）に位置する街区Cの事例を検討したい．ここは，住宅地図から判別すると南側に商店街があり，居住のみならず就業の面での土地取得の分析に資すると判断して取り上げた．街区A・Bと同様に，街区Cでも1960年時点では在日朝鮮人を所有者とする土地は少なく，その後，1965年にかけて在日朝鮮人への所有権移転が進んだことがわかる（図V－8）．また，商店が多いこともあり，その土地に居住していない者（以下，「非居住者」と表記）による土地取得が街区A・Bに比べ目立つことも特徴的である．非居住者が土地を取得する形態としては，事業所としての利用のほか，貸家・貸地の運営などが想定される．

ここで注目されるのは，非居住者とはいっても，実際に購入した者の多くがその近隣に居住していた点である．本節で検討した延べ227回の所有権移転には，土地の地番と所有者の住所が一致しないものが81含まれる．このうち居住地が確定できた65件についていえば，42（62.6％）の所有者が生野区内に，14（21.5％）が生野区に隣接する市区に居住していた一方で，これら以外の地域は9（13.8％）にとどまる．

以上から，戦後の在日朝鮮人による土地取得の特徴は，以下のようにまとめられる．第1に，（大蔵省所有を含め）日本人地主からの土地取得は1960年代前半に集中しており，在日朝鮮人間の所有権移転はそれより遅れて1960年代後半

戦前から続く集住地区と見えない中での変化

1960年代以降，長屋に居住する在日朝鮮人の中に土地を取得する者が目立ってくる（写真・上）．土地取得は居住用住宅に限らず，店舗や店舗兼住宅でも同様にみられた．写真・下は現在のコリアタウンの一角にて，唐辛子などの食材を扱う商店．定着の度合が増していったことは，外見からだけは分からない（『アサヒグラフ』1974年11月8日号 撮影・提供/豊﨑博光氏）．

から目立ち始める．第2に，土地の取得は居住地以外でも生じており，しかもそのケースの多くは居住地と近接する傾向にあった．

このように，1960年代に在日朝鮮人の土地取得が進んだことは重要な知見であるが，なぜこの時期に集中しているかという点について，理由を直接裏付けられる資料は現在のところ確認できない．ただ，さしあたり背景として推測されるいくつかの要因を挙げることは可能である．第1は政治的な背景に関わるもので，大量の帰国が生じたアメリカ占領期以降の時期は，北朝鮮はもとより韓国との国交回復も1965年まで待たねばならず，さらに国交回復後も在日朝鮮人が自由に日本と朝鮮半島間を往来することは容易ではなかった．とりわけ「朝鮮」籍の保持者は，韓国への渡航は実質的に不可能に近かった(83)．加えて，1958年から始まった北朝鮮帰国運動は，1960年代の初頭には既に下火となり，現実問題として日本国外への移動可能性はほぼ絶たれたこともある．日本で出生した第2世代の増大も含め，土地取得の背景には日本での居住の継続が第一の選択肢となる状況があった．

第2の，より具体的な要因として，既存の所有者が財産処分を行った経緯がある．西村（2002）は日本人地主による相続の際の売却が主要因であるとしており，確かに在日朝鮮人が特定の地主から購入したケースはかなりの数にのぼる．ただ，大蔵省や他の日本人を所有者とする土地でも同様のタイミングで所有権移転が生じた理由は定かでない．1つの可能性としては，旧借地法による影響も考えられる．すなわち，契約時から一定期間は地代の値上げができないために，むしろ賃貸人が売却を望む状況もあった(84)．いずれにしても，在日朝鮮人による土地取得の背景には，相続や法律の影響といった偶発的な理由も存在したことは否定できないであろう．

---

(83)　1947年の外国人登録の際，朝鮮半島に本籍を持つ在日朝鮮人は「朝鮮」という地域名称での登録を義務付けられた．その後，大韓民国の国籍である「韓国」籍への切り替えが可能となり，希望者の申請が徐々に進むことになる．国籍でない「朝鮮」籍の保持者は，しばしば北朝鮮の支持者とみなされ，国家間および民族団体間の対立の中で，公的な方法により韓国へ渡航する道は長らくほとんど閉ざされていた．

(84)　筆者が聞き取りを行ったP氏（統計区Xに在住の1930年代生まれの在日朝鮮人男性）も，地代の値上げができないことを理由に，この時期に地主から買い取りを要請されたと指摘している．

b．抵当権者および抵当の種類からみる特徴

本項では，登記における抵当権の情報から，エスニック資本がどの程度土地の取得に影響したかを確認する．ここでは，地縁・血縁といったインフォーマルな社会関係および民族金融機関等のようなフォーマルな組織を「エスニック資本」とみなし，エスニック集団外部にある「非エスニック資本」との利用頻度の差異を検討したい．

各登記の抵当権者を示す欄には，設定者の氏名または法人名，その住所，金額，および抵当の種類（抵当または根抵当）が記載されている．もちろん，1つの土地に対して複数の抵当権が設定されることは頻繁にある．そのため，たとえば個人・法人・銀行の3者が抵当権を保有している場合，それぞれ3分の1件として集計する．また，抵当権の種類（抵当／根抵当）は，先述したように自営業者を含む事業主の動向を看取できる有益な情報である．

対象となる227件の所有権移転の抵当に関する情報をみると，抵当権が全く設定されていないものは134（59.0％）と過半数にのぼった．ここには，自前で購入資金を準備した場合のほか，頼母子講などインフォーマルな方法で資金調達をした事例などが含まれると推測される．また，残りのケースでも，購入時に抵当が設定されたケースは少ない．一般的には，土地の購入には多額の資金を要するが，上述した土地取得の経緯もあり，購買金額は必ずしも高額とならなかったのではないかと考えられる．

このように，抵当権の設定がむしろ土地の購入後に行われることが多かった点は，エスニック・ビジネスの観点から注目される．というのは，購入時以外に土地を抵当に入れるという行為は，何らかの資金需要を目的に行われるからである．93件の所有権移転について，抵当権者をタイプ別に分けて集計した表V－3をみると，抵当・根抵当の合計で，民族金融機関が18.2％，在日朝鮮人個人が15.0％と合わせておよそ3分の1を占める．一方で，日本の銀行・信用組合が47.8％，信用保証機関が11.2％と，「非エスニック資本」の方が利用される頻度が高い[85]．なお，「非エスニック資本」の割合の大きさは，時期別に大きく

（85） ただし，信用保証機関に関しては，金融機関が仲介することで抵当権者になる場合があり，民

表Ⅴ－3　在日朝鮮人所有の土地に設定された抵当の種類と抵当権者

抵当権の種類	エスニック資本		非エスニック資本			合計
	民族金融機関	エスニック集団内の個人	日本の銀行または信用組合	日本の信用保証機関	他	
抵当	7.5 (15.3)	14.0 (28.4)	17.4 (35.4)	3.0 (6.1)	7.2 (14.7)	49.1 (100.0)
根抵当	9.5 (21.5)	0.0 (0.0)	27.0 (61.5)	7.5 (17.0)	0.0 (0.0)	43.9 (100.0)
合計	17.0 (18.2)	14.0 (15.0)	44.4 (47.8)	10.5 (11.2)	7.2 (7.8)	93.0 (100.0)

典拠）土地登記による．
注）下段の数値は，行方向の合計に対する割合（%）をあらわす．

は変化しておらず，1960年代より多くみられたことも付言しておく．抵当の内訳についていえば，半数近くが根抵当権となっており，従って土地所有者の一定割合を事業者が占めていたことがうかがえる．また，抵当権の6.1%を占める「日本の信用保証機関」の中には，中小企業向けの信用保証によるものも含まれており，この場合も所有者が事業者であることが明らかである．さらに，根抵当権の設定は，「非居住者」による土地取得だけでなく居住者についても30件認められた．これらの情報は，前節でも指摘したように，居住地と就業地が同一である者が自宅兼店舗の土地に抵当を設定していたことを意味する．

従って，土地の取得に際しては，民族金融機関といったエスニック集団内でのフォーマルな資金調達手段に依存する者もいたと同時に，日本の金融機関もかなりの頻度で利用されていたといえる．また，土地取得は居住者だけでなく，事業者，とりわけ自営業者によっても行われていた．特に居住地と就業地が同一のケースでは，土地の面積からみても自営業者か零細規模の事業所であった可能性が高い．その意味では，一端購入された土地は，安定的な住居の取得と

族金融機関でも日本の信用保証機関が利用されることがある．そのため，分類としては「エスニック資本」に属するものも，少ないながら含まれる可能性がある．

いう面だけでなく，事業資金の確保という機能も果たしていたことも指摘できる．

では，住宅市場や労働市場における差別・排除があった中で，土地購入に際してエスニック資本への依存度が予想されるほど高くないのはなぜか．考えられる1つの理由は，韓（2010）が指摘する，民族金融機関の貸出金利の高さである．II章でも述べたように，戦後，韓国あるいは北朝鮮支持という形で朝鮮半島の分断が在日朝鮮人コミュニティ内に持ち込まれ，金融機関のような自助システムの構築もそれぞれを支持するグループの双方でみられた．韓（2010）によれば，こうした状況下で，コミュニティ内でより多くの預金者獲得をするため預金金利を高く設定した結果，貸し出し金利の高騰を招いたとされる．換言すれば，民族金融機関を利用することは，金利面で日本の金融機関と比べて少なからずデメリットが存在していたのである．

とはいえ，日本の金融機関については，在日朝鮮人に対する貸し出し差別が存在したという指摘もあり，またそれゆえに民族金融機関の設立が後押しされた部分があった．だが，表V－3で示したように，実際には在日朝鮮人が日本の金融機関の融資対象から完全に排除されていたわけではない．融資に関する差別の有無や程度を論ずるだけの根拠は乏しいが，1つの可能性として，不動産の持つ担保価値の大きさが影響しているのかもしれない．つまり，仮にエスニシティが考慮の外にあるとすれば，不動産を担保とすることは貸し倒れ時の資金未回収リスクを低下できるため，金融機関が融資に対して消極的にならない理由になりうる．

いずれにしても，抵当に関する情報からは，エスニック集団内だけでなく集団外の資本（金融機関）も用いられていた点，および，土地取得が居住者だけでなく自営業者を含む事業者によっても行われていた点が明らかとなった．次節では，職住近接といった居住地と就業地の関係も含め，本章の分析が示唆するところについて考察を加えたい．

5．居住―就業の空間的集中の固定化

本章の分析から得られた結果のうち，まず注目されるのが，生野区の集住地区では1950年代後半から1960年代に在日朝鮮人の土地取得が急速に進んだ点である．一方，これらの地域ないしその周辺に居住する日本人について，同様に土地所有が進んだか否かは定かではないが，区スケールの人口増減でいえば，日本人人口の減少が顕著であった．こうした人口減少は，既に都市地理学における研究が示しているように，1960年代以降に進んだ大阪市のインナーシティから郊外部への人口移動の結果として生じたものである（たとえば，徳岡 1985）．つまり，大阪市およびその周辺地域における高度経済成長期以降の人口分布の変動は，一般的には郊外化の進展とインナーシティの衰退という，都市空間の変化に関する諸理論に合致する形で生じた．これに対し，在日朝鮮人，特に生野区の集住地区の場合には，全般的な動向とは対照的にその人口が維持されてきたという点で特徴的といえる．

このような特性を理解する上で，土地取得の進展は，まずもって居住モビリティの低下に寄与したという意味で注目されよう．戦後，居住の選択肢が限られていた在日朝鮮人にとって，土地取得による持ち家層への移行は相対的に安定した生活拠点の形成を意味していた．加えて，1960年代以降に生じた在日朝鮮人間での土地取引の増加から看取できるように，一旦彼ら・彼女らによって購入された土地は，後発の転入者による土地取得を（集住地区外に比べ）容易にした可能性も考えられる．実際，分析対象とした街区では，在日朝鮮人所有者から日本人に所有権が移転したケースは非常に稀であった．

また，抵当権に関する情報からは，土地取得が，非居住者のほか職住一致の自営業者によってもなされていたことが確認できた．非居住者の中には，貸家だけでなく事業所として土地を購入した者も含まれたであろうから，就業という側面でも集住地区内での土地取得が進んだといえよう．さらに，この点に関して注目したいのは，事業者による土地取得が資金調達による経営の安定化とともに就業の空間的集中の固定化という結果をもたらした可能性である．とい

在日朝鮮人集住地区の日常風景に現れる南北対立(1970年代)

1974年の文世光事件直後の生野区・猪飼野界隈. 万景峰号を「スパイ工作船」と断罪する韓国支持側の韓国民団(写真・上, 左)と, 軍事政権の韓国を批判する北朝鮮支持側(写真・上, 右)の朝鮮総聯の主張が並んでいる(平野川の橋梁と思われる). エスニシティの特徴が乏しい日常的な景観の中で, 政治的対立の顕在化が集住地区を特徴づけるという皮肉な状況があった(『アサヒグラフ』1974年11月8日号 撮影・提供/豊﨑博光氏).

うのは，一度抵当権が設定されると，借入金を返済してそれを抹消しない限り売買が難しいことにより，土地の流動性が低下するからである．従って，居住者に加え（職住一致の）事業者による土地取得は，居住地と就業地のモビリティ低下に寄与した部分があった．

このような居住―就業の関係は，たとえばエスニック・ビジネスにおける同胞労働力へのニーズなどを通じ，在日朝鮮人の転入を惹起することにもなった．しかしながら，事業所の空間的集中の継続については，職住近接など居住地との関係のみならず，事業所同士のリンケージ形成といった経済地理的な要因も考慮する必要がある．この点は，業種別の分析も含め，エスニック経済に焦点を当てたVI章で検討したい．

以上の土地取得過程とその背景の検討を通じ，本章2節で述べた在日朝鮮人の居住―就業の特性，すなわち持ち家世帯の割合の大きさや居住地と就業地の空間的集中の重複が，アメリカ占領期以降の時期に継続していった理由の一端が明らかになったと考える．II章でも示したように，もともとインナーシティは人口の流動性が高く，朝鮮人のみならず日本「内地」からの移住者も多くみられた．高度経済成長期に郊外への人口流出が続く中で，生野区でみられた土地取得と居住―就業の空間的重複が，結果的に集住地区における定住性の高まりをもたらしたといえる．景観の観点でいっても，取得された土地は狭隘なケースが多く現在でも木造の低層住宅がみられる．戦前の「不良住宅地区」との連続／断絶性という意味では，戦後の改良住宅建築という大規模な都市政策介入が行われた被差別部落の事例（水内 2004）とは好対照をなしており，この違いを理解する上でも土地取得および居住―就業の連関性への視点は重要といえよう．

ただし，土地取得に果たしたエスニック資本の役割に着目すると，民族金融機関といったエスニック集団内のフォーマルな手段が排他的に利用されたわけではなかった．その意味では，本章の冒頭で述べたような欧米都市の事例と異なる知見が得られたことも指摘できる．つまり，集住地区あるいはセグリゲーションの存続が持ち家取得と併行して進んだ場合には，そこにエスニック・ネットワークをはじめとするエスニック資源・資本の介在が予見されていた．しかし，本章で示したように，在日朝鮮人内部での土地所有権の移転が多かった点についてはエスニック資源への依拠が看取できるが，資本という側面ではエスニック集団外の手段も利用されていた．この分析結果は，土地登記という独自のデータから明らかになったこととして，また在日朝鮮人の集住地区の特徴として特筆できよう．

6．集住地区の維持に果たす土地取得の役割

本章では，アメリカ占領期に続く1950年代から1980年代にかけての時期の大阪市を対象に，在日朝鮮人集住地区の存続過程について，区別の統計の検討に加え，土地登記というミクロスケールの資料に基づく分析を行った．その結果は，以下のようにまとめられる．

まず，公的統計や在日朝鮮人事業者の名鑑をもとに，対象時期における空間的分布を含む居住・就業の特徴を検討した．居住分布の全域的な偏在のパターンについては，前章で示した1950年代初頭から大きな変化はみられなかったものの，生野区では在日朝鮮人の割合・絶対数の増大が目立っていた．一方就業に関しては，特に生産工程の職種において自営業者・家族従業者の比率が高く，また在日朝鮮人事業者の分布には居住の空間的集中と重複する部分が認められた．

次に，土地登記の情報をもとにした分析からは，対象とした街区において1950年代後半から在日朝鮮人への所有権移転が進んでいたことが見出された．この背景には，日本人地主による土地処分があったほか，元の賃貸人が売却を望んだ可能性が考えられる．加えて，土地所有者の中には非居住者も含まれ，その多くが所有する土地の近隣に居住していたほか，抵当権の情報からは，職住が同一である自営業者による土地取得も一定程度あったことがわかる．ただし，民族金融機関など，土地所有に際してのエスニック資本への依存度合は必ずしも高いわけではなかった．

そして，居住と就業の両面から土地取得の含意について考察した結果，土地の所有は居住モビリティを低下させただけでなく，根抵当という形で事業者の資金融通にとっても重要な役割を果たすとともに，所有する土地の流動性を低

めるように作用した．このように，土地取得というプロセスを介し，職住近接や職住一致，すなわち居住地と就業地の空間的オーバーラップが集住地区において固定化されていったといえる．

むろん，以上の知見が，対象時期の在日朝鮮人をめぐる諸状況のローカルな帰結であることは言を俟たない．戦後の社会的差別や政策からの排除はもちろん，朝鮮半島への帰還という選択肢が現実には不可能になる政治情勢の中で，一部が零細規模の自営業への参入によって生活をどうにか安定させ，その結果として戦後の集住地区が維持されていった．加えて，特に生野区で顕著にみられた区外からの在日朝鮮人人口の社会増は，この集住地区が戦後の苦境の中で就業機会や定着のための足がかりを提供する場であったことも示唆する．では，こうした自助的な形で生成された居住―就業の連関性は，その後どのように変化していったのだろうか．次章において，再び視点を都市スケールに移し，1980年代以降のエスニック経済の動向から考えてみたい．

第 VI 章

1980年代以降のセグリゲーションの弱化

エスニック経済からの検討

1970年代の御幸通商店街（現在の大阪生野コリアタウン）の様子．店舗で売られている商品の中には朝鮮半島由来の食品などもあるが，景観面では一般的な商店街とさしたる違いがみられない．コリアタウン構想は，1980年代以降，集住地区の人口減少による売上げ減という背景から生じた（『季刊三千里』18号，1979年）．

1．エスニック経済と集住地区

前章にて，居住と就業の空間的重複が，土地取得を介して戦後の在日朝鮮人集住地区の存続につながったことを示した．しかし，Ⅲ章で述べたように，1980年代以降の大阪における在日朝鮮人のセグリゲーションの程度は，全体として低下傾向が続く．本章の目的は，この変化の背景を，主として在日朝鮮人のエスニック経済，とりわけその空間的側面から明らかにすることにある．

自営業者に代表されるエスニック・ビジネスの現出は，前章までの議論でもたびたび参照してきたものの，空間的形態の把握にとどまり，細かな業種構成といった内実にまで踏み込んだ分析は手つかずであった．エスニック集団成員が起業した事業所（以下，エスニック事業所）への関心は，欧米都市の事例でももちろん大きく，雇用機会の創出や社会経済的地位の上昇の契機といった機能のほかにも，ホスト社会から半ば自立した独特の経済的関係（雇用・資金調達・取引など），すなわちエスニック経済[86]やエンクレイブ経済の成立に関する数多くの理論・実証面の研究蓄積がある．

特に多くの注目を集めてきたのは，エスニック・ネットワークに代表されるエスニック集団特有の社会関係であるが，その機能は安価で信頼できる労働力や需要の提供にとどまらない．Portes and Manning（2008）によれば，エスニック事業所の空間的集中の内部では，同一エスニシティに由来する取引関係や消費者との結びつきが促進され，エスニック集団の内外を問わず，時に特定の需要に対する寡占的な供給が可能になるという側面もある．これらの結果生じる

---

(86)　エスニック経済については多様な定義が存在するが，少なくとも①自営業者の多さと②特定の業種への偏在という2点では共通する．これらに，エスニック・エンクレイブ経済（ethnic enclave economy）の特徴，すなわち③事業所同士の取引関係といったリンケージの強さと，④事業所の空間的集中という2つの側面を含めて「エスニック経済」と定義する立場（Kaplan and Li 2006）がある．一方，事業所の空間的集中を定義上の要件としない見方もあり（Light and Gold 2000），端的には，事業所の空間的集中とそれに付随する特徴を含むか否かでエスニック経済の定義が分かれる．本書では，①②を広義の「エスニック経済」と捉え，③④の側面を指す際には「エンクレイブ経済」を用いることにしたい．

エンクレイブ経済は，ホスト社会の中で競争力を持つとともに，エスニック集団の社会経済的な上昇に結実すると考えられる[87]．

しかし同時に，事業者の空間的集中については，こうした社会的側面のみならず，経済地理的な要因への着目も欠かせない．すなわち，Zhou（1996, 1998）やWang（2010, 2013）が示すように，製造業や対事業所サービス業に関するエスニック事業所については，工程間分業の程度やその中での取引関係ないしリンケージの形成など，産業集積[88]に関わる要因の存在を見逃すべきでない．加えて，産業の存続や発展といった変化を論じる上では，競争力の維持や変化という側面も重要である．I章でも言及したニューヨークのアパレル産業のエスニック事業所の事例では，より低廉な労働力を提供しうる後発の移民の流入によって，産業の担い手が中国系移民やヒスパニックへと移り変わり，低コストの生産を特徴とする空間的集中が存続したことが示されている（Waldinger 1984; Hum 2003）．エスニック起業者（ethnic entrepreneur）を対象とする研究では，エスニック集団に特徴的な社会的関係に関心が注がれるあまり，ややもするとこれらの経済的あるいは経済地理的要因が見過ごされるきらいがあった．

在日朝鮮人に関していえば，産業上の偏りや社会関係資本の機能といった点で，上述のエスニック経済やエンクレイブ経済の特性を共有しているとみなされてきた．特に戦後の状況に関していえば，労働集約的な軽工業や金属スクラップ回収業，および遊技場（パチンコホール）といった特定の業種における在日朝鮮人事業主の多さのほか（徐 1987; 成田 2005; 韓 2010），在日朝鮮人の就業に果たす同胞企業の存在やエスニック・ネットワークの役割（在日高麗労働者連盟 1992; 李 2002）などが指摘されている．また，一部の製造業に関しては，生産工程の分業化を通じた事業所同士の密なリンケージと形成いった産業集積に関わる特性への言及もみられるほか，事業所の空間的分布を把握した研究もある（朴

（87） ただし，エンクレイブ経済が社会経済的上昇の機会を提供しうるという点については，少なからず反論も存在する．たとえばSanders and Nee（1987）は，エンクレイブ経済はエスニック集団の就業上の不利を反映したもので，通時的にみて所得の向上に寄与する部分は小さいと指摘している．

（88） 本書では，事業所の分布について，その特定の範囲における凝集を指す際には「（空間的）集中」や「偏在」と言い表し，取引関係といったリンケージ形成を伴う事業所の近接立地に言及する場合は「（産業）集積」の語を用いる．

2004; 成田 2005; 韓 2010）．ただ，やはり居住—就業の連関性のうち前者への意識は弱く，また分析のスケールも市区町村レベルにとどまっている．

そこで本章では，より精緻なスケールで在日朝鮮人のエスニック経済の特性を捉え，1980年代以降のセグリゲーションの弱化との関係を考察する．なお，分析の対象とする空間的範囲は，集住地区の分布をふまえ，Ⅲ章と同様に大阪市およびその隣接市と設定する．一般に，エスニック事業所の空間的集中は，景気変動や同一エスニック集団内での労働力確保の難しさといった要因により退潮傾向を示すと考えられてきた．では，特に2世・3世の増大に伴って次第に不明瞭になっていく就業上の特徴は，集住地区における居住—就業の関係とどのように結びついていたのだろうか．

2．用いる資料と分析の観点

本章では，変化を捉えるという目的にも鑑み，時期の異なる次の2つの資料を用いる．1つは，統一日報社発行の『在日韓国人名録』（1981年）で，1980年時点の在日朝鮮人の事業所について，その住所や業種，経営者の居住地・生年・学歴・（朝鮮半島での）本籍地などが記載されている．同時期に出版された名鑑の中でも，収録事業所数が多く，大阪府で2,657件，対象地域では2,021件含まれ，うち事業主である者が1,851件になる．なお，この資料を分析に用いた研究は，管見の限り見当たらない．もう1つは，在日韓国人商工会発行の『在日韓国人会社名鑑』（1997年）で，前出の資料より掲載情報は少ないものの，1997年時点の事業所の住所，業種，資本金のほか，経営者の生年や事業所設立年といったデータが得られる．ただし，事業主の居住地は記載されていない．収録数は，大阪府で1,433件，対象地域については1,029件である．この資料については既に朴（2004）や韓（2010）でも分析に供されている．

以上の資料を用いるに際しては，リスト収録にあたってのバイアスの存在に注意を要する．前者の『在日韓国人名録』には，「所属」として民族団体や同郷団体での役職も記載されており，そのほとんどが韓国民団か親睦会[89]のいずれかに相当する．後者の『在日韓国人会社名鑑』は韓国民団系の商工団体が編纂したものであり，従って，いずれも朝鮮総聯の役職員は（同郷団体に含まれていなければ）除外されている．また，この種の資料では団体に所属しない零細規模の事業所が欠落しやすく，民族団体に対する意識も多様化しており，収録数の減少がただちにエスニック経済の縮小を示唆するわけではない．これらの問題点ゆえに，事業所数の単純な比較は慎重に行うべきではあるものの，バイアスの発生要因のうち国籍・規模という点では共通しており，国勢調査等の量的データも合わせて用いることで，分布傾向や構成割合の比較検討には耐えうると考える．

また，『在日韓国人名録』については，業種分類の正確性にも一定の留保を要する．産業大分類での集計は容易だが，事業内容から中分類・小分類への類型が難しいものもある（自動車部品製造とあるが，実際には金属製品製造業と考えられるもの等）．本章では原則として原資料の記載を尊重し，中分類・小分類レベルの集計に際しては，既存研究で在日朝鮮人に特徴的とされてきた業種をふまえ，製造業の繊維・プラスチック・ゴム・履物(90)・皮革・金属，卸売・小売業の金属材料卸(91)，生活サービス業の遊技場を取り上げる(92)．ここに挙げた各業種は，1980年・1997年のいずれかの時点で全事業所数の２％以上を占めていた．なお，複数の事業内容が記載されているケースは，２つであれば0.5ずつのように按分してカウントすることにする．ただし，業種別に事業所の分布を地図化したり集住地区内外での立地数を集計する際には，属する複数の業種のそれぞれでカウントする．

これらのほか，得られるデータは基本的に事業所の住所のみであり，特に飲

(89) 特に済州島出身者では同郷（里スケール）単位でかなりの数の親睦会が作られ，会員同士の相互扶助や故郷への送金などの機能を果たしてきた（高 1998: 219-278）．このほか，筆者の知りうる限りでは，本貫（出身地と姓のルーツ）単位での親睦会も存在する．

(90) 産業小分類の「ゴム製・プラスチック製履物・同附属品製造業」に相当し，以下では「履物製造」と略記する．なお，この類型は中分類ではゴム製造に属するため，本章での集計にあたっては，ゴム製造は履物製造を除いた事業所数となる．

(91) 『在日韓国人名録』に多数の記載がある「製鋼原料卸」は，産業小分類でいうと「鉄鋼製品卸売業」に相当する．しかし，既存研究での指摘もふまえれば，実態としては「再生資源卸売業」，いわゆるスクラップ業に相当すると考えられる．なお，いずれも中分類の「建築材料，鉱物・金属材料等卸売業」（以下では「金属材料卸」と略記）に含まれる．

(92) なお，産業分類は2013年時点のものを基準とする．

食業や生活サービス業に関しては，事業所とは別の場所に店舗・支店が置かれている場合にその分布を捉えることは難しい．このように，資料面でいくつかの制約があることは否めないが，いずれの資料も網羅的にデータが整理されていることから，公的統計が皆無といえる状況では最も信頼性の高いデータソースだといえる．

次に，分析の観点との関連で，1980年代以降の在日朝鮮人の就業上の特徴とその背景について概観しておく．韓（2010）の分析によれば，1973年のオイルショック以降，次第に製造業の衰退とサービス業の成長が進んだ点が指摘されている．この背景として，既存研究ではエスニック集団の内外に関わるいくつかの要因が挙げられてきた．エスニック集団内に関しては，学歴の向上といった人的資本の蓄積（成田 2005: 185）や，求職におけるエスニック・ネットワークへの依存度合の弱化（李 2002）の影響が指摘されている．実際，国勢調査のオーダーメード集計を用いた髙谷ほか（2015）の分析でも，若年層における製造業従事者比率の低下傾向や，学歴と職業階層とのギャップが縮小したことが示されている．特にこのギャップについては，欧米のエスニック経済に関する議論でも，特定の業種における起業の主因とされてきた（樋口 2012）．加えて，集住地区との関連では，成田（2005: 198-203）が集住地区の内外で職種（ホワイトカラーとブルーカラー）の構成割合や所得，および年齢階層が有意に異なるという興味深い知見を呈示している．

一方，エスニック集団外の要因としては，産業構造の転換が，集積の顕著な一部の製造業に特に大きく影響した点が指摘されている．たとえば，大阪市生野区における履物製造の場合，低コストでの生産だけでなく，工程間分業の発達に起因する女性向けの多品種製造が可能であったという強みがあった（福原 1994; 庄谷・中山 1997）．しかし，次第に元請けからの単価切り下げ圧力によって廃業が増加するとともに，さらなる労賃の低下を企図して韓国人ニューカマーを導入する事業所も存在した（青木 2007）．加えて，神戸市の履物産業に焦点を当てた山本（2002）は，同様の状況下で事業所間の取引におけるエスニック・ネットワークの重要性が低下していったことを明らかにしている．

以上をふまえると，具体的な分析に際しては，人的資本と就業構造や産業構造の転換との関係が，広範囲でみたエスニック事業所の分布上の特性とどのように関連しているか，そして，それが集住地区の内外で異なった様相を呈しているか等を念頭に置くべきといえよう．加えて本章では，従前の分析で十分把握できていなかった，地縁といったエスニック・ネットワークの内実にも着目する．

3．1980年の在日朝鮮人事業所の分布

はじめに，『在日韓国人名録』に含まれる事業所の集計をもとに，産業もしくは業種の構成に関する特徴を確認しておく．表VI－1から産業大分類での構成割合の特徴をみると，製造業が54.3％と過半数にのぼり，卸売・小売業の14.4％，建設業の9.5％が続く．中分類・小分類での特徴として，製造業のうちプラスチック・金属がいずれも全体の10％以上を占め，繊維・履物・皮革なども目立つ．製造業以外でも，卸売・小売業の金属材料卸の割合が6.4％を占めている点も注目される．これらの業種は，既存研究で在日朝鮮人に特徴的とされてきたものと概ね合致している(93)．

事業所の分布傾向のうち，特に集住地区(94)への立地の多寡という点に関しては，産業・業種別に際立った差異が見出せる．産業大分類ごとでは製造業の半数以上が集住地区内に立地し，宿泊・飲食業が約3分の1でこれに次ぐ．反面，建設業・不動産業・生活サービス業では集住地区内に立地する割合は小さく，特に建設業に関してはその割合は6.8％にすぎない．中・小分類レベルでみれば，製造業の中でも違いがあり，プラスチック・ゴム・履物に関してはいずれも60％以上の事業所が集住地区内に立地している．

以下では，こうした産業もしくは業種別の分布傾向の違いを実際に地図化し

(93) 時期・対象地域は異なるが，V章で言及した1985年国勢調査の大阪府における外国人就業者の統計から事業主の「役員」「雇人のある事業主」「雇人のない事業主」を合算した値を業種別にみると，建設業10.5％，製造業38.7％，卸売・小売業32.7％，サービス業10.4％となっている．後述する製造業の衰退も勘案すれば，『在日韓国人名録』から得られた結果は全体的な傾向とほぼ同一である．

(94) 本章では，III章と同様の基準を用い，1980年国勢調査の国勢統計区別集計でオッズ比5.0以上の統計区を集住地区と設定する．

表VI－1　在日朝鮮人事業所の業種別構成と集住地区への立地（1980年）

業種 （括弧内は延べ立地数）	業種別の構成割合（%）	集住地区内の事業所数 ［各業種の延べ立地数に占める割合,%］
大分類		
建設業（177）	9.5	12　［ 6.8］
製造業（1,009）	54.3	510　［50.5］
卸売・小売業（271）	14.4	72　［26.6］
金融・保険業（19）	1.0	4　［21.1］
不動産業（97）	4.8	16　［16.5］
宿泊・飲食業（142）	7.3	48　［33.8］
生活サービス業（92）	4.4	11　［12.0］
その他（87）	4.3	17　［19.5］
中・小分類（再掲）		
製造業		
繊維（106）	5.7	33　［31.1］
プラスチック（212）	11.4	133　［62.7］
ゴム（46）	2.5	33　［71.7］
履物（85）	4.6	69　［81.2］
皮革（81）	4.4	34　［42.0］
金属（211）	11.4	89　［42.2］
その他（268）	14.3	119　［44.4］
卸売・小売業		
金属材料卸（119）	6.4	24　［20.2］
その他（152）	8.0	24　［15.8］
生活サービス業		
遊技場（60）	2.8	5　［ 8.3］
その他（32）	1.6	12　［37.5］
合計（1,894）	100.0	690　［36.4］

典拠）『在日韓国人名録』より筆者作成．

注）業種別の構成割合は，複数業種を挙げた事業所を按分した上で算出している．業種名に付記した延べ立地数は，複数業種についてはいずれについてもカウントしているため，その合計は全事業所数（1,851）と一致しない．中・小分類の「ゴム」には「履物」を含まない．

て確かめたい[95]．その際，事業所同士の近接性を把握する目安として，最近隣測度[96]の値も参考にする．まず，製造業のうち，最近隣測度が最も低かったゴム・履物・皮革の3業種の分布を図VI－1でみると，特に履物に関しては生野区に顕著に偏在していることが看取できる．一方，ゴムと皮革の事業所は履物よりは広範囲に分布しているが，ゴムについては生野区に，皮革については西成区の集住地区とその周辺に多い．なお，西成区内に位置する皮革の36事業所のうち，製靴業が34とそのほとんどを占める．

他の製造業の業種についていえば，繊維製造はこれら3業種に比べるとやや分散立地の傾向にあるが，それでも集住地区内への偏在もある程度見受けられる（図VI－1a）．表VI－1からも推測される通り，事業所数の多いプラスチックと金属を比べると，集住地区内の立地数が多い前者でより偏在の度合は高いが，金属も集住地区とその周辺に多く分布していることがわかる（図VI－1c・d）．

一方，在日朝鮮人に特有の産業・業種とされてきた建設業と金属材料卸については，図VI－2に示すように，製造業に比べ分散の度合が強い．建設業については，特定の地域への偏在とまではいえないが，他の産業・業種と比較すると大阪市の西部（特に西淀川区と港区）にやや多く立地する傾向が認められる．このほか，不動産業，宿泊・飲食業，遊技場のいずれも，製造業に比べると相対的に分散しているといえる（図VI－2b・c）．ただし，宿泊・飲食業（そのほとんどが飲食業）については，集住地区内に位置するものも少なくない．

以上の検討からは，事業所数の多い業種に関して，偏在の度合が強く集住地区への立地数が多い製造業，これに次いで集住地区に立地する割合が大きい宿泊・飲食業，そして相対的に分散して立地するそれ以外の産業・業種（特に建設業および金属材料卸）という区分が可能である．こうした分布上の差異は，既

(95)　金属材料卸が約半数を占める卸売・小売業については，分布パターンが金属材料卸とかなり似ているため，地図化は省略する．また，1980年の金融・保険業についても，事業所数が少ないため，図示は割愛する．

(96)　各点の最近隣の点までの距離の平均値を，ランダム分布仮定下での平均値で除した値．この値が0に近づくほど，点分布の凝集の度合が高いと判断され，ランダム分布との比較から有意性の検定も可能である（村山・駒木 2013）．在日朝鮮人事業所の地図化の際には，各業種についてこの値を‘ANN’（Average Nearest Neighbor）として付記している．本書で対象とした業種別のデータでは，1997年の金属材料卸を除き，全て1%水準で有意であった．

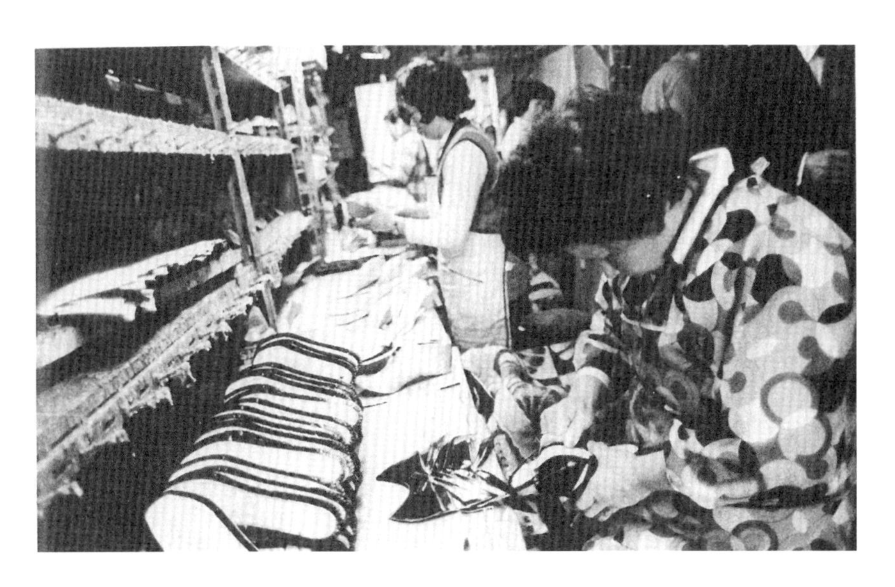

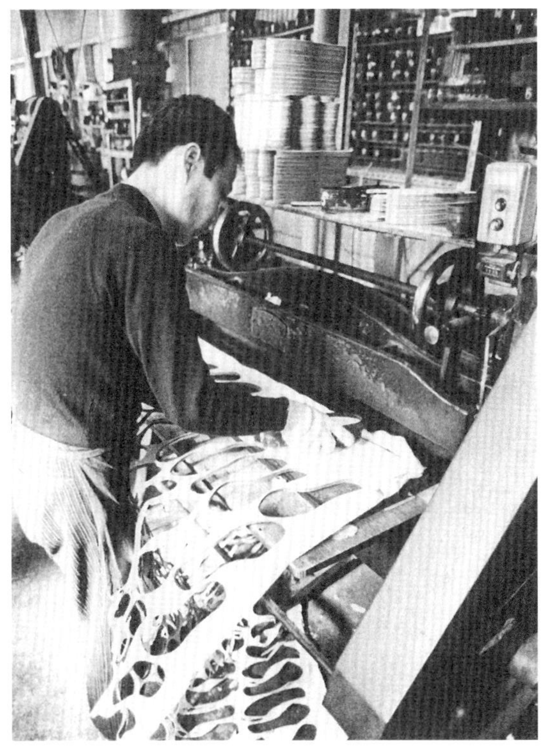

ヘップサンダルの工程と
そこで働く人々

在日朝鮮人の代名詞とも呼べるサンダル製造業．工程が細分化され，それら工程間の密なリンケージの形成は，デザインの流行に応じた多品種少量生産を可能にした．ビニールの甲皮を張る工程には女性が多く従事した（写真・上）．自宅の1階が作業場として利用されることも多く，就業の場と居住の場は文字通り近接していた（『季刊三千里』18号，1979年．撮影者情報を探しています．ご存知の方は京都大学学術出版会までご連絡下さい）．

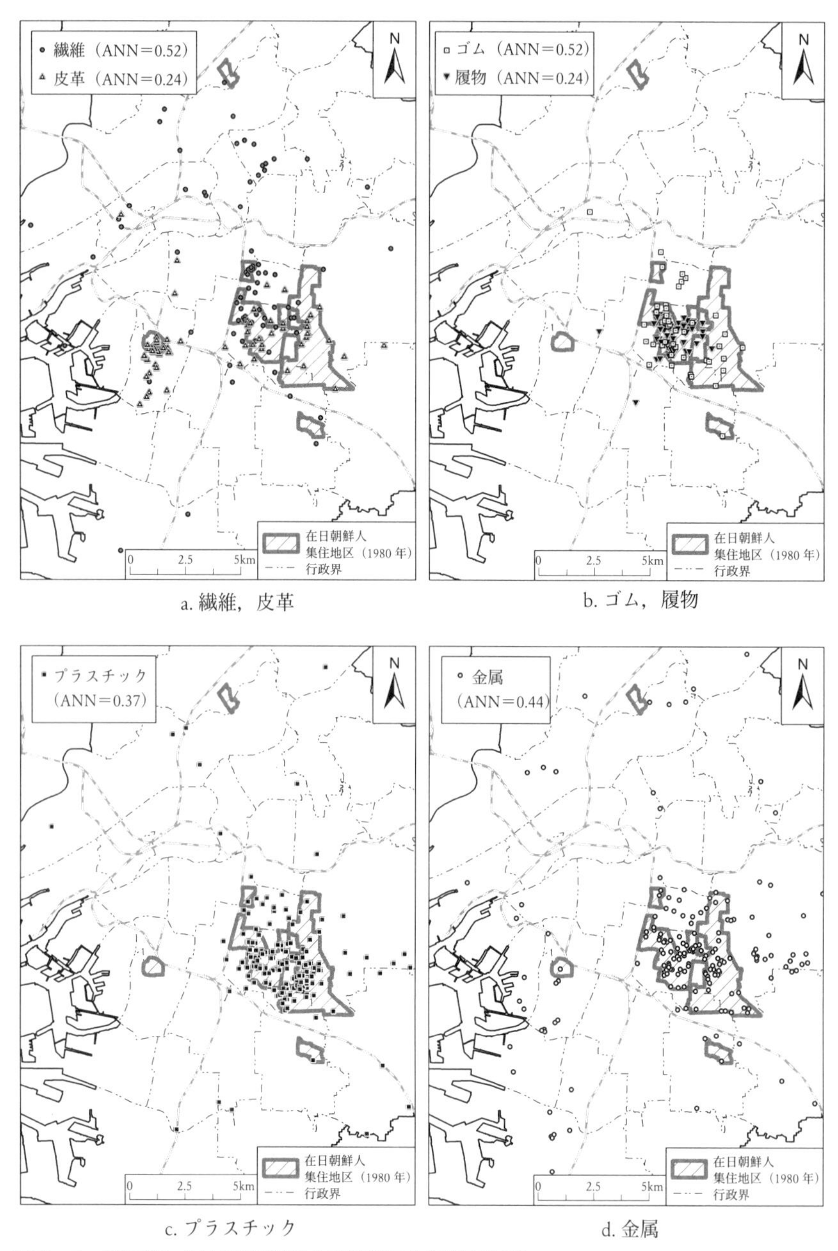

図VI－1　製造業における在日朝鮮人事業所の分布（1980年）

典拠）『在日韓国人名録』より作成.

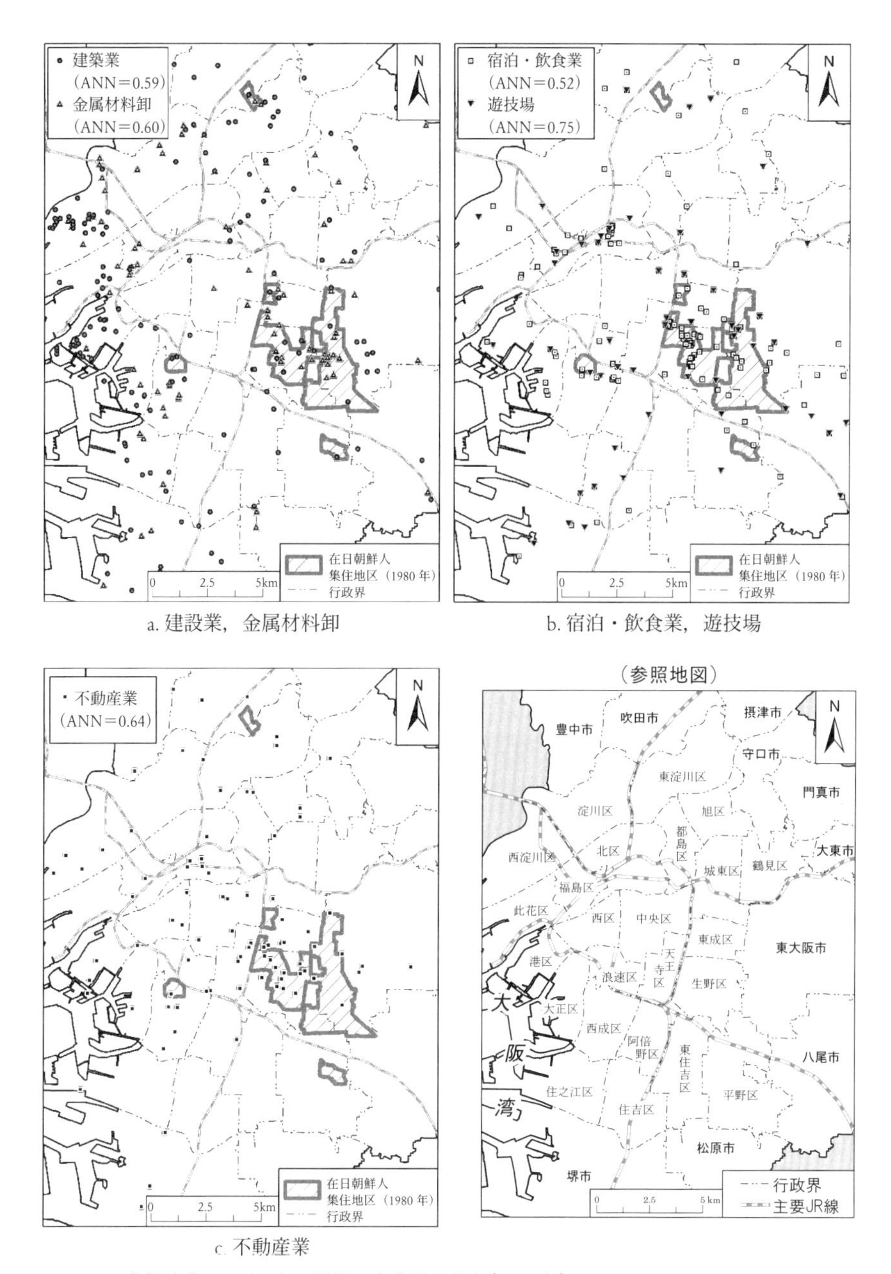

図Ⅵ－2　非製造業における在日朝鮮人事業所の分布（1980年）

典拠）『在日韓国人名録』より作成.

存研究をふまえると，各産業・業種の特性の違いに由来している部分が大きいと解釈できる．

すなわち，まず製造業についていえば，前章でも触れた履物や皮革（製靴）などでは，需要変動の大きさに対応した工程間分業の発達と，事業所間の密なリンケージの形成が指摘されている．これらの特徴は，アパレルやファッション産業など，時宜に応じた生産調整が求められ，取引機会の多さから集積する傾向が強い産業にみられるものである．また，曺・金（2011）によれば，履物製造ではビニールの甲皮が用いられ，在日朝鮮人事業所からの供給が多かった．図VI－1に示したプラスチック製造業者の中には，ビニール製造業者も一定数含まれており，他業種とのリンケージの存在がこの業種の偏在を強めている部分がある．また，ゴム製造については戦前から生野区で盛んだったほか（杉原 1998），西成区では被差別部落の代表的な産業である皮革への参入が同じく戦前からみられた（福原 1994; 河 1997）．こうした歴史的な経緯も，製造業の集住地区内での分布と関連しているといえる．

次に，製造業以外の産業について，建設業では「土木建築請負業」と記載のある事業所が多く，また臨海部にやや多く分布している点が注目される．業種の特性からしても，事業所での生産活動というよりは，請負に応じて労働者を建設現場等へ送出する形態が多くを占めていた．港湾部では荷役などの港湾労働に関わる事業所に在日朝鮮人経営者が一定数おり（原口 2016），日雇い労働市場を抱える釜ヶ崎（西成区）にもこれらの建設業経営者が労働者募集を目的に出入りしていたという指摘もある（青木 2000）．労働力の融通などの形で事業所間の取引関係が生じることはあり得るが，少なくとも製造業に比べて事業所同士の近接立地の必要性は低く，それゆえ相対的に分散した分布になっていると判断される．

一方，金属材料卸については，戦後のバラック街など不安定な居住地でしばしば見られた業種であり，在日朝鮮人も多く従事していた（本岡 2019）．水内ほか（2008）によれば，大阪では戦災の影響もあってインナーシティを中心に多数の「不良住宅地区」が形成されており，そこでは「バタヤ」（廃品回収業）が主たる生業の1つとなっていた．図VI－2に示した金属材料卸の分布がどの程度「不良住宅地区」と重複するかは定かでないが，こうした戦後の状況が反映されている部分が少なからずあるといえる．なお，金属材料卸は，戦後の高度経済成長期には既に斜陽化しつつある産業であった（徐 1972）．

これら以外の産業・業種のうち，宿泊・飲食業に関していえば，集住地区内に位置するものも少なくない．欧米の既存研究でも指摘されるように，エスニック経済における飲食業は，エスニック集団内のニーズに対応して現出するともに，集団外の顧客をターゲットとし広範に展開しやすい代表的な業種でもある（Kesteloot and Mistiaen 1997）．図VI－2で宿泊・飲食業の分布をみると，鉄道ターミナル駅の近隣に立地するものも見受けられ，こうした特性の表れとみなせる．また，遊技場については，エスニック集団外の顧客を対象としているほか，業種の特性として競合を避けるために分散して立地した可能性が考えられる．

以上に挙げた産業・業種ごとの差異については，事業所の分布傾向に加え，居住分布との関係，具体的には事業主の職住近接関係の部分でも注目に値する．本章で分析した事業所計1,851のうち，事業所と事業主の住所が一致するものが1,402（75.7%），同一市区内にあるものが213（11.5%），両者を合わせると1,615（87.3%）にもなり，職住近接の傾向は非常に明瞭である．産業・業種別に整理すると，職住の住所が一致，あるいは同一市区内にある事業所の割合は，製造業（92.4%）と建設業（96.0%）で特に高く，卸売・小売業（82.8%，金属材料卸に限れば94.1%），宿泊・飲食業（82.4%）がこれらに続く．反面，金融・保険業（57.9%），不動産業（76.1%），生活サービス業（68.3%）での割合は相対的に小さい．また，集住地区の内外で比較したところ，集住地区内で93.1%，集住地区外で83.7%と若干開きがある．

このような職住近接関係のうち，とりわけ職住一致については，事業所の規模とも関わっている可能性が推察される．たとえば製造業の履物や皮革については，自宅の一部が作業場などとして用いられるケースが多いなど，概して小・零細規模の事業所が多数を占めていた（福原 1994）．また，後述するように特に製造業では家族従事者の割合も大きく，家族経営のような零細規模の場合にも職住一致が多くみられると考えられる．金属材料卸の場合には，仕切場と呼ばれる回収物の置き場を併設し，それが「不良住宅地区」の特徴を成していた（水内ほか 2008）．加えて，集住地区には製造業の事業所が多く立地しており（集住地区内の事業所690のうち510），このことが集住地区で就業地と居住地の空間的重複をより顕著にしたと捉えうる．

以上の分析から，産業・業種別にみた在日朝鮮人事業所の分布の特徴は，以下のようにまとめられる．製造業，とりわけ皮革・履物やプラスチックなどで，近接立地の度合や集住地区に分布する傾向が明瞭であった．これらの業種は，既存研究において，分業を通じた事業所間のリンケージ形成が指摘されていたものでもある．一方，在日朝鮮人に特徴的な業種とされてきた建設業や金属材料卸は，集住地区外に分布する事業所が多く，また事業所の近接立地の度合は顕著でない．サービス業に関していえば，宿泊・飲食業が集住地区内・外の双方に分布しているほかは，不動産業，生活サービス業のいずれも集住地区との関連性は弱い．また，職住近接・職住一致の割合も業種別に異なっており，製造業が多く立地する集住地区ではその割合が集住地区外と比べて高いことも示された．

4．1997年の在日朝鮮人事業所の分布

『在日韓国人会社名鑑』には事業主の居住地の記載はないが，『在日韓国人名録』には掲載されていない事業所の設立年(97)に関する情報が得られる．そこで，前章で述べた1980年との比較も念頭に，全体および設立年ごとの事業所数を，1979年以前と1980～97年の２区分で集計した．産業大分類ごとの構成に関していえば，表VI－2に示したように，製造業が全体の３割以上を占めるが，その割合は1980年と比較すると大きく低下している．中・小分類レベルでの構成割合をみても，製造業のうち繊維・ゴム・履物・皮革・金属においてシェアの低下が著しい．ただし，プラスチックは1997年時点でも事業所数の１割近くを占めている．また，創業年次別に関しては，1980年以降に新たに設立された製造業の事業所の割合は，他産業に比べると相対的に小さい．中でも繊維ほか５つの

(97)　『在日韓国人会社名鑑』では，創業年と設立年の記載が別個に設けられている．法人の場合，設立年は登記がなされた年であり，法人でない場合は創業年と設立年が同一になっている．ここでは，これらのうち設立年の情報を用いる．

表VI－2　在日朝鮮人事業所の業種別・創業年次別の構成と集住地区への立地（1997年）

業種（括弧内は延べ立地数）	業種別の構成割合（%）	集住地区内の事業所数［各業種の延べ立地数に占める割合，%］	創業年次でみた業種別の構成割合（%）	
			1979年以前（722件）	1980～97年（239件）
大分類				
建設業（148）	13.5	7 ［ 4.7］	13.3	14.0
製造業（336）	32.0	146 ［43.5］	38.6	16.3
卸売・小売業（124）	11.2	33 ［26.3］	12.2	9.4
金融・保険業（39）	3.0	3 ［ 7.7］	2.3	5.4
不動産業（176）	13.3	19 ［10.8］	10.6	20.3
宿泊・飲食業（67）	5.7	7 ［10.4］	6.5	3.8
生活サービス業（144）	12.0	12 ［ 8.3］	10.3	14.9
その他（112）	9.2	26 ［23.2］	6.2	15.9
中・小分類（再掲）				
製造業				
繊維（25）	1.9	2 ［ 8.0］	2.8	0.8
プラスチック（101）	9.8	71 ［70.3］	11.5	5.9
ゴム（7）	0.7	6 ［85.7］	0.7	0.4
履物（13）	1.2	12 ［92.3］	1.4	0.8
皮革（21）	1.8	4 ［19.0］	2.4	0.8
金属（78）	1.9	27 ［34.6］	9.7	2.1
その他（91）	8.5	24 ［26.4］	10.2	5.4
卸売・小売業				
金属材料卸（23）	1.9	4 ［17.4］	2.3	0.8
その他（101）	8.6	29 ［28.7］	9.9	8.6
生活サービス業				
遊技場（125）	8.8	11 ［ 8.8］	8.7	12.8
その他（19）	1.4	1 ［ 5.3］	1.6	2.1
合計（1,146）	100.0	253 ［22.1］	100.0	100.0

典拠）『在日韓国人会社名鑑』より筆者作成．
注）「業種別の構成割合」と「創業年次別でみた業種別の構成割合」は，複数業種を挙げた事業所を按分した上で算出している．業種名に付記した延べ立地数は，複数業種についてはいずれについてもカウントしているため，その合計は全事業所数（1,029件）と一致しない．また，中・小分類の「ゴム」には「履物」を含まない．なお，創業年次の記載のない事業所が68件（6.6%）あった．

表VI－3　産業別にみた大阪府における外国人の従業上の地位（1985年・2000年）

	役員・事業主			家族従業者		
	1985年	2000年	増減率(%)	1985年	2000年	増減率(%)
建設業	2,395	3,049	27.3	496	417	−15.9
製造業	8,829	5,639	−36.1	4,764	2,280	−52.1
卸売・小売業	7,476	6,384	−14.6	3,265	2,130	−34.8
金融・保険業	293	245	−16.4	28	29	3.6
不動産業	821	1,096	33.5	93	109	17.2
サービス	2,371	3,324	40.2	533	530	−0.6
その他	648	1,038	60.2	76	109	43.4
合計	22,833	20,775	−9.0	9,258	5,604	−39.5

典拠）各年次の国勢調査より筆者作成.
注）役員・事業主は，国勢調査における「役員」「雇人のある事業主」「雇人のない事業主」の合計.

製造業種では，プラスチックを除き，1997年時点の事業所のほとんどは1979年以前に設立されている.

製造業以外の産業について，建設業は1980年時点と比較して割合に大きな変化はなく，1980年以降に設立された事業所も一定数あることが確認できる．また，表VI－1と表VI－2を比べると，不動産業と生活サービス業のシェアが大きく伸びていることも注目されよう．生活サービス業の割合が高まっているのは，遊技場による部分が大きい．不動産業・生活サービス業のいずれも，創業年次でみると1980年以降に設立された事業所が多いことも特徴的である．従って，新規創業の事業所が特定の業種に偏っていることが，1980年時点の業種別構成との差異を生み出した一因だといえる.

本章2節でも言及したように，1980年と1997年の2つの時点の資料から事業所数の増減を単純に論じることはできないが，表VI－3で1985年と2000年の国勢調査をもとに大阪府における役員・事業主の外国人就業者数を比較すると，製造業では−36.1%，卸売・小売業では−14.6%と減少率が非常に高い一方で，建設業・不動産業・サービス業では増加している(98)．従って，2時点間の割合の

(98)　1985年は外国人全体の集計しか得られないが，2000年のデータは主要国籍別のものも公開

変化には，こうした産業ごとの事業所の増減が相当程度反映されているといえる．また，2時点の資料を姓名・屋号でマッチングしたところ，218件の重複が確認でき，うち29件で事業内容の変化・追加がみられた．転換前の産業・業種で多いのが製造業の6件と建設業の8件で，転換後については不動産業が11件，遊技場が12件になる．このような，製造業を中心とする事業所数の減少，および不動産業・遊技場の転業を含む増加は，韓（2010）による近畿圏全体の分析結果とも概ね符合する．ただし，プラスチックのように，製造業の中でも減少傾向が一様に現れているわけではない点には注意したい(99)．

続いて，前節と同様の手順で，表VI－1と表VI－2をもとに産業・業種ごとの分布傾向の変化について整理しておく．製造業事業所のうち集住地区内に立地する割合は43.5％であり，1980年の50.5％よりやや低下したとはいえ他の産業よりも大きい．ただし業種別にみると，プラスチック・ゴム・履物など1980年時点より割合が高まった業種がある一方で，皮革や繊維では割合が低下し，特に繊維では31.1％から8.0％へと急減している．他の産業に関しては，金融・保険業や宿泊・飲食業で集住地区内に立地する事業所の割合が低下したほかは，1980年と比較してそれほど極端な変化はみられない．

これらの結果をふまえ，個別の業種ごとに分布の特徴と1980年からの変化を検討する．まず，製造業のうち，繊維・ゴム・履物・皮革の分布を図VI－3に示した．これによると，ゴム・履物は生野区への偏在が明瞭であり，皮革は，生野区とその周辺市区に及ぶ集住地区ではあまり見られなくなったものの，西成区における集中は引き続き目立っている．プラスチックと金属については，前者が生野区の集住地区とその周辺に多く存在するのに対し，後者はやや分散的である．最近隣測度をみても，分布傾向という点でゴム・履物・皮革・プラスチック・金属の各業種にはそれほど極端な変化があったわけではない．ただし，繊維はこれらと異なり，集住地区やその周辺にみられた事業所の偏在がほとん

されている．表VI－3の2000年の値に占める「韓国・朝鮮」籍の割合は，「役員・事業主」では90.1％，「家族従業者」では91.1％になる．

(99) その一因として，韓（2010: 59）は，プラスチック製造では他の製造業の業種に比べて平均的な有形固定資産額が大きいことを挙げている．換言すれば，設備等への投資が大きく，事業規模も他の製造業種に比べ相対的に大きかった可能性がある．

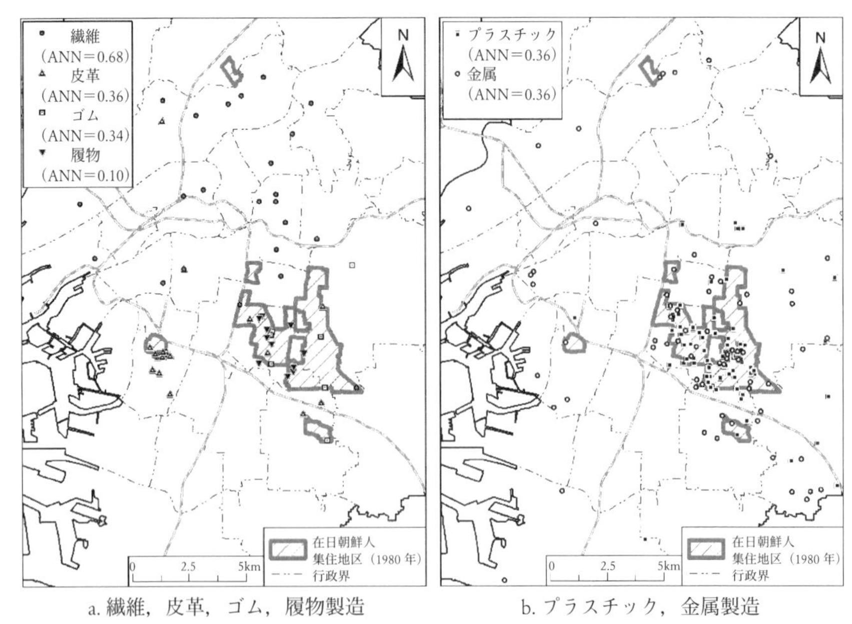

a. 繊維，皮革，ゴム，履物製造　　b. プラスチック，金属製造

図Ⅵ－3　製造業における在日朝鮮人事業所の分布（1997年）

典拠)『在日韓国人会社名鑑』より作成.

どみられなくなった.

次に，製造業以外の産業・業種に関して，在日朝鮮人に多いとされてきた建設業および金属材料卸の分布は，1980年時点と近似した傾向を示している（図Ⅵ－4a). すなわち，建設業については，集住地区外に多く分布するとともに，大阪市西部の西淀川区・港区に事業所の集中がみられる. 金属材料卸は，事業所数の減少もあり，分布に何らかの偏りを見出すことは難しく，最近隣測度も1を上回っている. また，宿泊・飲食業や遊技場といったサービス業の分布も，やはり偏在というより分散している印象の方が強い（図Ⅵ－4b・c). もともとこれらの業種では，1980年時点でも宿泊・飲食業を除けば集住地区ないしその周辺での集中は顕著ではなかった. 遊技場は事業所数自体が大きく増加しているが，一部のターミナル駅周辺を除き，近接して立地する度合は低い. これらに対し，シェアを伸ばした不動産業に関しては，集住地区への立地数が少ないことに加え，都心部（北区・西区・中央区）と隣接する浪速区・天王寺区に事業所

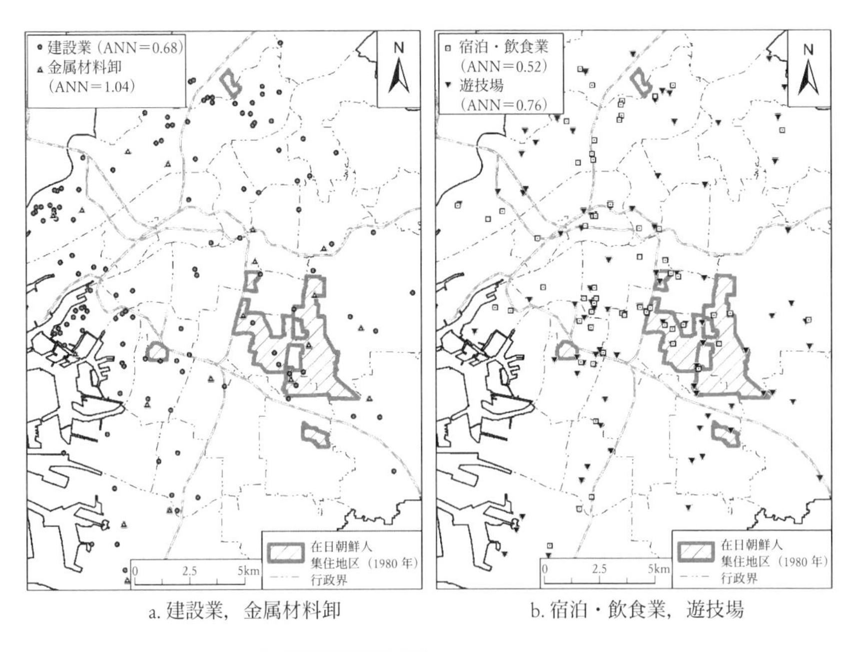

a. 建設業，金属材料卸　　b. 宿泊・飲食業，遊技場

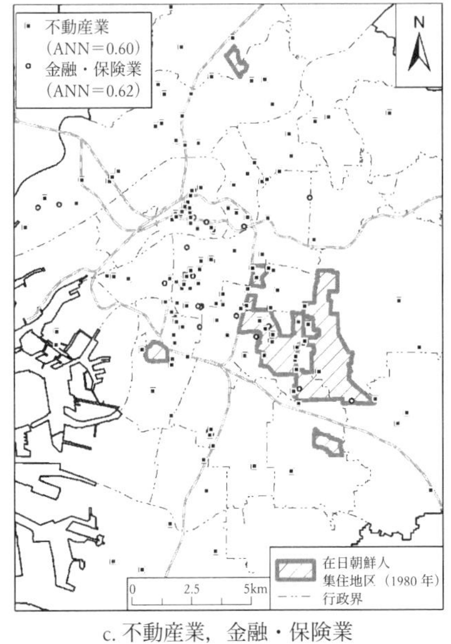

c. 不動産業，金融・保険業

図VI－4　非製造業における在日朝鮮人事業所の分布（1997年）

典拠）『在日韓国人会社名鑑』より作成．

の集中がみられる点が特徴的である．この点は，金融・保険業では一層明瞭であり，これらの業種はホスト社会の事業所とさほど変わらない立地志向を示していると考えられる．

以上の検討をふまえると，1980年と比較して，産業・業種ごとにみた分布傾向自体に大きな差異は認められないものの，業種別の構成割合が変化したことによって在日朝鮮人事業所の偏在の程度は弱化した．実際，1980年より前に設立された事業所では732のうち176（24.0%）が集住地区内に立地しているが，1980年時点の36.4%と比べ割合は低下している．また，1980年以降に新規設立された事業所241のうち，集住地区内にあるものは51（21.2%）にとどまる．従って，1980年から1997年にかけての在日朝鮮人事業所の分布の変化には，集住地区内における従前の事業所の減少や，新規に設立された事業所が集住地区外に多く立地したことが影響しているといえる．

本節での分析をまとめると，全体的には，製造業および金属材料卸の割合が低下する一方で，不動産業や金融保険業，生活サービス業の伸長がみられ，こうした趨勢は既存研究の指摘と概ね一致する．ただし，製造業の中でもプラスチックについては全事業所数に占める割合に大きな変化はなく，また集住地区における集中も顕著なまま残存している．また，業種別にみたところ，繊維を除き，集住地区内外への立地および事業所同士の近接性という点で，1980年と1997年の分布傾向には大きな変化はみられなかった．換言すれば，個別の業種の分布傾向は業種ごとの特性の違いによって説明できる部分が大きい．その中で，1980年時点で全事業所の半数以上を占めていた製造業，中でも集住地区とその周辺に偏在していた業種の割合の低下が目立っており，全体としての在日朝鮮人事業所の分布は偏在の程度を弱めたといえる．

5．エスニック経済の特性と集住地区との関係

本節では，前節までに示した在日朝鮮人事業所の分布傾向をふまえ，そのエスニック経済およびエンクレイブ経済としての特性を整理するとともに，対象時期にみられた集住の弱化という居住分布との関係について考察を加えたい．

既述の通り，エスニック経済の基本的特徴であるエスニック集団の起業ないし自営業への参入には，エスニック集団内外の諸要因が関わっている．人的資本と社会階層のギャップについては，前述の髙谷ほか（2015）らが，1980年の国勢調査に基づく全国スケールの分析から日本人と比べて高学歴層での自営業者比率が大幅に高いことを示している．事実，1980年の『在日韓国人名録』に含まれる事業主の学歴に関する記載（1,600件）を整理したところ[(100)]，小学校・中学校629人（39.3%），高校506人（31.6%），短大・専門学校105人（6.6%），大学・大学院360人（22.5%）と，高等教育に進学した者の割合が大きく，製造業に限っても短大・専門学校以上の学歴を有する事業主は869人中207人（23.8%）と４分の１近くに及ぶ．また，戦後の学制を経験したと考えられる1935年以降生まれでは，短大・専門学校以上の学歴を持つ者は554人中197人（35.6%）と３分の１以上にのぼる．このことは，本章の対象スケールでも，高い人的資本にもかかわらず，主として小規模の自営業に従事した在日朝鮮人が相当数いたことを示唆する．在日朝鮮人にとって，人的資本と職業階層のこうしたズレを生み出していた最大の要因とは，戦後日本社会の労働市場における就職差別の存在にほかならない．

一方で，特定の業種への在日朝鮮人事業者の集中は，エスニック・ネットワークに由来している部分が大きいことも繰り返し指摘されてきた．しかしながら，多くの既存研究ではその機能が在日朝鮮人全体として捉えられており，戦前からの移住過程で重要な役割を果たしてきた地縁レベルのネットワークは看過されがちである．幸い，『在日韓国人名録』には特別市・道・郡別の本籍地の情報が含まれており，地縁の把握にとってややスケールは大きいものの，そうしたネットワークの影響を知る手掛かりになる．そこで，1980年のデータをもとに，特別市・道別（事業所数の多い済州島については市・郡別）に業種別の割合を算出し，あわせて特化係数[(101)]が1.5を上回るものを表VI－4に示した．

（100）　旧制の学歴について，旧制小学校・高等小学校は「小学校・中学校」に，旧制中学校は「高校」に，旧制高校・専門学校は「短大・専門学校」に含めて集計している．なお，中退も含めている．

（101）　特化係数は，特定の項目に占める下位集団の構成比が，全集団でみた場合のその項目の構成比に対し，どの程度突出しているかを把握するために用いられる．地図化で用いられる立地係数と算出過程自体は同様で，さしあたり名称の相違と理解しておいて問題ない．具体的には，ある下

表VI－4　業種別・本籍地別にみた在日朝鮮人事業所の構成割合（1980年）

業種	ソウル (30)	釜山 (52)	忠清南道 (35)	全羅南道 (216)	慶尚北道 (319)	慶尚南道 (378)	済州道 (768)	済州道（内訳）		
								済州市 (211)	北済州郡 (293)	南済州郡 (264)
大分類										
建設業	6.7	12.5	14.3	11.6	16.8	15.6	2.1	1.9	2.0	2.3
製造業	30.0	51.9	40.0	45.4	43.6	46.7	68.4	66.8	67.1	71.2
卸売・小売業	16.7	13.5	14.3	18.1	17.3	14.4	8.3	8.1	8.4	8.3
金融・保険業	－	1.9	－	1.9	1.3	1.3	0.7	1.4	0.3	0.4
不動産業	10.0	3.8	8.6	4.6	4.1	4.2	4.0	3.8	4.1	4.2
宿泊・飲食業	－	9.6	5.7	10.2	6.6	6.6	7.4	7.6	8.2	5.9
生活サービス業	20.0	1.9	5.7	3.2	4.6	6.5	3.2	2.7	3.2	3.8
その他	16.7	4.8	11.4	5.1	5.7	4.6	6.0	5.1	6.3	6.6
中・小分類（再掲）										
製造業										
繊維	－	9.6	8.6	2.8	4.4	3.8	8.7	5.7	12.3	7.6
プラスチック	3.3	11.5	11.4	9.3	8.2	9.7	14.9	20.3	11.6	12.8
ゴム	3.3	1.9	8.6	1.9	3.4	3.8	1.9	2.5	1.7	1.4
履物	－	5.8	－	3.2	1.3	0.8	8.6	10.2	8.2	7.1
皮革	－	－	2.9	5.1	3.1	4.0	5.6	4.2	7.5	4.7
金属	6.7	3.8	2.9	11.1	11.9	12.7	11.5	10.6	8.9	16.1
その他	16.7	19.2	5.7	12.0	11.3	11.9	17.3	17.1	16.9	17.8
卸売・小売業										
金属材料卸	6.7	9.6	8.6	10.2	7.6	8.7	1.8	1.7	1.7	1.9
その他	10.0	3.8	5.7	7.9	9.7	5.7	6.5	6.2	6.7	6.6
生活サービス業										
遊技場	13.3	－	2.9	0.9	3.3	4.8	1.7	2.1	1.5	1.4
その他	6.7	1.9	2.9	2.3	1.4	1.7	1.5	2.4	1.7	0.6
合計	100.0	100.0	100.0	100.0	100.0	100.0	100.0	100.0	100.0	100.0

典拠）『在日韓国人名録』より作成．
注）　　　　は特化係数 1.5以上のセル，－は 0件を表す．30件以上の特別市・道・郡のみ取り上げている．表頭の特別市・道・郡の名称に付随する数値は件数を表す．産業中分類・小分類に基づく集計の「ゴム」には「履物」を含まない．

これによると，たとえば建設業で特化係数が1.5を超えている本籍地として，忠清南道・慶尚北道・慶尚南道が挙げられるが，済州道の特化係数は0.22と非常に小さい．反面，製造業では，特化係数が1.5を超える特別市・道はないが，済州道を本籍地とする事業者では７割近くが従事している．しかし，済州道以外を本籍地とするものではこれほど高くはない．中分類・小分類のうち，製造業の業種についてみると，繊維の釜山・北済州郡，プラスチックの済州市，履物の済州道（済州市・北済州郡・南済州郡），皮革の北済州郡で特化係数が1.5を上回っており，本籍地別に業種の偏りを見出すことができる．また，製造業以外でも，金属材料卸の忠清南道・慶尚北道，遊技場のソウル・慶尚南道について特化係数が1.5を超えている．従って，単に在日朝鮮人としてのエスニシティ共有だけでなく，地縁に基づくネットワークを活用した就業機会のマッチングが存在した可能性がうかがえる．ただし，宿泊・飲食業や製造業の金属などでは本籍地別の差異が少なく，エスニック・ネットワークの寄与の程度は産業・業種によって異なっている．

加えて，地縁に代表されるエスニック・ネットワークは，就業のみならず，居住地の集中に対しても機能していた部分があった．断片的ではあるが，たとえば同郷団体の名簿によると，済州道・南済州郡のＡ里出身者とその子孫[102]では53世帯のうち37（69.8％）が，北済州郡のＢ里[103]については85世帯のうち55（64.7％）が，生野区・東成区・平野区・東大阪市にまたがる集住地区に居住していた．地縁の寄与が，就業にとどまらず，就業地と居住地の空間的重複にもみられる一例として注目されよう．

以上から，全体としてみれば，1980年の在日朝鮮人事業所の存在はエスニッ

位集団の従事者が特定の産業に占める割合を，全集団について当該産業の従事者が占める割合で除算することで求められる．1を上回ると相対的に偏っていることを意味する．欧米のエスニック集団の就業に関する事例研究では，偏在の判断基準となる特化係数の値を1.5に設定することが多い．

（102）　1977年発行の『在日本Ａ里親交会　会則会員名簿』（済州大学校・在日済州人研究センター所蔵）による．Ａ里は旧南済州郡の東部に位置するが，個人情報の関係から具体的な里名は伏せている．

（103）　1981年発行の『在日本Ｂ里親睦会　会員名簿』（済州大学校・在日済州人研究センター所蔵）による．Ｂ里は旧北済州郡の東部に位置する．

ク経済の特徴を相当程度備えていたといえる．その中で，特に製造業に関しては，空間的偏在の度合が高いことに加え，表VI－3に示したように家族従業者の多さも際立っている．同胞労働力への依存や事業所の空間的集中は，エンクレイブ経済の定義に合致するといえよう．ここで注目したいのは，こうした空間的集中が集住地区と空間的に重複している点，および，事業所間のリンケージ形成が顕著であると考えられる点である．つまり，この場合のエンクレイブ経済の特徴は，集積という経済地理的要因にも関わっており，かつ，職住一致の割合の大きさゆえに集住地区との結びつきが顕著であったといえる．

では，こうしたエスニック経済およびエンクレイブ経済の特徴は，居住分布形態やその変化とどのような関連性を有していたのであろうか．この点を考える上で重要なのは，在日朝鮮人の事業所が有する雇用機会の提供という機能である．既存研究が示すように，特に労働集約的な製造業においては，継続的な低賃金労働力のニーズが存在していた．在日朝鮮人のエンクレイブ経済に関し，たとえば皮革（製靴）では，高度経済成長期に日本人経営者の廃業と在日朝鮮人事業主の増加が並行して生じたほか（福原 1994），既述の通り，1980年代以降には生野区の履物製造ではニューカマー韓国人の雇用もみられた．これらは，本章１節で触れたニューヨークのアパレル産業の事例のように，エスニック経済の競争力の維持にとって低賃金労働力を含む生産コスト縮減が重要であることを示唆している．

もちろん，集住地区との空間的重複が明瞭でない建設業や金属材料卸も，同じく低廉な労働力を要し，また地縁・血縁によるリクルートの経路も存在した（青木 2000）．しかし，居住分布の変化，とりわけ集住という点では，製造業の方がより大きな影響を及ぼしたと考えられる．前章でも述べたように，1950年代から80年代にかけては，集住地区のある区における在日朝鮮人数とその割合の増大がみられた（東成区を除く）．外国人について社会増減と自然増減を区別するデータは得られないが，それでもエンクレイブ経済の発達に伴う労働力需要が，時にエスニック・ネットワークを介したリクルートを通じ，戦後の集住地区における在日朝鮮人人口の増加の一因になったと考えられる．

しかし，1980年から1997年にかけて，エスニック経済の中でも製造業や金属材料卸などの産業・業種で衰退が顕著となった．ここで注目したいのは，エンクレイブ経済の衰退の影響は，特に小・零細規模の事業所で大きかった点である．1997年の『在日韓国人企業名鑑』で雇用者数の記載のある製造業事業所（197件）をみると，その平均は32.9人，10人以上の雇用者を抱える事業所は150件（76.1％）にのぼる[104]．記載のないものを零細規模と考えても，職住一致の割合が大きく零細規模が大多数であったと考えられる1980年時点と比べ，平均的な事業規模は大きくなったと捉えられる[105]．また，1985年と2000年の国勢調査から大阪府における製造業の外国人就業者を比較しても，「役員」の減少率が19.3％にとどまるのに対し，「雇用者のある事業主」では41.3％，「雇用者のない事業主」は43.7％，「家族従業者」に至っては52.1％もの減少率となる．これらのデータや表VI－3から看取できるように，事業規模の拡大による雇用増やニューカマーの流入は限定的であった[106]．つまるところ，エスニック経済の退潮は，エンクレイブ経済，具体的には集住地区での居住・就業の空間的集中の重複をもたらしていた部分で最も明瞭に現出したといえよう．

従って，1980年代以降，集住地区ではそれ以前に典型的にみられた就業機会が縮小した可能性が大きい．一方，居住分布についていえば，1980年代以降は集住の弱化が生じつつあった．たとえば生野区では，次章で言及するように，1990年代以降になると一定数のニューカマー韓国人の流入がみられたものの，全体として外国人数（主として「韓国・朝鮮」籍数）は減少した[107]．こうした減少には，日本国籍取得（帰化）による影響も考えられるが，Avila-Tapies（1995）も

（104） 集住地区での立地数が多い繊維・ゴム・履物・皮革・プラスチック・金属に限っても，その割合は71.6％と大きい．

（105） 神戸市の在日朝鮮人のケミカルシューズ産業に着目した山本（2002）は，産業の衰退段階時に進んだ技術の蓄積や外部市場の開拓を通じ，事業所の存続が図られたことを示している．本章の事例について，事業所間取引や事業内容についての詳細な情報は得られないが，同様の要因が事業所の存続に寄与した可能性は少なくないと思われる．

（106） ただし，同じく在日朝鮮人に特徴的な産業として知られる神戸市長田区のケミカルシューズ産業では，1980年代以降，難民のベトナム人の雇用が進んだことが指摘されている（戸田 1998）．こうした労働集約的な産業の盛衰を考える際，オールドカマーである在日朝鮮人とニューカマーとの関係は，今後さらに検討される余地があるといえよう．

（107） 国勢調査のデータによれば，ピーク時の1970年と比べ，2000年の「韓国・朝鮮」の外国人数は，生野区で－3,578人（減少率10.1％），東成区で－3,710人（同35.3％），西成区で－1,841人（同24.9％）と大きく減少した．

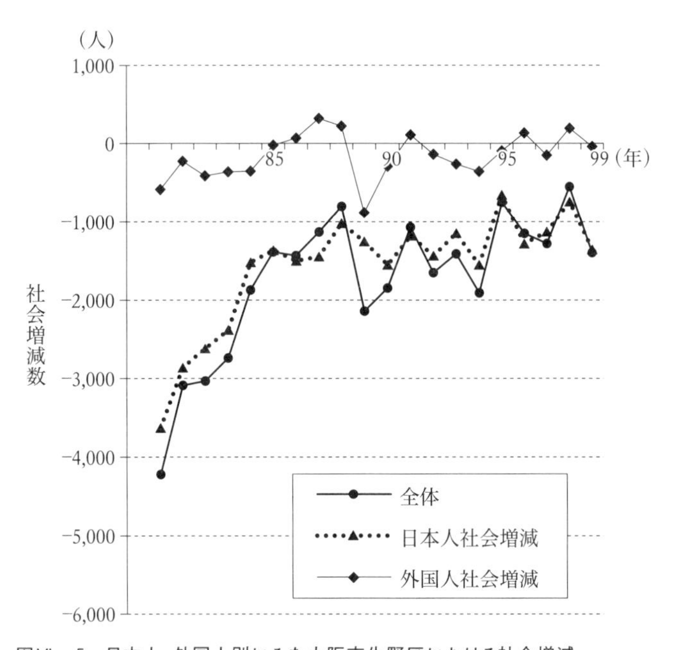

図Ⅵ－5　日本人・外国人別にみた大阪市生野区における社会増減

典拠）各年次の『統計時報』（大阪市計画調整局発行）および『住民基本台帳人口要覧』（国土地理協会発行）より筆者作成．
注）日本人・外国人を合算した転入・転出数から，日本人のみを含んでいた住民基本台帳の転入・転出数を引くことで外国人の社会増減を算出している．

指摘するように，社会減に由来する部分も見逃せない．1980年以降のデータしか得られないが，たとえば最大の集住地区を抱える生野区では，図Ⅵ－5に示したように，1980年代前半から1995年にかけて，日本人と比べれば目立たないとはいえ社会減が確認できる．つまり，エンクレイブ経済の衰退は，1980年代以降の集住の弱化と並行して進んだことがわかる．

このような説明図式は，前出の成田（2005: 200）の分析で示された，集住地区内外の比較においてその外部で相対的にホワイトカラー層や高学歴者が多いという結果とも整合する．残念ながら，現時点では雇用の減少が集住地区からの転出に直接つながったことを裏付ける資料は乏しい．しかし，本章で示したように，エンクレイブ経済の形成や居住地の集中に果たすエスニック・ネットワークの寄与や，製造業での家族従業者を含む労働者の多さなどをふまえると，集住地区の変化に対してエンクレイブ経済の盛衰が一定の影響を及ぼした可能性は高い．この点はエスニック経済の業種ごとの特性だけでなく，その空間的分布の詳細な把握から類推しうることとして特筆できよう．

6．1980年代以降の集住地区における「原風景」の変容

本章では，1980年と1997年の在日朝鮮人事業所の空間的分布をもとに，エスニック経済・エンクレイブ経済としての特性を析出するとともに，1980年代以降の集住の弱化という居住分布の変化との関連を検討した．

1980年の在日朝鮮人事業所の分布と構成についていえば，集住地区では，製造業とりわけ労働集約的工程を特徴とする業種において近接立地の度合が高かった．ここには，事業所間の取引関係といった産業集積の要因も関わっており，また地縁を通じた特定の業種への集中は，起業や労働力確保の面でエスニック・ネットワークの介在を反映していた．これらの事業所の存在は，前章で示した土地取得とは異なった形で，集住地区の存続や地区外からの同胞人口の増加につながったといえる．

一方で，1997年のデータからは，この間に在日朝鮮人事業所の構成がかなりの程度変容し，またプラスチック製造を除く製造業の減少が集住地区内部で顕著に生じたことがわかる．この変化の背景には，人的資本と社会階層のギャップの解消や全般的な製造業の衰退があり，とりわけ製造業における職住一致の小・零細規模の事業所が減少した結果，集住地区では従来みられた雇用機会が縮小し，そのことも集住地区（特に生野区）における在日朝鮮人の社会減につながったと考えられる．

本章で示した，在日朝鮮人の特定業種への集中は，しばしば地場産業として認知されるまでに成長し，都市の，そして日本の経済において不可欠な位置を占めていた．ただし，その競争力は，エスニック・ネットワークに由来する低賃金労働者の確保に由来している部分もあった．生野区のヘップサンダルに代表される諸種の小・零細工業は，戦後の「密航」者の受け皿になっていたし，時代が下ってニューカマーの労働者によっても支えられていた．工程分割に由来

する事業所の近接性は，経済地理的には部品や情報の活発なやり取りの必要性などから生じたものだが，集住地区内を行き交う部品の数々やそこから生まれる社会関係は，長く集住地区の原風景とでも呼べるような生活環境を作り出していた．

むろん，就業上の差別の緩和などにより，人的資本と社会階層のズレが埋まっていったこと自体は，戦前・戦後の歴史を振り返ると好ましい変化だといえる．しかし，都市研究でしばしば指摘されるように，1980年代以降の国際分業に伴う産業の空洞化は，小・零細規模の産業の存立を困難にさせ，集住地区の生活の基盤をも掘り崩すことになった．その後のグローバル化の進展の下，在日朝鮮人もまた都市空間のリストラクチャリングという大きな波から逃れることはできず，上述のような原風景が急速に失われていったことも事実である．だが，グローバル化に伴う国際人口移動の活発化は，集住地区にニューカマーの増加という次なる変化の局面をもたらした．次章にてその実例をみてみよう．

第Ⅶ章

エスニック空間の形成と建造環境の特徴

韓国クラブ街の形成を事例に

大阪市生野区の今里新地の入り口に掲げられたネオン(現在は撤去されている). 1920年代に松島遊郭の移転先となり, 以降, 大阪の代表的な遊興空間の1つとして発展してきた. バブル期以降, 待合がスナックビルやラウンジに建て替えられ, テナントに韓国クラブが増加したことで景観が一変した(著者撮影, 2009年2月).

1．エスニック空間の形成に果たすエスニック資本の役割

戦後の在日朝鮮人の人口は，国籍ベースでみれば約60万人前後で推移し，朝鮮半島から日本への移動は限られたものであった．確かに，1940年代後半から1960年代の「密航」や国際結婚といった形で，大阪の集住地区では韓国からの人口移動が少ないながらも底流としてみられた．しかし，量的にも，都市空間へのインパクトという点でも，1980年代末からのニューカマーの増加がもたらした影響は圧倒的に大きいものであった．

韓国出身のニューカマーの集住地区は，東京・新宿区からも想起できるように，オールドカマーのそれとは様々な点で異なる．つまり，エスニックな食材・レストランや外国語の看板など，言語や文化的シンボルが横溢した景観が形成され，これらによってホスト社会とは異質な空間であることが容易に視認される．もちろん，戦前のオールドカマーも同様に，異なる生活様式や文化を部分的に維持していたし，その集住地区は文化的差異を帯びた空間であった．しかし，Ⅲ章でも述べたように，集住地区は同化・皇民化の対象とみなされ，さらに戦後の在日朝鮮人は諸種の社会的差別の中でエスニシティを潜在化させて生活することを余儀なくされた．加えて，２世・３世の増大とともに，言語や習慣の面で生活上の困難に直面することも（表面上は）少なくなった．もちろん，韓国料理店や物産展など，同胞のニーズに応える，あるいはホスト社会をターゲットとしたビジネスの展開も少なからずみられたが，在日朝鮮人のエスニック経済を特徴づけてきたのはむしろ非エスニック財を扱う業種であった（Ⅵ章参照）．

一方，ニューカマーに関しては，言語に代表される文化的障壁により，集住地区には同胞向けのエスニックな財・サービスを扱う店舗が集中し，さらにそれらが時にホスト社会住民をも顧客として取り込むことで，次第に特徴的なエスニック・タウンを現出させていった．本章では，居住地の集中にとどまらず，このような何らかのエスニックな特徴が景観などに可視的な形で表出した空間を「エスニック空間」と呼ぶことにしよう[108]．

本章で取り組む分析課題は2つある．第1に，エスニック空間の形成を，V章と同じく土地取得に焦点を当てて明らかにする．ただし本章では，土地取得のタイミングや主体だけでなく，そのことを通じた建造環境（built environment）の変容や人口移動との関わりを主たる検討対象とする．ここでいう建造環境とは，単なる特徴的な景観というよりも，マルクス主義的空間論が想定するような，投資などによって生み出される資本蓄積のための建造物（住宅・商業・公共施設など）の集合体を指す．第2は，ニューカマーによるエスニック空間への変容過程を論じる上で，オールドカマーや既存の日本人住民といった複数の主体間の関係に着目することである．

第1の点に関連して，不動産取得に際してのエスニック資本の重要性はV章でも述べたが，ここではそれが国際人口移動と集住地区の形成・変容をつなぐ媒介項として果たす役割に注目したい．たとえばアメリカでは，1970年代以降，大都市の郊外において東アジアからの新規移民の集中が景観の変化を伴う形で顕在化した．Li（2009）は，ロサンゼルスの事例をもとにこの新たなタイプの集住地区をエスノバーブと名付け，その形成の経緯を以下のように説明している．すなわち，中国（台湾・香港を含む）や韓国において高所得の移民予備軍が出現すると，彼ら・彼女らの住宅およびビジネス需要を当て込んだエスニックな不動産デベロッパーが登場し，本国の銀行が積極的に融資を行って移住先の開発が進んだ．このケースでは，移民自身が本国で形成した資産も持ち込まれ，土地・建物の取得が進んでいった．つまり，移民かデベロッパーかを問わず，結果として表出したエスニック空間の形成には，本国からの資本の流入とそれに続く国際人口移動があったことが明らかにされている（Zhou and Lin 2005; Light 2006: 113-127; Li 2009）．

同様の観点からの研究として，サンフランシスコにおける日系アメリカ人のエスニック・タウンと都市再開発の関連を論じた杉浦（2011b）も注目に値する．すなわち，商業活性化を目論んだ再開発公社が，公的資金のみでの計画が頓挫

（108）　なお，「エスニック空間」というとき，可視的・物理的な特徴にとどまらず，メディアなどが果たす表象の役割も看過できない．つまり，仮に特徴的な空間でなかったとしても，そこをエスニシティと関連付ける表象によって「エスニック空間」が立ち現れるのである．詳細は，阿部（2011）の議論を参照．

したために日本の大企業による参画を打診し，日本からの大規模な資金移入が図られた[109]．その結果，新設の商業施設を含む建造環境の変容が生じるとともに，ここでの起業の機会を求めていわゆる「新一世」の日本人が増加したことが指摘されている．さらに，再開発を通じた地価の上昇，あるいは計画に対する既存の日系人コミュニティからの反発なども併せて論じられている．

一方，これらの研究が主として海外からの資本の導入に着目しているのに対し，コミュニティ内部での資本の流動と不動産の取得を分析した研究も挙げられる．その一例が（ホスト社会で形成された）中国系のエスニック金融機関の役割に焦点を当てたLi et al.（2002）であり，インナーシティと郊外のチャイナタウンの比較分析は本章にとっても参考になる部分が多い．前者のチャイナタウンでは，小規模ビジネスの経営者に対して金融機関が賃貸スペースを持つ建物への建て替えを勧めて融資を行い，その結果，建造環境の変容に加えて同胞の人口増大が惹起されたことが示されている．

以上の研究からは，エスニック空間の形成に至る土地・建物取得に際し，①資本（特に金融資本）の由来，②建造環境の変容，③人口移動との関係，④ホスト社会を含む従前の居住者との接点の4点が検討されるべき課題になりうるといえよう．これら4点を統合的に検討することは，新たにニューカマーというアクターが登場し，かつその集住もみられ始めた局面（Ⅲ章参照）を理解する上で有効な枠組みであろう．そこで本章では，具体的な分析対象として大阪市生野区の今里新地を取り上げる．ここは，Ⅲ章で明らかにしたように，1990年代以降に隣接する集住地区において外国人人口が減少する中にあって，ニューカマーの増加が顕著に認められた範囲でもある．今里新地については，既に堀本（2006）が言及しているように，従前は花街だった場所にスナックビル[110]が急増してニューカマーを中心とする韓国クラブ街へと変貌し，さらにその背景には在日朝鮮人による土地取得があった．もちろん，ニューカマーのうち韓国クラ

（109） 当時，サンフランシスコが姉妹都市協定を結んでいた大阪市の市長と商工会議所に働きかけがあり，近鉄が現地法人を設立する形で参入した．

（110） 本章では便宜的に，3階以上の建造物で，専らラウンジ・クラブ・スナック等をテナントとするものを「スナックビル」と定義する．2階以下でこれらの業態を含むものは，「ラウンジ等」と称する．いずれも，夜間の営業を主とし，通常の飲食店とはその性質を異にするものとして位置づけられる．

ブと関連する職業に従事した者は限られるが，上述の４つの観点と在日朝鮮人の土地取得とを総合的に論じられる事例であり，その意味でも着目する意義は大きい．

2．研究対象地域と用いるデータ

a．研究対象地域

本章では，大阪市生野区の新今里地区（新今里１～７丁目から構成）のうち，特に韓国クラブの集中が顕著な３・５丁目界隈を具体的な分析の対象とする（図Ⅶ－1）．この範囲は，1920年代に花街として創設された「今里新地」にほぼ相当する地域である．

前章までの議論で生野区内の集住地区として言及してきた範囲でも，とりわけ旧猪飼野地域は在日朝鮮人の割合が大きく，次章で触れるコリアタウンも位置している（図Ⅶ－1）．その一方で，新今里地区では少なくとも1980年以前は在日朝鮮人の集住傾向は明瞭でなく，また，エスニック・ビジネスの分布もあま

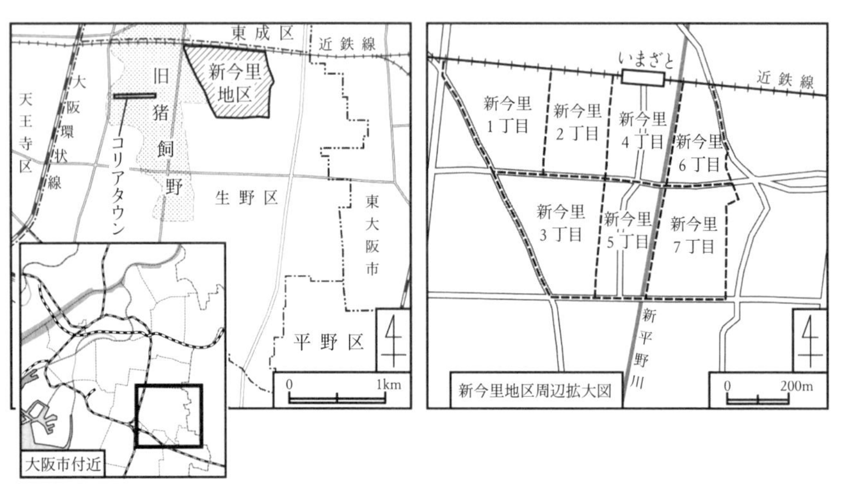

図Ⅶ－1　研究対象地域

表Ⅶ－1　生野区および研究対象地域における外国人数・外国人割合の推移

	外国人数（人）				外国人割合（%）			
	1995	2000	2005	2010	1995	2000	2005	2010
生野区	35,084	32,568	29,312	27,260	23.5	22.8	21.2	20.3
うち新今里地区	1,498	1,737	1,906	2,103	12.7	15.1	16.7	18.6
うち新今里３・５丁目	609	727	777	983	14.3	16.7	18.0	21.9

典拠）各年次の国勢調査より作成．

りみられなかった（Ⅴ章の図Ⅴ－6も参照）．同時期の旧猪飼野地域では，国勢統計区スケールでの「韓国・朝鮮」籍の割合が30〜40%を超え，Ⅴ章・Ⅵ章で示したように製造業を中心に多数のエスニック事業所も集中していたから，新今里地区との違いは際立っている．

しかし1990年代以降の動向として，生野区内全体では外国人人口が減少し（表Ⅶ－1），区内の多くの町丁字で外国人人口が減少して集中の度合の弱化がみられた．これに対し新今里地区では，1995〜2010年の期間に外国人数が40.4%増加し，特に３・５丁目の増加率は61.4%に及び（表Ⅶ－1），外国人割合も上昇の一途をたどっている．これにはニューカマーの流入が大きく影響していると考えられ，その背景には民営の賃貸マンションへの入居があったと推測される（Ⅲ章参照）．後述するように，今里新地には韓国クラブを中心とするエスニックな飲食・サービス業が集中しており，従って対象地域ではニューカマーの居住地・就業地の空間的重複がかなり明瞭に見出せる．

新今里地区，特に今里新地の端緒は1920年代の花街の移転にあり，この経緯については加藤（2005）に詳しい．つまり，この地区は，「花街」という遊興空間，およびそれに付随する諸種のサービス業が隆盛したという歴史を有している．そのため，住工混在が特徴的な生野区内にあって，幹線道路沿いと駅前を除けば唯一，現在でも都市計画法による用途地域指定が「商業地域」となっている．このことは，もともとの花街関連の店舗のみならず，韓国クラブの営業が可能になるという点で見逃せない．というのは，いずれも開業にあたっては「風俗営業等の規制及び業務の適正化等に関する法律」（風営法）に基づく許可が必要で，原則として商業地域でしか営業が認められないからである．

本章の関心は，花街としてスタートしたこの地域における建造環境の変化や土地所有者の変遷にあることから，その変化が見られ始める1960年代以降の時期を分析対象とする．その理由は，後述するように，花街からエスニック空間への変化の端緒が，1958年の売春防止法の施行にあるためである．

b. 用いるデータについて

対象地域における不動産の移転を探るための主要資料として，本章ではV章でも扱った土地登記を利用する．具体的な分析対象区域は，新今里3・5丁目の中でも韓国クラブの入居するビルが集中する8つの街区（約33,000m^2）に限定する．また，所有者のエスニシティの判別についても，V章で説明した方法によっている．なお，法人については，法人登記の役員名簿等に基づいて判別した[(111)]．一方，建造環境の特徴については，住宅地図を活用し，建物の用途や屋号などの情報を検討することで把握したい．

以上はいわば量的・客観的な観点から地域の変化を看取しうるデータであるが，在日朝鮮人とニューカマーの関係，テナントの入居者の特徴，あるいは土地取引に際しての従前の居住者との接点といった側面は明らかにできない．そこで，自治会関係者や不動産業者，ビルオーナー，韓国クラブの従業員への聞き取りから得られたデータも活用する．調査は2014年7月・12月に実施し，同地区での土地売買の全体的傾向や顧客・テナントの特徴などを尋ねた．対象者は，以下の通りである．日本人の自治会関係者2名（A氏：70代・男性，B氏：80代・男性）のうち，A氏は過去に今里新地内で飲食店を経営し，B氏は調査時点においてクリーニング店を営んでいた．いずれのビジネスも花街と関連したサービス業であり，両氏とも新今里地区での居住歴は50年以上になる．在日朝鮮人のビルオーナーC氏（60代・男性）は，製造業のかたわら同地区で韓国クラブの入居するビルを経営している．同じく在日朝鮮人の不動産仲介業D氏（50代・男性）からは，同地区周辺の不動産市場に関する情報を得た．さらに，韓国クラブ従業員のE氏

（111） これらの判断基準を厳格に適用し，在日朝鮮人ないしニューカマーと思われるものでも確証が持てない場合には除外した．そのため，本章の分析・考察は，考えうる最小値に基づくものであることを付言しておく．

（60代・女性），F氏（20代・女性）の両氏には，従業員のリクルート形態や居住地，客層について聞き取りした[112]．これらにより，地域の景観的変化の把握にとどまらず，エスニック空間への変容過程の背景を論ずることが可能となろう．

3．今里新地における土地所有者の変遷と建造環境

本節では，対象地域におけるエスニック空間への変容を，土地所有者と景観の変化の面から把握する．前述したように，具体的な分析の対象時期は1958年の売春防止法の施行以降であるが，そうした変容の歴史的背景を知るために，まず今里新地における花街の形成過程について概観する．次に，1980年代中ごろまでの時期に注目し，土地の所有者移転の経緯と建造環境の変容について述べた後，韓国クラブの増加などエスニックな景観の現出が顕著となる1980年代末から現在に至る状況を検討する．

a．初期の今里新地の特徴

ここでは加藤（2005, 2008）に依拠しつつ，花街の成立と特徴について確認したい．今里新地の花街としての歴史は，1927（昭和2）年末，過密が問題となった松島遊郭（大阪市西区）の移転先として芸妓居住地に指定されたことに端を発する．翌年からデベロッパーである今里土地株式会社による土地取得が行われ，区画整理が進められるとともに，花街を構成する家屋群が建設され始めた．1929（昭和4）年に一部が新地としての営業を開始した後，その規模は拡大を続け，1938（昭和13）年には家屋数約2,000戸，料理屋（実質的には待合茶屋[113]）400軒余，芸妓2,000人以上を抱え，関連するサービス業も多数立地するに至った．今里新地では，調査時点でもわずかながら待合が残っており，看板や灯籠などから往

（112） 聞き取りは，A・C・D氏については経営する事業所において，B氏は喫茶店にて，E・F氏は勤務する韓国クラブ店舗内で，いずれも1対1の形式で，1回当たり約60〜90分間実施した．

（113） 「客が芸妓を呼んで遊興する店」（加藤 2008: ii）を指す．要は客に部屋を貸すことを名目とする営業形態であり，芸妓は検番と呼ばれる仲介施設を経て派遣される．

事の花街の景観をうかがい知ることができる.

戦前の今里新地の範囲は現在の新今里地区の大半を含むものであったが，戦時中の空襲によりその北半分が焼失し，花街を構成する店舗は南側（現在の3・5丁目）に集約されていったとされる．また，戦後はその一部がいわゆる「赤線」と化し，遊郭としての機能も併せ持つようになった.

しかし，1958年の売春防止法の制定以降，遊郭の側面は失われ，本来の花街としての営業（芸妓による接待）へと転換していく．その過程で次第に廃業する店舗が増加したことは後に土地売買が促進される一因となった.

b．1960年代から80年代の動向

次いで，待合の減少が目立ち始める1960年代以降の状況について，韓国クラブの増加以前までの時期に焦点を当てて確認しておきたい．図Ⅶ－2は，風営法の適用を受ける業者数の推移について，生野区の数値を示したものである．先述した通り風営法に基づく営業許可が下りる地域は限定されるため，図中の許可数，特に花街に特化した営業形態である「和風設備」はそのほとんど全てが今里新地内に立地するものとみなしてよい．ここから看取できるように，確か

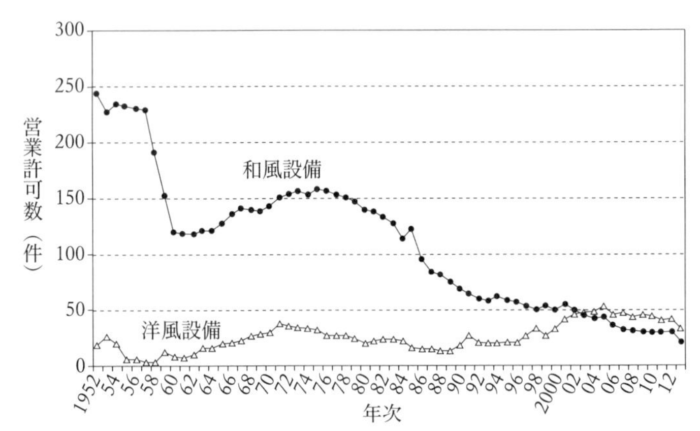

図Ⅶ－2　大阪市生野区における風営法の適用を受ける飲食店店舗数の推移

典拠）各年次の『大阪市統計書』より作成.
注）「和風設備」には待合・料理屋を含む.「洋風設備」にはカフェー・小カフェーを含む.
なお，ここでいうカフェーとは，いわゆる待合カフェーのことである.

今里新地に見られた貸座敷の跡

遊興空間としての新地は，貸座敷（待合）・検番・料理屋といったそれを支える多様な業種の集中によって特徴付けられる．2000年代初頭までは営業する店舗もわずかに残されていたが，いま往時の繁栄を想像することは難しい．廃業後も住居として用いられた貸座敷もあったが，バブル期以降，その一部がラウンジやスナックビルへと変貌し，街の景観を一変させた（加藤政洋「雪洞とハングルのある風景」『大阪春秋』130号，2008年 撮影・提供/加藤政洋氏）．

に売春防止法の施行をきっかけとして待合の数が急減している．しかし，その後，70年代を通じてやや回復傾向にあり，最盛期には及ばないまでも一定の繁栄ぶりがうかがえる．

管見の限り，対象区域の中で初めて在日朝鮮人による土地購入があったのは1959年であった．そこで，土地所有権の移転が顕著になる以前の状態を知る意味で，登記・住宅地図の照合が可能な1962年について検討する．所有者と花街との関連性は登記だけでは判断できないため，住宅地図から待合と判断できるものに加え，『大阪府下新地組合組合員名簿』（1953年発行）と照らし，花街関連の施設や関係者による土地所有状況を把握する．

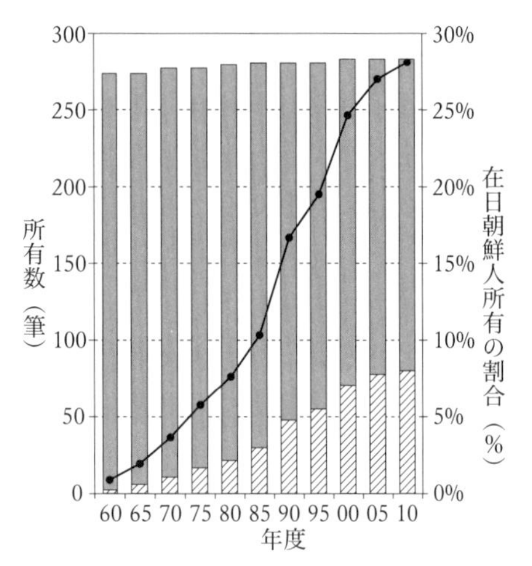

図Ⅶ－3　在日朝鮮人の土地所有数・割合の推移

典拠）土地登記資料より作成．
注）ニューカマーによる土地取得もわずかながらあるが，ここでは便宜的に「在日朝鮮人」に組み入れている．

照合の結果，実際の営業の有無は判別できないが，273筆中少なくとも113筆（37.0％）の土地が花街関係者による所有であることが確認できた．また，住宅地図を見る限り，バーや飲食店といったサービス業が多い反面，住戸は少なく[114]，集合住宅もアパートが2軒あるのみであった．従って，端的にいえば，この時点での遊興空間としての機能や建造環境は，売春防止法の施行以前に比べてそれほど変化していない．

1960年以降の土地所有の変遷をみると（図Ⅶ－3），在日朝鮮人による購入は1985年までは漸増する傾向にあり，1985～2000年の期間にはそれ以前を上回るペースで進んだことがわかる．1962～85年の期間について，所有者の移転（相続除く）が1度でも生じたケースは282筆中145筆（51.4％）と約半数に達し，さ

（114）　ただし，店舗と住宅を兼ねた建物が一定数含まれていたと考えられる．

らに２回以上の移転が52筆（18.4％）あり，かなり活発な取引が生じていた．ただし，145筆中20筆については，住宅地図によれば1985年時点でも待合であったと推測され，業態自体は変化せず新規の開業ないし経営の譲渡があったものと思われる．全体として，1985年には花街関係者による土地所有は63筆（22.3％）まで減少している(115)．土地利用の変化に関していえば，商店や居住者の入れ替わりが散見されるほか，新規建設のマンション（1階が店舗のものも含む）が９軒確認された(116)(図Ⅶ−4)．

本章の主眼の１つである在日朝鮮人の土地取得については，1985年の段階で26筆（9.2％）抽出され，これらのうち従前の所有者が花街関係者であったのは８筆認められた．待合の減少は，それに関連する諸種のサービス業の継続も困難にし，待合以外にも商売を畳んで転居する人々が現れ始めており(117)，花街の縮小傾向が土地売却を促したといえる．購入した土地の建物用途の特徴としては，料亭（3軒），ラウンジ等（4軒），飲食店（7軒），マンション（2軒），一般企業（2軒），不明（6軒）と(118)飲食関連業に集中しており，特に夜間の営業を主体とするものが多い．

景観の変化という面では，数としては少ないが，これらの料亭やクラブの屋号で朝鮮半島の地名が冠されていることが注目される．最初の韓国式の料亭(119)は，1960年代初頭，今里新地に隣接する新今里２丁目で開業した．その後，従業員の中に独立して新地内に開業する者が現れたとされ，土地登記の分析結果ともおおよそ一致する．A氏・B氏への聞き取りによれば，もともと花街の顧客に在日朝鮮人はほとんどいなかったが，こうした料亭の登場とともに近隣の集住地区から来訪する人々が増加したという．従って，既にこの段階で，エス

(115)　A氏への聞き取りによれば，待合を閉業しても住居として居住し続けるケースが一定数あったとされ，実際に営業していたものはさらに少ないと推測される．

(116)　Ⅴ章と同様に，個人特定のリスクを避けるため，以下で示す範囲が実際に新今里地区のどこに位置するかは示さず，地図でも方角は記さないこととする．

(117)　A氏・B氏への聞き取りによる．

(118)　複数の隣接する土地区画を同一の所有者が所有し，建造物がそれらにまたがって造られるケースがあるため，土地の筆数と建物数は一致しない．

(119)　韓国式の芸妓（妓生，キーセン）による酒食の提供や芸の披露が行われており，外観も日本式の待合とはかなり異なるものであった（A氏への聞き取りによる）．

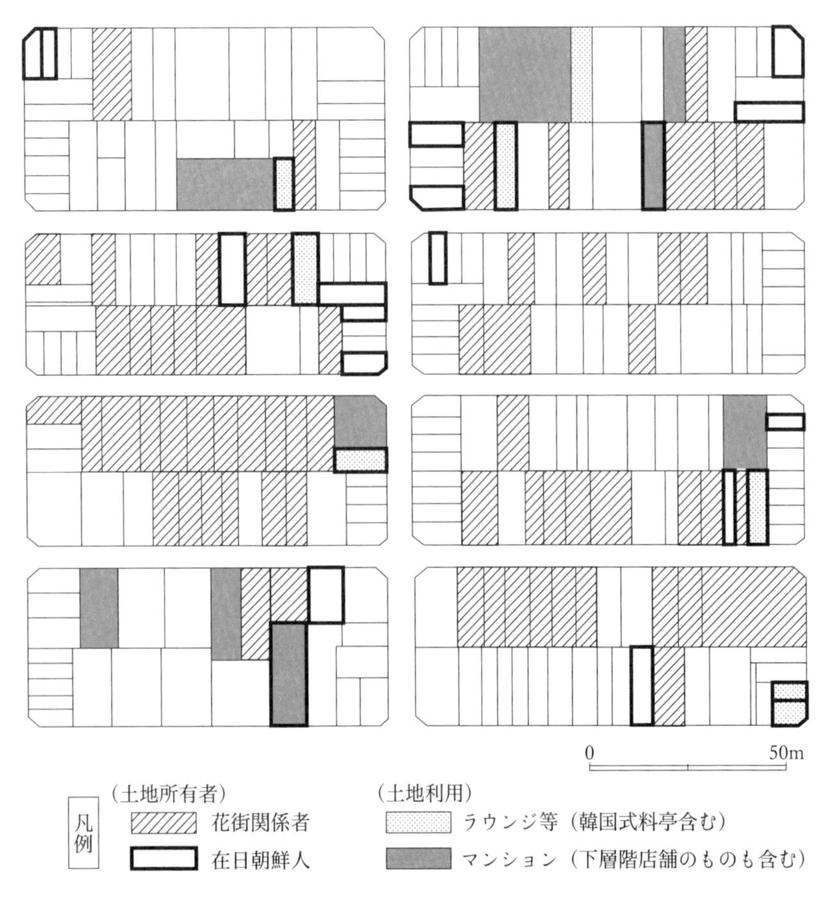

図Ⅶ－4　分析対象街区における土地所有者と土地利用（1985年）

典拠）土地登記資料および住宅地図より作成.
注）土地利用について，飲食店・住居用家屋・その他（不明含む）は省略した.

ニック空間への変容の兆しが見え始めていたといえよう.

また，建造環境の変容に関しては，対象区域内での数としては多くないが，集合住宅の建設という点も見逃せない．1970年代，事業拡大の一環として新今里地区に中層のマンションを建設したC氏によれば，入居者の約半数が在日朝鮮人で占められていたという．その要因として，特定の不動産業者の仲介といった経路ではなく，口コミで入居する者が多いという話も得られた．当時，入居差別もあって在日朝鮮人は民営賃貸住宅への転居が難しく，また制度的に公営住宅からも排除されていた．従って，確固としたデータはないものの，家主が在日朝鮮人である賃貸住宅の存在は，住宅市場で不利を被る同胞に対し，入居しうる数少ない選択肢の１つを提供したのではないだろうか．いずれにせよ，本節で対象とした時期には，エスニック・ビジネスだけでなく，人口構成の面でも変化が見え始めていた可能性が考えられる．

以上の検討から，花街から韓国クラブの集中する地域への変化は，外見上は短期間に生じたようにみえたとしても，その前段階として，花街に関連する店舗の減少があり，在日朝鮮人を顧客とするビジネスの増加が徐々に進んだことを指摘できる．1960年代から80年代半ばまでは，図Ⅶ－4からも看取できるように花街としての特徴も一定程度維持される中で，それと併存する形でエスニックな景観が現出し始めていた．また，元来遊興空間であった今里新地は，店舗・住居が一体となっているケースを除き，居住地としての機能は乏しかった．しかし，マンションの建設に代表されるように，その内部に居住に特化した建物がみられるようになったことも，この時期の変化として挙げられる．

c．1980年代後半以降の韓国クラブ街への変化

続いて，今里新地の景観が大きく変わる時期，特にバブル期以降の具体的な変化についてみていきたい．図Ⅶ－2に示すように，バブル期以降，「和風設備」の店舗は大きく減少したのに対し，韓国クラブも含まれる「洋風設備」についてはやや増加している．ただし後者については，2005年を境にその数を減少させている．従って，韓国クラブ街としての最盛期はこの時期前後にあるといえ，本節では住宅地図との照合が可能な2007年までの期間を中心に検討する．

対象区域では，1986～2007年の間，土地所有権の移転が生じたのが284筆中131筆（46.1％）[120]，２度以上の移転があったのが67筆（23.6％）となっており，土地の売買・転売は引き続き活発であった．なお，花街関係者による所有とみられ

（120）　土地所有権移転の過程で，1つの土地が複数の区画に分割される場合があるため，対象地区内の筆数は若干増加している．

るものは18筆（6.3％）まで減少した．この131筆のうち，少なくとも79筆（27.8％）の所有権移転に在日朝鮮人が関与しており[121]，図Ⅶ－3と合わせて判断すれば，前節の時期と比べて土地取引における彼ら・彼女らのプレゼンスが増したといえる．

2007年の土地所有者・土地利用（図Ⅶ－5）を1985年（図Ⅶ－4）と比較すると，この期間に対象区域の建造物の構成が大きく変わったことが看取できよう．特に，1階を店舗とするものも含めると相当数の賃貸マンションが出現しているほか，1985年以前にはみられなかったスナックビルの立地も確認できる．また，これら以外にも，ラウンジ等の増加も目立っている．

2007年時点で日本人以外の所有とみなせる土地は75筆あり，それらを建物の用途で分類すると，（1階が店舗のものを含む）賃貸マンション10軒，スナックビル14軒，ラウンジ等18軒，（店舗兼住宅を含む）飲食・サービス16軒，その他が9軒であった．さらに，こうした建造環境の変容は，エスニックな景観の登場を伴っていたことも指摘できる．2014年7月に行った現地調査に基づけば，目視でそれと確認できるもの[122]は44軒あり，少なくともそのうち27軒は在日朝鮮人の所有地に位置していた．従って，バブル期以降の在日朝鮮人を中心とする土地購入は，エスニックな景観も付加する形で今里新地の様相を大きく変えていったのである．

このような土地所有権の移転に伴う建造環境の変容は，就業と居住の両面で，ニューカマーの増加に大きく寄与した．つまり，韓国クラブといった飲食業がスナックビルに集中し，そこで働く（女性を中心とする）労働者が増加するとともに，彼ら・彼女らを対象としたエスニック・ビジネスも登場した．具体的には，カラオケ店やレンタルビデオ店，美容院，飲食店などで，外観やサービス内容からニューカマー向けのサービスと判別しうるものがいくつか存在する[123]．

（121）　ここでの「関与」とは，日本人と在日朝鮮人との間に加え（購入・売却の双方を含む），在日朝鮮人間での所有権移転も含む．

（122）　テナントの看板や屋号に韓国の地名やハングル表記が含まれる店舗，および，「韓国風居酒屋」などエスニックな特性を前面に出していると考えられる店舗をカウントした．なお，外観から判断して閉店したと見受けられるものも含めている．

（123）　2000年代後半からは，少ないながらニューカマーと思われる土地取得もみられるようになった．

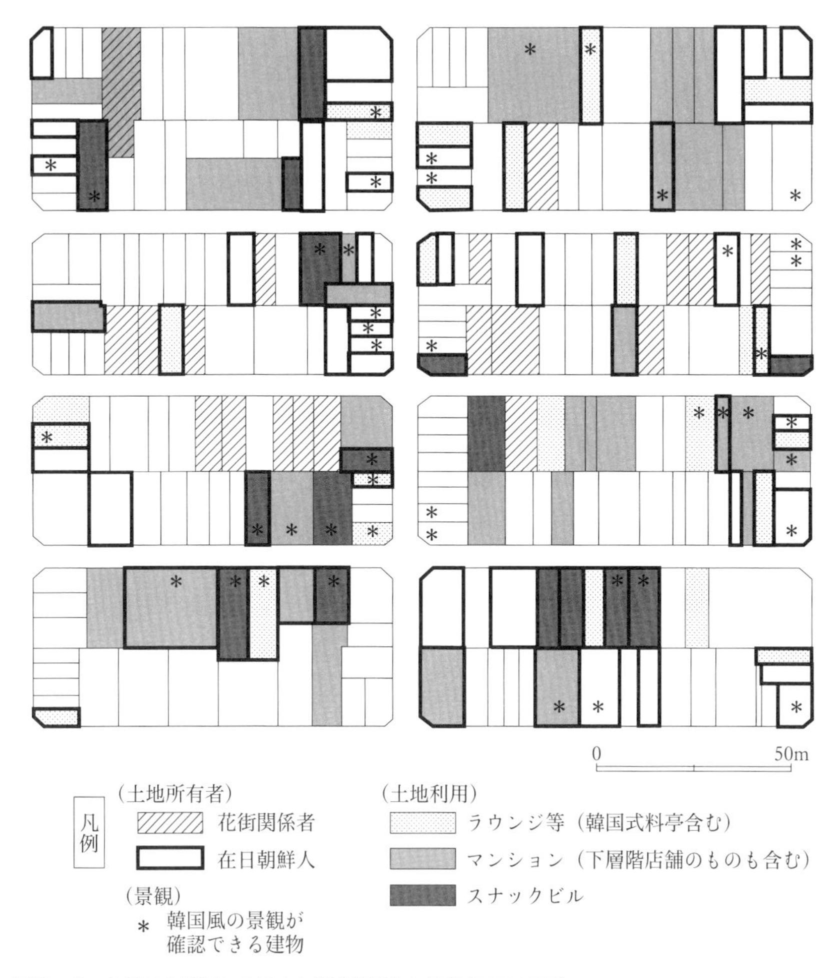

図Ⅶ－5　分析対象街区における土地所有者と土地利用（2007年）

典拠）土地登記資料および住宅地図より作成．
注）土地利用について，飲食店・住居用家屋・その他（不明含む）は省略した．

さらに，外国人人口の増加に関しては，今里新地や周辺での賃貸マンションの存在も見逃せない．今里新地は，元来の遊興空間という特徴のゆえに，待合の転用や店舗兼住宅などを除き，住居に特化した建物自体が少なかった．こうした状況下で在日朝鮮人の所有するマンションが増加したことは，職住近接という利便性に加え，賃貸住宅への入居に際して障壁を経験しやすいニューカマーの集中に寄与したと考えられる．なお，この点については次節で改めて検討する．

以上の記述から，韓国クラブ街への変容と人口構成の変化について，土地所有との関連から一定の整理はできた．では，このような変化が急速に生じた経緯は，具体的にはどのようなものだったのだろうか．堀本（2006）は，衰退傾向にあった花街の関係者を中心に，在日朝鮮人による高値の取引が持ちかけられ，多くの人が売却したことがきっかけになったと述べている．筆者もこの説明に大筋で異論はないが，実際の変化の過程についてはもう少し複雑な事情も絡んでいる．

C氏によれば，自身が1989年にスナックビルを建設したのが今里新地における その嚆矢であり，以降，同様の建造物は急速に増えていった．バブル期には最高額で1坪当たり800万円で取引された物件もあり[124]，たとえば約60m^{2}のクラブ向けテナントの賃料は月額300万円ほどになったが，それでも建設中に借り手が現れるほどの活況を呈したという．初期は，大阪市中心部のキタやミナミの韓国クラブ従業員が独立する形で起業し，その後，今里新地内で同様に独立する者が現れた．今里新地の場合，高い家賃であっても大阪市中心部の繁華街に比べればまだ安価であり，料金を相対的に安く設定できたことが強みの1つでもあった．バブル期のさなか，人気店では週末には客が入りきれないほどだったという．

こうした韓国クラブ街への変容は，元から居住する人々，とりわけ花街の関係者にとっては好ましくないものであった．というのも，町会関係者の回顧録（生野区役所編 2002: 22）でも示されているように，かつての花街は著名な大企業の役員や芸人が出入りするなど，ある種の高級感を備えた遊興空間として知られていたからである．韓国クラブの客層は花街のそれとは異なるため，バブル期に今里新地の客層が一変したことも，待合の減少の一因になった[125]．花街関係者の間では，イメージを守るために在日朝鮮人に売らないという雰囲気も醸

(124)　D氏への聞き取りによる．

(125)　A氏・B氏への聞き取りによる．また，C氏によれば，自身が経営するスナックビルに隣接する待合のオーナーから，道端で睨まれることもあったという．

成されたというが[126]，存外の高値を提示されるケースも多く，結局のところ売却を決断する者を引き留めるのは困難であった．

ただし，花街に由来する土地処分の原因を地価高騰や韓国クラブの増加のみに帰することは早計である．そもそも，大阪市全体でみた場合，風営法に基づく「和風設備」は1985年の1,161軒から2007年の411軒へと急減しており[127]（減少率64.6%），社会における花街という遊興スタイルへの関心が失われつつあった．さらに，今里新地の土地所有の変遷をみると，所有権移転の前段階に，相続が生じているケースが一定数あることが注目される[128]．特に子どもが既に地域外へ転居している場合には，売却に対する心理的なハードルがより低くなると考えられる．従って，花街関係者の高齢化や転出という要因も，在日朝鮮人の土地取得に関して考慮に入れる必要があろう．

本節での検討から，この期間の今里新地におけるエスニック空間は，ホスト社会の住民側の要因，在日朝鮮人の土地取得，ニューカマーの増加という3つの側面が複雑に関連して形成されたといえる．ただし，本節でみたエスニック空間の特徴，特に韓国クラブ街としてのそれは，近年は衰退の局面を迎えつつあることも付言しておく．明瞭な理由は見出せないが，不況の影響もあってか客足が遠のき，調査時点での今里新地のスナックビルには空室が目立つようになった．ごく最近の動向として，韓流ブームの影響もあって韓国ホストクラブの入居も散見されるが[129]，図Ⅶ－2からも示唆される韓国クラブの減少を補填するには至っていない．

---

(126)　A氏への聞き取りによる．ただし，花街に関連する業種の全てが韓国クラブの増加と利害が相反したわけではない．実際A氏の店舗では，一時，仕事帰りのキャストの来店が増加して売り上げ増につながった部分もあったという．

(127)　各年次の『大阪市統計書』による．

(128)　相続から5年以内に在日朝鮮人に売却された事例は21件確認された．

(129)　このことは，女性客の増加というこれまで今里新地にはなかった特徴をもたらした．というのは，花街から韓国クラブ街に至っても，そのサービスを享受するのは専ら男性だったからである．A氏・B氏・C氏・D氏のいずれも指摘しているが，調査時点の有名なエピソードとして，ホストをめぐるトラブルから女性同士が路上で殴り合いをする事件があったといい，ホストクラブの増加がこれまでとは異なる客層を惹きつけている点で興味深い．

4．エスニック空間への変容の背景

a．在日朝鮮人による土地取得の経緯

ここまでの検討から，花街からエスニック空間への変容過程のうち，特に景観に関わる部分と土地の所有権移転との関係を整理できた．しかしながら，なぜ土地購入者の中で在日朝鮮人の割合が高まったのかは明らかにできていない．この点に関しては，購入者の特徴，資金の準備方法，土地の購入に至る経緯，エスニック・ネットワークの役割など，エスニック集団内部に由来する要因の分析も要する．

土地所有者の属性に関していえば，対象区域内における在日朝鮮人の個人・法人による所有権取得は，1962～2007年の間で延べ130件確認でき（差押えに伴う競売を除く），うち24件（18.0%）が法人によるものであった．登記に基づく所有者の所在地情報からは（表Ⅶ－2），土地と同一であったものは全体で4分の1弱程度にとどまり，所有者の過半数は生野区内および隣接市区に所在していることがわかる[130]．つまり，在日朝鮮人による土地取得の相当な割合が，近隣の集住地区の居住者ないし企業によって行われていた．

表Ⅶ－2　在日朝鮮人土地所有者の所在地

	個人所有（%）	法人所有（%）
土地と同一	31 （28.7）	1 （ 4.2）
新今里地区	9 （ 8.3）	3 （12.5）
生野区内	38 （35.2）	8 （33.3）
生野区の隣接市区	20 （18.5）	4 （16.7）
大阪府内	7 （ 6.5）	7 （29.2）
その他	3 （ 2.8）	1 （ 4.2）
合計	108 （100.0）	24 （100.0）

典拠）不動産登記資料より作成．
注）割合については小数第2位で四捨五入しているため合計が100.0%にならない列がある．

聞き取りでは，よくある事例として，旧猪飼野地域で経済的に成功した自営業者の一部が，今里新地でのビル・マンション経営に進出したという示唆もあった[131]．し

（130）「生野区内」「隣接市区」に該当するケースのほとんどが，Ⅲ章で示した集住地区内に含まれている．

（131）A氏への聞き取りによる．筆者も，過去の旧猪飼野地域でのフィールド調査の中で，自営業

かし，自営業者の多くが小・零細規模だったことをふまえると，特にバブル期以降の高騰した土地を自前で購入することは考えにくい．事実，上記の130件のうち，購入時に抵当権が設定されているものは112件（86.2%）に及び，何らかの手段による資金の融通が必要だったことを示唆している．

具体的な資金の由来を探るために，これらの抵当権者の特徴をエスニシティの面で整理すると，日本の銀行・信用金庫・信用保証団体が76件（67.9%），民族金融機関等が36件（32.1%）となった．日本の金融機関に比べれば利用頻度は低いものの，購入後に民族金融機関の抵当が設定されるケースも130件中10件（7.7%）あり，エスニックな金融資本の移入が建造環境の変容に及ぼした影響も看取できる(132)．

ここで，聞き取りから得られた情報として，金融機関の果たした役割が単なる資金提供者にとどまらない点にも注意したい．そもそも，自営業者をはじめとする潜在的な土地購入者が自ら売地を探すことは少なく(133)，実際の売買に至る過程では不動産仲介業者の存在が重要となる．すなわち，売地になりうる物件をリサーチするとともに(134)，購入者を自身の有するネットワークの中で見つけ出し，さらに金融機関や建設業者の紹介なども請け負う．程度の大小は定かではないが，在日朝鮮人による土地取得の背景にはエスニック・ネットワークを通じた取引情報の流通や売り手・買い手のマッチングもあったと推察しうる(135)．

また，不動産仲介業者を通さず，金融機関自体が土地の購入を持ちかけるこ

者から同様の話を聞いた経験がある．

(132) 注85でも述べたように，抵当権者のうち日本の金融機関として計上した「信用保証団体」については，銀行・信金からの紹介で抵当権者になるケースが多い．登記には，紹介元が民族金融機関である旨の記載が2件見られたが，紹介元が明記されている例は少ない．

(133) A氏への聞き取りによる．

(134) 具体的な内容は不明だが，D氏によれば，不動産仲介業者はそうした売地を探し出すためのスキルやネットワークを持っているという．

(135) 登記のみでエスニック・ネットワークの役割を確認するのは難しいが，今里新地では在日朝鮮人間の土地取引も活発で（130件中34件，26.2%），短期間での売買も散見される．実際，今里新地界隈の土地・賃貸物件を仲介しているD氏も，個人的に知己の在日朝鮮人の土地・建物所有者の売却依頼に対し，自身のネットワークを通じて買い手を探して売却を成立させた経験があるという．

ともあった．特にバブル期にはこうした動きが活発であり[136]，その意味で金融機関もまた在日朝鮮人の土地取得過程に能動的に関わるアクターであった．この点については，V章でも指摘したように，民族金融機関は預金獲得競争のため高い金利を設定せざるをえないという背景の下，顧客に対して事業拡大のための融資が積極的に行われ，在日朝鮮人自営業者が本業以外に進出する足がかりとなった（韓 2010）．法人の土地取得については，24件中11件が本業を不動産経営とするもので，ほかに建設業が6件，製造・サービス業が6件あった（不明1件）[137]．また，個人による取得であっても，抵当における債務者が会社名となっているケースが3件見受けられる（いずれも製造・サービス業）ことも勘案すれば，確かに本業以外への進出の一形態として土地取得が行われ，民族金融機関の融資がそれを可能にした部分があった．また，民族金融機関の能動的な関与を示す情報は得られなかったが，購入時の融資のほか，それら金融機関による競売申請が8件確認でき，いずれも在日朝鮮人が購入している．ここからも，土地取得に際してエスニック・ネットワークの介在があった可能性が考えられる．

以上のように，今里新地における建造環境の変容には，土地所有者のみならず，（エスニックなものも含む）金融機関や不動産業者が物件の紹介や資金の融通などの面で重要な役割を果たしており，それらは部分的にはエスニックなつながりに依拠するものであった．そして，ここにニューカマーを主体とする韓国クラブ経営者がテナントとして登場し，特徴的な景観を伴うエスニック空間が形成されたといえる．

ただし，上述したエスニックな金融資本やネットワークそのものが韓国クラブの起業を促進したわけではないことには注意したい．バブル期の今里新地では，賃料が月額数百万円，保証金が1千万円，さらに改装費用まで含めれば開業時に2千万円近くを要した．韓国クラブが開業に至る最も一般的なパターンは，はじめキャストとしてスタートし，顧客の中からこの資金を提供できるス

---

(136)　C氏の事例では，購入を持ちかけてきたのは日本の銀行だった．D氏も，バブル期の今里新地において，金融機関が融資先への物件紹介に躍起になっていた状況があったことを指摘している．

(137)　主たる事業の内容については，法人登記から確認した．

ポンサーが得られた際に独立するというものである．つまり，開業資金は個人によって準備され，エスニックな金融資本が活用される機会は乏しい．また，労働者の募集については，クラブ経営者の韓国内でのネットワークや人材ブローカーに依存しており，その結果，店舗のキャストは同一地域の出身者で占められるケースが多くなるという[138]．

従って，今里新地におけるニューカマーの起業については，資金や労働力の面でオールドカマーのネットワークが援用されることは少なく，両者は家主と店子という関係にとどまる．とはいえ，韓国クラブの顧客としては在日朝鮮人が多いほか，韓国からのキャスト移入にあたってビル家主が近隣に所有するマンションを準備するなど[139]，オールドカマー・ニューカマー間の接点もいくつか見出せる．特に後者の点は，ニューカマーの集住を促進する側面があったという意味で注目されよう．

b．エスニック空間への変容過程の考察

前項までの議論を通じ，今里新地における土地所有者の変遷と建造環境の変容の経緯，在日朝鮮人による土地取得の経緯，そしてその結果としてのエスニック空間の現出の過程を描出してきた．本項では，本章１節に挙げた①資本（特に金融資本）の由来，②建造環境の変容，③人口移動との関係，④ホスト社会を含む従前の住民との接点という４つの観点を意識し，以上の分析で得られた知見を整理しつつ，韓国クラブやニューカマーの集中の背景について考察を加える．

エスニック空間の形成と資本との関係についていえば，エスノバーブを対象とする研究と同様，今里新地はエスニック集団の増加に資本が先行した事例と

(138)　C氏・D氏・E氏・F氏への聞き取りによる．実際，E氏・F氏が勤めるクラブでは，キャストのほとんどが釜山出身者で占められていた．ただし，集客力のあるキャストの引き抜きも行われているといい，リクルート過程の全てが起業者のネットワークや人材ブローカーに依拠しているわけではない．

(139)　E氏・F氏への聞き取りによる．D氏・E氏・F氏によれば，来客のおよそ半数が旧猪飼野地域を中心とする在日朝鮮人で占められるとされる．

いえる．つまり，近接する集住地区の在日朝鮮人を中心とする土地取得があり，不動産経営業を主とするものを除けば，それは投機的な性質の強いものであったと考えられる．その過程に介在するエスニック・ネットワークや民族金融機関による融資の存在は，Li et al.（2002）の事例と共通している．資本の由来という点では，特に民族金融機関の原資はエスニック経済を通じて蓄積された金融資本であり，本章の事例では，その土地への転化が，同胞の不動産仲介業者などを通じ空間的に偏在する形で生じた点が注目されよう．

しかし，実際に韓国クラブが集中した経緯を理解するためには，建造環境を含む花街の変容過程や，オールドカマー・ニューカマーの関係なども勘案する必要がある．既述の通り，マンションやスナックビルの増加の契機となったのは，在日朝鮮人の土地取得であった．ここで注意したいのは，既に1970年代から，今里新地は花街としての性格を維持させつつも，韓国式料亭の登場に代表されるように，近隣の集住地区を顧客源とする遊興空間の萌芽がみられた点である．韓国クラブの入居を可能にする建造環境があったとしても，それに見合う顧客がなければそうした店舗が急速に増加するとは考えにくい．つまり，ニューカマーのテナント入居が促進された背景には，遊興空間に関わるマーケットの存在，さらに法的な規制もクリアできるという諸条件があった．もちろん，オールドカマーにとっても韓国クラブ開業のニーズはビジネスチャンスであり，土地購入後の活用方法としてスナックビルが選ばれる一因になったことも指摘できる[140]．

これらが就業地の集中を説明するとすれば，居住地との空間的重複については，建造環境と人口移動の２つの側面が関わっている．前者は，スナックビルの増加以前からみられた在日朝鮮人の所有する賃貸マンションの存在であり，住宅市場で不利を被るニューカマーに対して数少ない選択肢を提供するものであった[141]．一方，後者の側面に関し，そもそも先述した経営者による労働者のリ

（140） C氏によれば，自身の土地にスナックビルを建設していたところ，隣地で工事中のマンションのオーナーがその話を聞きつけ，利益が上がることを確信してそのマンションの下層階を急遽クラブ営業用に造り替えたという．

（141） ただし，D氏によれば，近年は保証会社の活用が一般化し，契約に際して日本人の保証人が求められる機会は減っており，その意味で入居の際のハードルは下がっているという．

クルートが可能になった背景として，1989年の韓国における海外渡航自由化があった．韓国クラブ経営者の中には，近隣マンションの部屋を借り上げてキャストに提供する者もおり，就業と居住をセットで提供しうる環境がニューカマーの増加・集中を惹起したと推測される．

ホスト社会の住民との関係についていえば，前節で述べたように，高齢化・転居といった花街関係者側の要因に加え，韓国クラブの増大に伴う客層の変化が花街の衰退を加速させ，その結果として住民の入れ替わりと土地所有権の移転が進んだ．かつての花街は，その高級なイメージで知られたほか，組合による統制もあってサービス提供者同士が共存する遊興空間であった[142]．今里新地では，客層の変化に加え店舗間の競争に伴うトラブルも生じており[143]，古くから居住する住民は過去の花街との対比もあって，韓国クラブ街への転換をポジティブには捉えていない．また，建造環境の変容，特にワンルームを中心とするマンションの建設は，ニューカマーの増加以外の面でも住民構成の変化をもたらした．そもそも今里新地は夜間営業を主とする遊興空間であり，住環境として必ずしも好ましい場所とはいえない．特に2000年代後半以降，建物の老朽化もあって借り手が減少し，家賃も低廉な水準へ下がった結果，賃貸マンションの一部は生活保護世帯をはじめとする住宅困窮層の受け皿になりつつある．さらに，バブル期の土地取得者の中には，利息支払いの負担から転売する者も絶えず，マンションの所有者が頻繁に変わるケースも多い[144]．この地区に長く暮らす住民にとっては，地域と関わりの薄い居住者がますます増えたことになり，こうした現状は往時の秩序だった花街とは大きく異なるものと受け止められている．

以上に示した本章の知見は，遊興空間というやや特殊な事例から得られたものであるが，本書を通じて議論してきたエスニック集住地区と居住—就業との関係に対しても示唆に富む．つまり，エスニック空間に関してしばしば言及される職住近接という特徴は，本章に限っては自然発生的なものではなく，建造環境の変容，オールドカマーの物件所有，およびそれらと関連したニューカマ

(142) A氏への聞き取りによる．

(143) A氏・D氏への聞き取りによる．

(144) A氏・B氏・D氏への聞き取りによる．

ーの流入経緯があって生じた．加えて，土地所有権の移転については，その過程でホスト社会住民が主要なアクターの１つとなっていたことも見逃せない．また，集住地区の形成・変容を捉える上で，資本の由来や国際人口移動との具体的なつながりが示された部分でも意義は大きい．

5．エスニック空間を生み出す資本の役割

本章では，大阪市生野区の今里新地を事例に，韓国クラブの集中に代表されるエスニック空間の現出について，戦前に形成された花街から在日朝鮮人への土地所有権の移転の経緯，および，それに伴う建造環境の変容とニューカマー韓国人の増加に着目し分析することに取り組んだ．本章の分析を通じ，Ⅲ章で示したニューカマーの増加は，花街からエスニック空間への移行に由来する部分があり，その過程において在日朝鮮人の土地取得に伴う建造環境の変容が大きく関わっていたことが明らかとなった．こうした移行・変容の背景には，遊興空間に対するニーズの存在という，近接する在日朝鮮人集住地区の存在があった点も注目される．

しかし，前節でも指摘したように，1980年代以降の韓国クラブ街への変容は，その特性を長く続かせてきたわけではない．遊興空間に対する嗜好の変化によって，2010年代以降は空きテナントも見られるようになっている．加えて，ワンルームを中心とする低家賃のマンションの存在は，エスニック集団とは異なる社会経済的不利層の集中にもつながっている．それと同時に，近年は，賃貸マンションへの中国人・ベトナム人の入居も散見されるようになり，後者に関しては彼ら・彼女らを対象としたエスニック・ビジネスの萌芽もみられる[(145)]．このことは，杉浦（2011a）のいうようなエスニック空間の（ある種の）進化の過程を含意しているのかもしれない．

本章の分析は，ニューカマーとオールドカマーの集住地区が近接ないし重複する経緯を，不動産取得という具体的な過程から示した点で重要といえる．し

（145）　Ｄ氏への聞き取りによる．

かし，それ以上に興味深いのは，文化的差異が際立った空間の形成に果たす，不可視の資本の役割である．エスニック資本の来歴を探ると，短期的には銀行からの融資という形態であっても，もともとは様々な生産活動を経て蓄積されたものであることは明白である．エスニック資本は，エスニック集団の経済活動を理解する最重要の要素の１つとみなされてきたが，空間との関わりにまで分析視角を広げたものは依然として少ない．

このような観点からすれば，本章で指摘した，ニューカマーと既存住民との軋轢を，文化的差異から生じた表面的なものとして捉えるのは不十分といえよう．つまり，多様な社会的結合の背景にある，空間という位相との連関性を視野に入れなければ，ここでの軋轢の由来は理解しえない．いわゆる「多文化共生」に関する研究では，軋轢に限らない多様な社会的結合のありように関心が集まってきたが，それを空間との関係から捉えようとする試みは未成熟である．このような，社会に対する空間への意識の乏しさは，II章でも強調したが，それは単に居住分布のような地図化しうる空間的形態だけを指すのではない．都市地理学が主題の１つとしてきた，資本による空間編成という側面は，エスニック資本の特性に鑑みるととりわけ着目する意義が大きいと考える．この点は，IX章にて改めて考察したい．

第 VIII 章

韓流ブーム下での エスニック空間の変容

大阪生野コリアタウンの西側の入口．1993年にコリアタウン構想が現実化した際，東側と中央部の商店会では韓国風の門・街灯の整備を進めたが，西側の商店会は参加しなかった．しかし，2000年代になってから西側でも同様の整備が行われ，コリアタウンとして一体的にPRされるようになった（著者撮影，2020年11月）．

1．エスニック空間の観光地化とグローバルな文化消費

本章では，2000年代以降のエスニック空間の変化を，コリアタウンを事例に，K-POPの流行に代表されるグローバルな文化消費を念頭に置いて論じる．その際，集住地区に関わる新たなアクターとして，地区外からの観光客という訪問者にも焦点を当て，エスニック空間の価値を経済的および社会的側面から考察する．

既述の通り，エスニック集住地区はエスニックな財・サービスの需要や労働力の提供といった形でエスニック空間の存立基盤を構成する．そのため，諸般の要因によって集住地区からの居住地分散が進めば，エスニック空間における経済的機会は縮小し，次第に衰退に直面する可能性がある．しかし同時に，エスニック空間の中にはむしろホスト社会を主要な顧客ターゲットとし，エスニック・タウン[146]と呼ばれる文化的差異を顕現する空間として認知度を高める事例も数多くある．こうした経緯は，エスニック空間が様々な環境の変化に対応しながら，常に発展のポテンシャルを維持していることを示唆していよう．

ただし，ホスト社会の消費対象としてのエスニック空間を分析の対象とする上では，新自由主義下でのグローバルな都市間競争という現代的文脈への観点も欠かせない．それは，常にポジティブな効用をもたらすわけではなく，活性化に伴う家賃の上昇が小規模商店の閉店や住民の退去につながって既存のコミュニティに打撃を与えるといった，ツーリズム・ジェントリフィケーション（藤塚 2019）に関連した問題も起こりうる（Shaw et al. 2004）．また，行政や観光客の抱くエスニックな文化への関心は，ある種のエキゾチシズムにも動機付けられた，消費促進を狙って形成されたイメージに基づくことも多い．エスニック空間の観光化は，多様な主体間に対立や矛盾を生じさせるばかりか，その過程で

（146）　前章でも示したように，「エスニック空間」については，エスニシティに関わる何らかの特徴を帯びた空間という意味で用いている．これに対し「エスニック・タウン」は，エスニック空間の中でも，特にサービス業を中心とする事業所が卓越し，消費活動（特にホスト社会住民によるもの）が展開する空間を指すものとして定義しておく．

活性化される地域アイデンティティがより不利な立場にある者を排除する事態も生じる（Chang 2000; Collins 2007）．さらには，観光客の過大な来訪に伴うオーバーツーリズム（観光公害）の発生は，既存住民・商店主・観光客の間で軋轢を生じさせる．

しかし同時に，エスニック空間に象徴されるコスモポリタンな雰囲気は，国内・国外の知識労働者の移動先や投資先としての魅力を高めるほか（Hall and Rath 2007: 20; 五十嵐 2010），エスニック集団とホスト社会との軋轢の低減や相互理解の促進にも資すると考えられている（Shaw 2015: 35）．また，都市再開発の圧力や多様な利害関係に由来する軋轢の中でも，エスニック空間の来歴への関心からエスニック・アイデンティティを再構成したり（杉浦・小田 2009），食文化の融合といった文化のダイナミクスを生み出すなど，エスニック空間は新たな文化の創発の基盤となる共生や多様性といった社会的価値(147)を創出する可能性も有している．

このように，エスニック空間の観光をめぐる諸特徴は，都市エスニック観光（urban ethnic tourism）という研究視角を生み出し，エスニック集住地区研究に新たな展開をもたらしている．ただ，既存研究では，商品化され消費されるエスニック文化への観点は都市の内部スケールに限定されがちで，そうした文化が持つグローバルな側面が看過されてきた．この点に関連して，たとえばニューヨークのコリアタウンに焦点を当てた申（2018）は，近年韓国でブームになっている食材等の店舗が出店し，トランスナショナルな移住者が韓国文化を感じられる機会が提供されていることを明らかにした．さらにKim（2018）は，トランスナショナルな文化の消費拠点となるエスニック空間をトランスクレーブ（transclave）と名付け，同じくニューヨークのコリアタウンを事例にその意義を論じている．K-POPなど，韓国とアメリカそして世界各国で同時的に流行した

(147) 町村（2006）は，エスニック食文化の事例について，しばしば「本場」といった本質主義的な言説をまといながらも，そこでは様々な文化的アイテムの借用や転用が起こっていることに注意を促す．たとえば「コリアン食」は，「日本食」と対立して存在するものではなく，そこに現代韓国からの新しいトレンドが付加されたり，さらには中国朝鮮族の食文化等が流入することで，常に変化し再定義されている．本章で社会的価値という場合，直接的には文化間の共生や相互理解を意味しているが，このような文化創造のダイナミクスにとって多様性やそれへの寛容が不可欠であることも念頭に置いている．

異文化への嗜好は進化の原動力となる

大阪生野コリアタウンでは，新型コロナ禍でも，若者を中心に客足が途絶えることがない（写真・上）．そこには新たなビジネスチャンスを求める人も集まり，流行の商品を扱う店舗はコリアタウン周辺の路地にまで溢れている（写真・下）．異文化への嗜好は，エスニック・タウンの進化の原動力ともなる（著者撮影，2020年11月）．

文化が，ニューヨークのコリアタウンで（韓国人以外にも）ローカルに消費されている事実からは，移住先のみならず移住元の文化の影響に着目する必要性が看取できる．もとより，観光対象となるエスニック文化は国際人口移動に起因しており，それゆえエスニック文化が帯びているトランスナショナルないしグローバルな性質は，一般的な観光との違いとして無視できないものであろう．

日本の事例についても，既に東京・新宿区や大阪・生野区を事例に，コリアタウンの観光地化を論じた研究が蓄積されつつある(148)．後者については，韓流ブーム(149)以降の商店街における店舗建造物の更新状況や（吉田 2011），価値向上に向けた商店主らの取り組み（八木・吉田 2017），ニューカマー店主と既存の商店街との関係（吉田・八木 2017）などが明らかにされている．しかしコリアタウンの変容やそこでの諸主体の対立・齟齬を意識するとき，観光客の具体像に関する分析の不足は問題だと考えられる(150)．つまり，集住地区の居住に関わる部分が減弱する中にあって，観光客に代表されるような新たに生じた外部との接点に着目することは，エスニック集住地区の展望を見定める上でも重要である．そこで本章では，「大阪生野コリアタウン(151)」を事例に，K-POPをはじめとする

(148)　新宿区のコリアタウンの消費空間化については，金（2016），申（2016），金ほか（2019）といった先行研究を参照されたい．

(149)　日本で最初に「韓流ブーム」の語が人口に膾炙したのは，2003年のNHK-BSでの『冬のソナタ』放送（地上波では2004年）を端緒とする，韓国ドラマや出演者の人気の高まりであった．2010年頃になると，東方神起や少女時代といったK-POPが若年層を中心とするファンを獲得していく．この動きは，2000年代前半の韓流ブームとのコンテンツやファン層の違いから，「新韓流」と呼称されることもあった（黄 2012）．そして，2015〜16年以降にみられる，グローバルに活動するK-POPアーティストのファンダム形成について，日本では過去の2つの韓流ブームとの比較から「第3次韓流ブーム」と呼ばれることが一般化している（この観点では，「新韓流」は「第2次韓流ブーム」と位置づけられる）．金（2018）が指摘するように，第2次韓流ブームでは，マーケティング戦略上，日本でメジャーとなったアーティストは主として日本語で歌っていた．しかし第3次ブームにおいて，著名なアーティストは日本でも韓国語で歌唱し，ファンもそれを受け入れているという変化がみられる．本章では，2000年代以降の韓国文化の消費の流行を指す場合に「韓流ブーム」と表記し，特にいずれかの時期について言及する場合には「第1（2，3）次」と序数詞を付記する．

(150)　矢野ほか（2020）はコリアタウンの来客アンケートを実施した稀有な事例研究として挙げられ，本章のテーマからも参考になる部分が多い．ただし，上述した韓国文化のグローバルな展開や，それを支えるSNSをはじめとするプラットフォームの影響，さらには文化的嗜好と政治との関係などの点でなお検討の余地が残されている．

(151)　「大阪生野コリアタウン」の名称は，公式には，生野区内にある御幸通商店街・御幸通中央

近年の韓国文化の世界的流行を念頭に置いて，店舗・景観の変容と観光客の行動特性との関係を論じる．また，こうした新たな文化消費の在り方がもたらした変化について，上述したエスニック・タウンの有する経済的・社会的価値という観点から考察を加えることにしたい．

2．生野コリアタウンの来歴

生野コリアタウンがある大阪市生野区については，全国の市区町村の中で長らく外国人数・外国人割合ともに1位であり，1990年代以降は減少傾向が続いているものの，それでもなお日本最大規模のエスニック集住地区であることは繰り返すまでもない．現在の生野コリアタウン（図Ⅷ－1）の近傍の裏通りには，既に1920年代後半から朝鮮市場と呼ばれる街路が存在し，エスニックな財・サービスが提供されていた（高 2011）．戦後になると，表通りの現在のコリアタウンの位置でエスニックな商品を扱う店舗が増大していき，同胞のニーズに応える商業空間としての機能を強めていった．

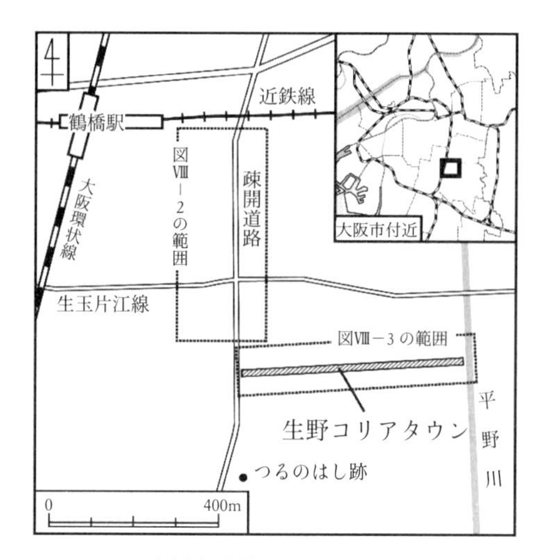

図Ⅷ－1　研究対象地域

ただし，商店主には日本人も含まれ非エスニック財も多く扱われていたし，コリアタウンが自称される以前は，ごく一部の

商店会・御幸通東商店会の3商店会（街）が用いているものである．その空間的範囲は，3商店会の会員を構成する店舗が面する道路（図Ⅷ－3）にほぼ限定されており，道路にはコリアタウンを象徴するゲートが設けられている．本章では，これら3商店会に相当する範囲を指す場合に「生野コリアタウン」（以下，鉤括弧を外す）の表記を用いる．なお，3商店会は2022年1月に統合されて社団法人化した．

ハングル表記などを除き，取り立てて特徴的な景観を呈していたわけではなかった．それと同時に，ここは戦後の在日朝鮮人を苛んだ政治問題，すなわち南北対立というコミュニティの分断が時に先鋭化して現れる場所でもあった（V章参照）．

コリアタウン構想が打ち出されるのは1980年代に入ってからのことで，この背景には当時の人口減少に伴う売上げ減に対する危機感があった．しかし構想が報道されると，「『ここを朝鮮人の街にするつもりか』といった民族差別的な発言も出て」（高 2011: 338），計画の着手には至らなかった．コリアタウン構想自体は1988年のソウルオリンピック開催を機に再び活発化するが，地元の3つの商店会のうち日本人商店主が多かった箇所は参加せず，景観の整備が行われたのは残り2商店会にとどまった（吉田・三村 1996）．すなわち，コリアタウンという明確なエスニシティの表出が見られるまでには，政治的・社会的対立や軋轢が影を落としてきたのである．

1993年に生野コリアタウンを象徴するゲート建造とそれに併せた街路整備等が進められた結果，顕著な景観上の特徴を持つに至ったこの場所は，メディア等にも頻繁に紹介され，次第に地域外に知られる存在になっていく．その中で注目されるのは，地元のNPO・NGOによるフィールドワーク事業[152]など，この地域の歴史的価値を異文化理解や多文化共生実現の契機として活用する試みが生まれたことである．換言すれば，生野コリアタウンの創設とともに，観光による消費目的とは別の学びのための機会が提供されるに至った．八木・吉田（2017）によれば，過去の経緯もあって，既存の商店主らは活動の一体化に支障をきたしうる政治的な要素の介入を慎重に回避し，コリアタウンとしての価値を主として商業的側面で意識する傾向がある．同時に，そうした要素と絡みうる人権や多文化共生といった学びの機能については，地域外のNGOなどの主体が担うという役割分担が存在するという．こうした知見は，エスニック・タウンが経済的ならびに社会的価値を有していることの証左だといえよう．

（152） 生野コリアタウンとその周辺の街歩きをしつつ，史跡や生活文化に関わるスポットをめぐり，解説を行う事業．小中高生の修学旅行や歴史学習，さらには教職員の人権研修等で多数の参加がある．希望に応じて，ハングル講座，チャンゴ（打楽器）演奏体験，キムチ製作体験などのオプションもある．

その後，韓国の連続テレビドラマ『冬のソナタ』を嚆矢とする第1次韓流ブーム，2010～12年頃のK-POPを中心とする第2次ブームを受けて，生野コリアタウンでは店舗構成や客層などの面で変化が生じた．第2次ブームは日韓間の領土問題等により下火になるが，2015～16年頃から顕著となった若年女性を中心とする第3次韓流ブーム以降は，グッズに加え化粧品や菓子類など新たに扱われる商品も目立つようになった．

こうした近年のコリアタウンにおける変化は，次の2つの点で特に注目される．第1に，訪れる観光客の数がこれまでにないほど増加したことが挙げられる．調査を行った2020年時点で，毎週末には真っ直ぐ歩くことが困難なほど混雑し，食べ歩きを行う観光客が目立つようになった結果，ゴミの問題が地元を悩ませるという事態も起きた．いわゆるオーバーツーリズムの発生は，地元客のプレゼンスが依然として大きかった第1次・第2次ブームとの違いを端的に示している．

第2に，第3次韓流ブームという文化消費のあり方が，日本にとどまらず，K-POPをはじめとするグローバルな韓国文化への嗜好の中で生じている点がある．金（2018）によれば，2010年代中盤以降のK-POPは，アメリカの先進的なポップスのリズムを取り入れつつ，歌唱に加え洗練されたダンスを特徴として，YouTube等の動画共有プラットフォームを通じた「見る音楽」として世界各地でファンを獲得してきた．加えて，ダンスを模倣したファンによる動画投稿やSNS等によるコミュニケーションが，ファンの拡大や交流を促進しているという．このほか，韓国製の化粧品が，Instagramを通じて若年女性を中心に幅広い支持を得ているといった状況も存在する．つまり，現在の韓国文化への嗜好は，TV・CD・雑誌といった既製メディアではなく，主としてインターネットを介して形成されているのである．

このような状況と，上述した生野コリアタウンの歴史的経緯に鑑みたとき，次のような分析上の課題を設定できるだろう．たとえば，現今の韓流ブームが仮想空間での関係形成をベースにしているとして，観光客にとってのコリアタウンは単なる消費のための空間でしかなく，この地域が内包する歴史とは遊離したものなのか．仮にそうだとするならば，観光客の消費行動と昨今の日韓の抱える政治問題[153]の間には大きな懸隔が存在するのか，あるいは，こうした困難な状況を好転させうる可能性が観光行動の中にあるのだろうか．本章では，これらの問いを，コリアタウンの景観や店舗といった具体的な変化と併せて検討することにより，エスニック文化を活用した地域活性化のあり方や，異文化交流あるいは多文化共生といった社会的価値の向上に向けた課題を論じたい．

そのためのデータは，以下の方法によって得た．エスニックな財・サービスを扱う店舗の動向については，2020年11月に生野コリアタウンとその周辺地域で現地調査を行い，店舗の位置・販売品目等に関する情報を収集した．また，来訪客と生野コリアタウンとの関わりを論じる上でのデータとして，アンケート調査の結果を活用する．具体的には，2020年11月14日に生野コリアタウンの街頭にて来訪客にiPadを用いたアンケートへの回答を依頼し，購買行動（商品・金額）やコリアタウンの認知のきっかけ，さらには多文化共生や日韓関係への意識などに関するデータを得た(154)．調査では，韓流ブーム（特に第３次）の影響を分析するという本章の意図に照らし，できる限り若年層の回答を多く得られるように配慮した(155)．結果，94の有効回答が得られ，年齢構成では中学生・高校生が25（全体の26.6％），中高生を除く18〜29歳が40（同42.6％），30歳以上が29（30.9％）となった．回答者のうち女性は87（同92.6％）であった．

これらに加え，韓流ブーム以降に生じた既存の店舗への影響等を知る目的で，別途聞き取り調査を実施した．対象者は，生野コリアタウンを構成する商店街の役員Ｗ氏（60代・男性）・Ｘ氏（40代・男性）のほか，賃料・地価の動向について不動産業者のＹ氏（30代・男性）から協力を得た．これらに加え，生野コリアタウンにて長らくフィールドワーク事業を実施してきた地元NGOのメンバーＺ氏（50代・男性）に対し，従前の活動の経緯や第３次韓流ブーム以降の変化につ

---

(153)　本章のアンケート調査とそれに基づく分析では，政治的対立の問題を，日本と韓国との間に関わるものに限定している．これは，竹島問題が第2次韓流ブームの退潮に寄与した経緯があることや，K-POPをはじめとする文化の流行が専ら韓国というスケールで意識されていることによる．

(154)　アンケート票は単一回答または複数回答の設問のみで構成され，自由回答を求める項目は設けていない．後述するように，特に若年層の韓国文化への嗜好はソーシャルメディアに大きく影響されていることから，コリアタウンでの購買行動や日韓関係への意識に加え，こうしたメディアの利用の詳細についても尋ねた．

(155)　調査者4人で2チームを組み，40歳代以下と思われる人々を主たる対象にして回答への協力を求めた．その際，家族連れ・友人連れ・単独のいずれのケースも含まれるように努めた．

いて聞き取りを行った(156).

3．店舗の特徴からみた近年のコリアタウンの変容

はじめに，コリアタウンの観光地化とも関わる，エスニックな財・サービスを扱う店舗の分布と業種の特徴について検討する．韓流ブームの影響を看取する上では，同地で長くビジネスを行ってきた商店（以下，「既存店舗(157)」と呼称する）と，主として観光客を対象とした店舗（同，「新規店舗」）を区分して整理することが有効だろう．そこで，現地調査で得た情報を過去の住宅地図等と照合し，第1次韓流ブーム以前（本章では便宜的に2003年以前とした(158)）から存在する店舗とそれ以外とに分け，後者についてはさらに第3次韓流ブーム以降の動向を探る目的で2017年以降に開業したものを抽出した(159).

図Ⅷ－2と図Ⅷ－3は，生野コリアタウンおよびその周辺の調査対象となった店舗の分布を示したものである．注目されるのは，生野コリアタウンの外部，特に疎開道路沿いや鶴橋本通商店街に新規店舗が多く立地している点である．これらの道路・商店街は，いずれもJR・近鉄鶴橋駅からコリアタウンへと向かう導線上にあり，週末には地域外の観光客と思しき通行客が多く見かけられる場

(156)　聞き取り調査は2020年10～12月にかけて実施した．W氏については経営する事業所で，X・Y氏はコリアタウン近傍の喫茶店で，Z氏に対してはZoomを用いたオンラインで，いずれも1対1の形式にて60分程度行った．

(157)　本章では，店主のエスニシティではなく，エスニックな財・サービスが販売されているか否かに着目して調査した店舗を類型化している．ここでいうエスニックな財・サービスとは，韓国文化を構成するものと一般的に認識されていると考えられる食品・物品・サービスを指す．カフェ等については，景観に韓国文化の要素を含むもの，および，パッピンス（韓国風かき氷）やトゥンカロン（韓国式マカロン）など現代韓国でブームとなっている商品を扱っているものを取り上げる．なお，地図作成にあたっては，生野コリアタウンの内部のみ非エスニック財・サービスを扱うものも含めている．むろん，これらの店舗の経営を担うのは日本人に限られない．

(158)　そのため，既存店舗の店主にはニューカマーの韓国人も含まれる．

(159)　店舗によっては，たとえば物産店でテイクアウト品を販売しているケースや，化粧品を扱うカフェの存在など，複数の業種にまたがるものもある．本章では，看板や商品のラインナップから判断して，その店舗の特性を最もよく表していると考えられるカテゴリーで集計した．

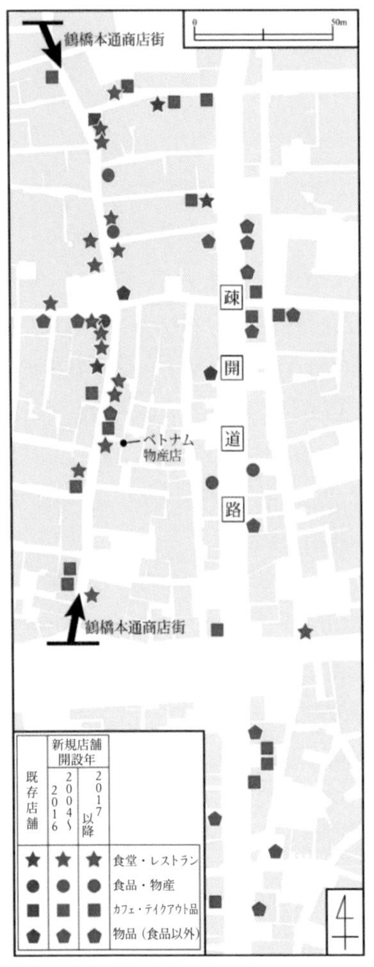

図Ⅷ－2　エスニックな財・サービスを扱う店舗の分布（生野コリアタウン外）

典拠）現地調査より作成．

所でもある．特に鶴橋本通商店街について，筆者は2000年代後半から断続的に訪問しているが，閉店してシャッターを下ろしたままの商店の方が多い状況が長らく続いていた．店舗の絶対数の増加という意味では，近年最も大きな変化を遂げた場所であるといえる．加えて，生野コリアタウン内部についても，表通りだけでなく，直角に交わる細い街路にまで新規店舗が立地していることを看取できる（図Ⅷ－3）．既存店舗と新規店舗の構成でいえば（表Ⅷ－1），生野コリアタウン内部では前者が96件中25件（26.0％）を占めるのに対し，その外部の鶴橋本通商店街・疎開道路では新規店舗の割合は60件中53件（88.3％）にものぼる．

次いで，業種別の特徴をみると，既存店舗については，「食品・物産」が多数を占めており（表Ⅷ－1），キムチや蒸し豚といった伝統的な韓国食材や韓国物産を扱う店で既存店舗の約８割を占める．これに対し，新規店舗については，それ以外の業種が目立っており，特に2017年以降に開店した新規店舗では「食堂・レストラン」と「カフェ・テイクアウト品」が多い．「食堂・レストラン」の中にも，テイクアウト品を併売する店舗が多数見受けられる．

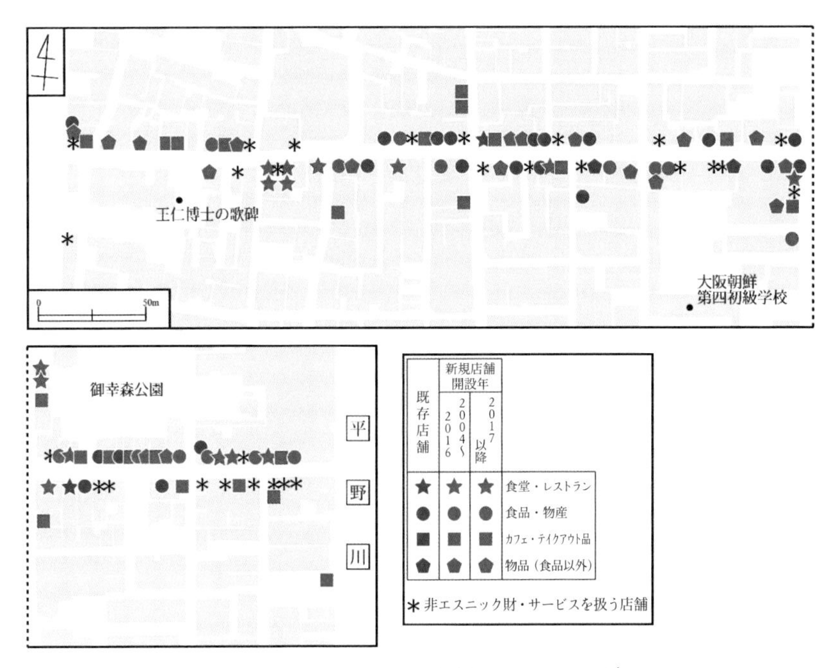

図Ⅷ－3　エスニックな財・サービスを扱う店舗の分布（生野コリアタウン内）
典拠）現地調査より作成．

主なテイクアウト品としては，ホットク，ハットグ，キンパ(160)，チキン（ヤンニョムチキンなど）や飲料等の軽食類が挙げられ，コリアタウンではこれらの食べ歩きを楽しむ人が随所にみられる（図Ⅷ－4a）．ただし，購入される商品という部分に着目すれば，それらには既存店舗で販売されていたものも含まれる．ホットクやキンパは伝統的な食品で，韓流ブーム以前から販売していた店もあり，中でもキンパについてはSNS等でも紹介される頻度が高く，コリアタウン内では長蛇の列ができる店もある．一方，新規店舗で販売される商品について，ハットグ，トゥンカロン，チキンなどは，現在の韓国（特にソウル）とのつなが

(160)　ホットクは韓国版ホットケーキとでも呼べるもので，黒砂糖などから作られた餡を，小麦粉の生地でくるんで平たく焼いたものである．ハットグは，韓国式のアメリカンドッグで，中にチーズを挟んだものが特に人気が高い．キンパは韓国風の海苔巻きで，酢飯ではなくごま油を加えた白飯を用いる．

表Ⅷ－1　販売品目からみた生野コリアタウン内外における店舗の構成

	鶴橋本通商店街・疎開道路（図Ⅷ－2の範囲）		生野コリアタウン（図Ⅷ－3の範囲）		主要な販売品目
	既存店舗	新規店舗（うち2017年以降開店）	既存店舗	新規店舗（うち2017年以降開店）	
食堂・レストラン	3	17（10）	2	15（ 5）	韓国料理店・韓国風鍋料理店・焼肉店・チキン専門店等
食品・物産	1	4（ 3）	21	14（ 2）	キムチ・蒸し豚等の食品，乾物等の既製品の食品・飲料
カフェ・テイクアウト品	1	18（15）	0	24（20）	カフェ（純喫茶除く），トゥンカロン・キンパ・ホットク・ハットグ等
物品(食品以外)・サービス	2	14（ 5）	2	18（ 6）	K-POPグッズ・化粧品・雑貨・民泊等
合計	7	53（33）	25	71（33）	――

典拠）現地調査およびゼンリン住宅地図より筆者作成.

りが強調されるほか（図Ⅷ－4b），スタイリッシュな看板や店構えを呈している店舗が多いという特徴がある．特にトゥンカロンについては，そのカラフルさが際立つ（図Ⅷ－4c，d）．

「物品（食品以外）・サービス」に関しては，K-POPグッズおよび化粧品の店舗が多くみられる（表Ⅷ－1，図Ⅷ－4e）．前者については改めて言及を要さないが，後者もまた，SNSなどを介した韓国文化への嗜好と関連している．K-POPの流行に伴うアイドルへの憧れは，韓国のメイクスタイルや化粧品への関心を増大させるとともに，Instagram等で韓国製化粧品を用いた自撮りを公開するアカウントが多くのフォロワーを集めている．加えて，手頃な価格であることも人気に拍車をかけており，日本での韓国製化粧品の輸入額は増大傾向にある．もちろん，化粧品やK-POPグッズの中にはインターネット通販等で入手できる商品もあるが，流行に敏感で移り変わりが早いという商品の特性ゆえに，韓国からの仕入れルートを確保していることが集客の上で重要だと推測される．

興味深いのは，新たな商品を扱う店舗の開設とそれに伴う来訪客の増加が，食べ歩きに対応した商品販売やイートインスペースの設置といった形で，既存商店にも変化をもたらしている点である．キムチ販売店に併設された仮設スペー

a．テイクアウト品を楽しむ人　b．ソウルの地名を冠する店舗　c．トゥンカロンを販売するカフェ

d．トゥンカロン（韓国式マカロン）　e．K-POPグッズを扱う店　f．仮設的なイートインスペース

図Ⅷ－4　コリアタウン内外で見られる特徴的な商品・風景のようす

スや（図Ⅷ－4f），店頭でヤンニョムチキンを販売し，店内に設置されたテーブル・椅子で購入客が座って食事できる場所を提供している店舗もある．また，扱う商品のみならず，キムチ販売店の中には小分け販売を行うようになったところもあるなど，販売形態の面でも新たな顧客に対応する店舗が出てきている(161)．こうした変化は，人口減と同時に世帯規模の縮小が進む中で，地元の顧客にとっても好ましいものとして受け入れられており（X氏による），観光客の増加に伴う予期せぬ結果の1つといえる．

しかしながら，既存店舗に関していえば，第3次韓流ブーム以降の客数の急激な増加は必ずしもそれに見合った売上げ増にはつながっていないという（W氏・X氏）．次節で詳述するように，新たに訪れるようになった若年観光客は，既存商店で扱われてきた商品に対する強い購買意欲を持っていない．W氏によれば，往来が増えること自体は活性化という意味で好ましいが，既存店舗の売上は依然として従来の顧客によっている部分が大きいという．

(161)　X氏への聞き取りによる．また，Z氏によれば，既に1990年代後半には，コリアタウンを目当てに訪れる新たな客層を意識した販売品目や販売手法の変化がみられたという．

次に，地価・賃料を含む不動産市場の状況と近年の変化について検討する．吉田（2011）が明らかにしているように，1990年代〜2000年代前半にかけて，生野コリアタウンでは一部の店舗の廃業や建物の解体・更新が進んでいた．この背景には，地元の人口減少などの影響による売上の低下や，後継者の不在といった要因があった．第1次・第2次韓流ブームの際には，テナントの一部に韓流グッズを扱う店舗が少ないながら入居していたものの，店舗の入れ替わりは激しく，ブーム時以外には空きも目立っていた．しかし，現在のコリアタウン内部にほとんどテナントの空きはなく，既存店舗が倉庫としていたところを貸し出しているほか，退店しても不動産仲介業に情報が来る前に次の入居者が決まることが多い（Y氏による(162)）．2018年に仲介業をはさんだ取引が行われた際には，生野コリアタウンの通りに面した古い民家が月30万円で貸しに出されたが，それもすぐに契約に至ったという．テナントの階数や広さによって家賃には幅があるが，2000年代初頭と比較すればその水準は実に2〜3倍に達している．また，賃貸だけでなく，家屋・土地を購入する者もみられる．近年競売に出された，同じく表通りに面した約30坪の土地は，実に1億円強（坪単価300万円以上）で落札され，しかも落札者はいわゆるニューカマーであった．コリアタウンでのビジネスが持つリターンの大きさへの期待がうかがえよう．

このように，空き店舗が少なく，また家賃・地価が大幅に上昇したことは，コリアタウン周辺部での店舗の増加の一因にもなっている．図Ⅷ－2と表Ⅷ－1で示したように，鶴橋本通商店街や疎開道路における新規店舗については，2017年以降に開店したものが多い．Y氏によれば，直近の状況として，疎開道路に面した土地・建物の価格にも上昇の兆しがみられるという．ただし，地価・賃料の上昇は商店街やこれらの道路の近傍に限られており，周辺の住宅地では土地の単価は坪80万円程度と差が大きくなっている．

以上，本節で検討した近年の生野コリアタウンとその周辺における変化をまとめると，エスニックな財・サービスを提供する店舗は，2000年代半ば以降に増加した新規店舗が対象地域の約8割を占めるまでになっており，扱われる商

（162） 吉田・八木（2017）は，何らかのエスニック・ネットワークによって次のテナントが決まることがあるとしている．

品もカフェ・テイクアウト品や化粧品・K-POPグッズなど既存商店とは異なっている．既存店舗の中には観光客をターゲットとした新たな商品提供を始めたところもあるが，近年の客数の増加の中で必ずしも売上げ増には結びついていない．そして，新規店舗の旺盛な出店は，コリアタウン内部の賃料・地価の大幅な上昇に寄与しており，その影響はコリアタウン周辺にも及んでいることが注目される．

4．観光客の行動とコリアタウン・日韓関係への意識

本節では，アンケート調査の結果をもとに，来訪客のコリアタウンにおける購買行動や韓国文化の嗜好にみられる特性，および日韓の政治問題等に関する意識を分析していく．

近年，生野コリアタウンで増加した来訪客，とりわけ若年層については，第3次韓流ブームの影響を受けた地域外からの観光客が多数を占めていると推測される．実際，居住地についての回答をみると，「大阪市内」が28（29.8%），「大阪府内（大阪市を除く）」が32（34.0%），「大阪府外」が34（36.2%）と広範に分布し，中高生に限ってみても大阪市以外からの来訪者は14（56.0%）と半数以上を占めている．これらの結果は，矢野ほか（2020）とも概ね整合している．

第3次韓流ブームの影響を看取する目的で，韓国文化に関心を持ち始めた時期について尋ねたところ，最多は「3～5年以内」の32（34.0%）で，これに「6年以上前」の29（30.9%），「1～2年以内」の23（24.5%），「1年以内」の2（2.1%）が続く（「特に興味を持っていない」という回答が8（8.5%）あった）．当初の予想よりは「6年以上前」が多かったものの，中高生に限ると5年以下という回答の合計は18（72.0%），18～29歳では29（72.5%）と，第3次韓流ブームの影響がより鮮明に現れている．

回答者の韓国文化への嗜好とメディアとの関係を集計したところ（図Ⅷ－5），年齢階層別に際立った違いがみられた．すなわち，中高生と18～29歳では「Instagram」が7～8割，「YouTube」が5割強を占めるのに対し，これらの割合は30歳代以上では2割程度にとどまり，代わりにTV（放送，インターネット）

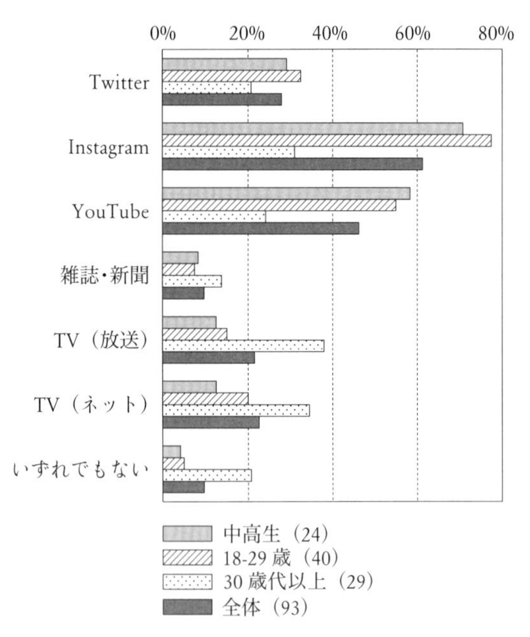

図Ⅷ－5　韓国文化に触れる際のメディア

典拠）アンケート調査より作成．

という回答が多くなっている．従って，特に20歳代以下での韓国文化への親しみは，主としてSNSや動画共有サイトといった新しいメディアを介して形成されていることが確かめられた．

次いで，生野コリアタウンへの来訪の経緯やそこでの行動についての回答をみていく．同地を知ったきっかけについて複数回答で尋ねたところ，「知人・友人」の56（59.6％）を除くと，「Instagram」が18（19.1％）あったほかは，「YouTube」が 5 （5.3％），「Twitter」が 3 （3.2％），「新聞・雑誌」が 3 （3.2％）といずれも少なかった．口コミに関連した回答の多さは矢野ほか（2020）でも言及されており，この点ではSNSのみが影響力を有しているわけではない．

生野コリアタウンでの行動に関して，図Ⅷ－6は，購買したあるいは購買する予定の商品についての回答結果である．この設問では，同地とその周辺における店舗構成に鑑み，15の選択肢を用意し，そのうち回答数の上位 7 つを取り上げた[163]．全体としてみれば，キムチやチヂミといった，韓流ブーム以前から既

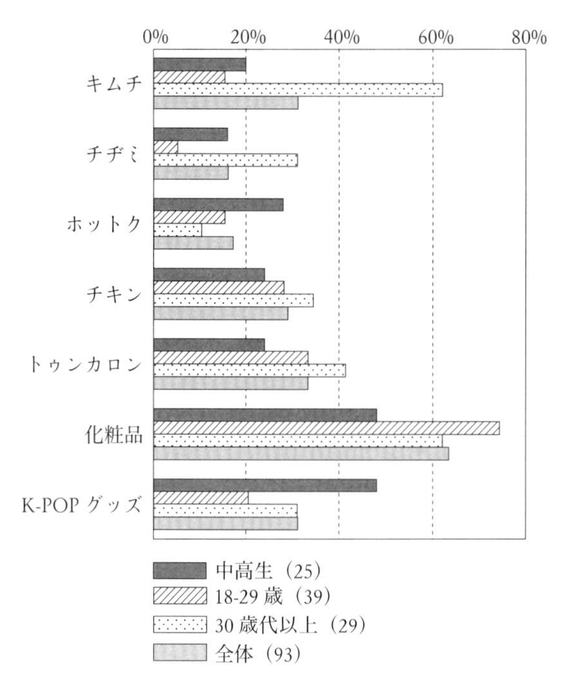

図Ⅷ－6　生野コリアタウンで購買した（する予定の）商品（複数回答）

典拠）アンケート調査より作成．

存店舗で販売されてきた食品も選ばれているが，やはり目立つのは化粧品やトゥンカロン，K-POPグッズなど，前章で示した新規店舗で販売されているものである．また，購買金額についていえば（図Ⅷ－7），中高生と18～29歳の 6 割前後が3000円未満と答えており，それほど多額を消費するわけではない．こうした特徴は，「コリアタウンで魅力だと思うこと」という問いへの回答からも看取でき（図Ⅷ－8），中高生では「商品が安い」が 5 割強で最多となっており，18～29歳と30歳代以上でも 3 ～ 4 割前後を占める．全体でみると，商品の価格と並んで，「韓国に来た気分になれる」（回答47，51.1%），「雰囲気が楽しい」（回答44，47.8%）も多いが，中高生に関しては「韓国に来た気分になれる」という回

（163）　図Ⅷ—6に挙げた以外の選択肢は，韓国の飲料，ハットグ，雑貨，ミルクティー・コーヒー，乾物，ポッサム（蒸し豚），お好み焼きである．なお，調査票の設計ミスで，キンパに関する選択肢を準備できなかった．仮に選択肢に入れていた場合，相当数の回答があったものと推測される．

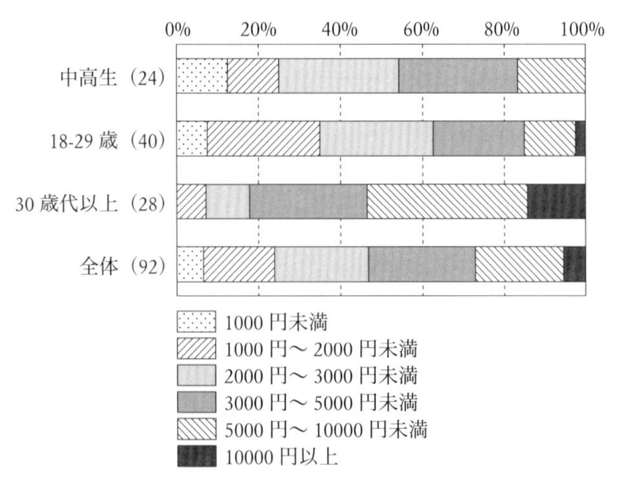

図Ⅷ－7　生野コリアタウンで消費した（する予定の）金額

典拠）アンケート調査より作成．

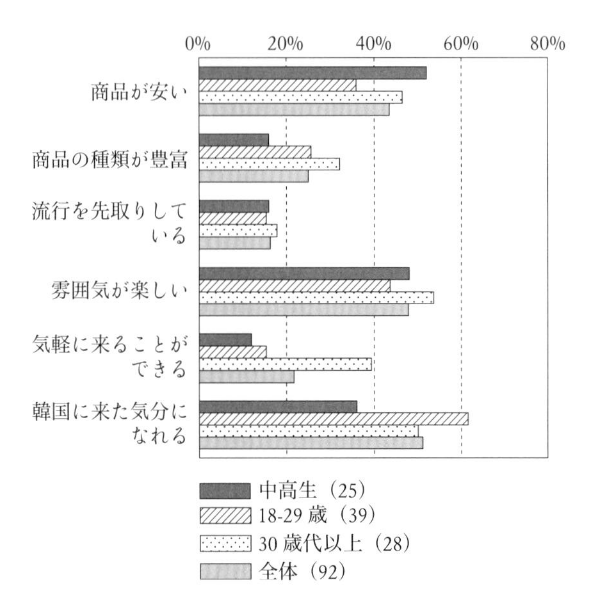

図Ⅷ－8　生野コリアタウンの魅力だと思うこと（複数回答）

典拠）アンケート調査より作成．

答の割合は他に比べやや小さくなっており，これには若年ゆえに韓国への渡航経験が少ないことが影響していると考えられる(164).

加えて，生野コリアタウンを訪れる若年層に特徴的な行動という点では，撮影した写真をSNSにアップする者が多いことも挙げられ，中高生の16（64.0%），18〜29歳の28（70.0%）がアップした，またはする予定と回答しており，30歳代以上の11（37.9%）と比べかなりの差がある．実際にアップした（あるいはする予定の）写真の内容を尋ねたところ（図Ⅷ−9），「食べ物・飲み物」が圧倒的多数を占めるのとは対照的に，それ以外の選択肢を選んだ者は僅少であった．この結果は，コリアタウンへ来訪した際の関心が，景観的な特徴よりも商品そのものにあることを示唆していよう．

では，以上の特徴を有する観光客は，生野コリアタウンの歴史や日韓の政治問題に対してはどのような認識を持っているのだろうか．この地域のフィールドワーク事業でほぼ必ず訪れる４つの場所（つるのはし跡，王仁博士の歌碑，平野川，大阪第四朝鮮初級学校(165)）の認知度を尋ねたところ，「いずれも知らない」という回答は全体で73（83.9%）にも達し，30歳代以上で辛うじて「つるのはし」「平野川」「大阪第四朝鮮初級学校」の割合が１割を超えるという結果であった．そもそも，「『在日コリアン』と呼ばれる人について聞いたことがありますか？」という設問で，「聞いたことがある」と答えたのは中高生で11（44.0%），18〜29歳で26（65.0%）にとどまった（30歳代以上で「聞いたことがない」という回答は29名中１名のみであった）．従って，韓国文化への嗜好に基づく消費行動は，国内のエスニック・マイノリティをめぐるローカルな歴史性と極めて限られた

---

(164)　韓国への渡航経験の有無を尋ねたところ，「ある」という回答は中高生で3（12.0%）にとどまるのに対し，18〜29歳では14（35.0%），30歳代以上では19（65.5%）と大きな開きがある．

(165)　「つるのはし跡」は，日本書紀に記載された日本最古の橋とされる「猪甘津の橋」の古跡とされる場所で，この地域が古代に朝鮮半島由来の猪（豚）を飼育する猪飼部が居住していたことに由来するとされる．「王仁博士の歌碑」は，古代に論語を伝えたとされる王仁博士が詠んだ和歌（難波津の歌）が，日本語とハングルで刻まれた碑である．ハングルの部分は，近世の朝鮮通信使に同行した対馬藩の通詞が作成した書をもとに作成されたものであり，これも日本と朝鮮半島の歴史的なつながりを示す事物として価値がある（建立は2009年）．平野川は，コリアタウンの東端に位置し，1920年代に朝鮮半島から来阪した労働者がその整備工事に従事したという歴史がある．大阪第四朝鮮初級学校は，戦後に建設された朝鮮学校であり，コリアタウンを含め，近隣には多くの卒業生・在校生が居住する．

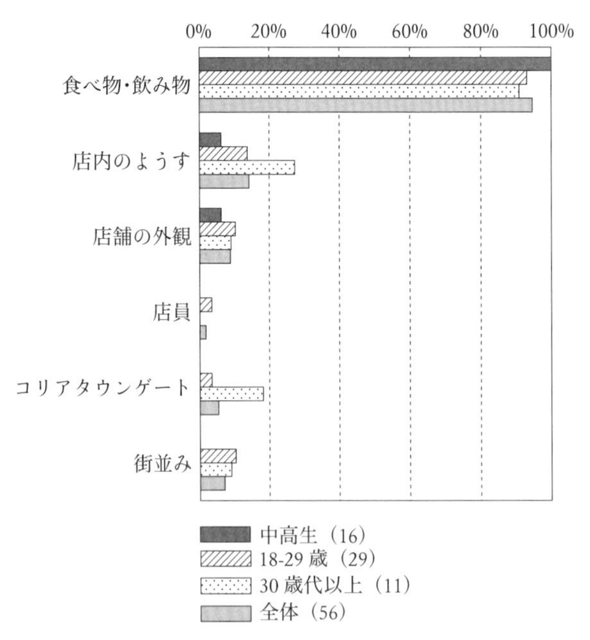

図Ⅷ－9　SNSでアップする予定の写真の内容

典拠）アンケート調査より作成．

接点しか持ち得ていないといえる．

加えて，現在の日韓の政治関係については，「とても悪い」「やや悪い」を選んだ回答は全体の実に70（75.3%）に及んでおり（「わからない」が16（17.2%）あったため「とても良い」「やや良い」という回答は僅少であった），こうした捉え方に年齢階層別の違いもみられない．一方で，図Ⅷ－10に示すように，少なくともコリアタウンを訪問する観光客は，韓国文化の嗜好と政治問題とは分離可能なものとして捉える傾向にある．好意的に解釈すれば，領土問題が第２次韓流ブームの退潮に帰結した時期とは異なり，第３次韓流ブームに伴う集客は政治状況の影響を受けにくいのかもしれない．ただ，2018年にあったBTS（防弾少年団）の「原爆Tシャツ」騒動のように，ナショナリズムに触発された政治的発言の渦中でファンが当惑する事態が生じるなど，文化の消費は政治関係と無縁であるわけではない(166)．政治と文化とを切り分ける考えには，自らの好む文化を政治的対立から離れたところで楽しみたいという意識が現れているともみな

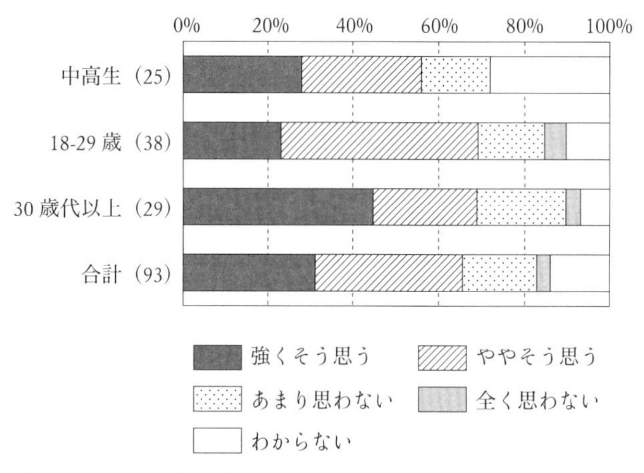

図Ⅷ－10　韓国文化を楽しむ上で政治問題は関係ないと思うか

典拠）アンケート調査より作成．

せる．

しかし，だからといって，若年層を中心とする観光客の行動や韓国文化への親しみが，専ら消費の側面にのみとどまると評価するのは早計である．たとえば，韓国の歴史や日韓の政治問題について知識を増やしたいかどうかを尋ねたところ（図Ⅷ－11），「強くそう思う」「ややそう思う」という回答の合計は全体のうち74（79.6％）にもなり，「韓国文化を好きになる人が増えれば政治にも良い影響がある」という設問では，「強くそう思う」「ややそう思う」という回答の合計は実に77（81.9％）にもなる．これらの結果からは，現在のコリアタウンを訪れる観光客の相当部分が日韓の良好でない政治関係を好ましいと考えておらず，韓国文化への親しみが将来の両国関係に良い影響をもたらしうるという期待感を抱いていることを看取できよう．加えて，「『在日コリアン』と呼ばれ

（166）　石戸（2018）に引用された金成玟の発言を参照．2018年，BTSのメンバーが過去に原爆をデザインしたようなTシャツを着ていた映像が話題となり，日本国内の一部からの強硬な反発によって日本でのTV出演が急遽取りやめになった．このとき，日本では「反日」アイドルというバッシングが，一方韓国ではBTSへの妬みであるという反発が，主としてインターネット上で生じた．BTSはそれまでのアイドルとは異なり社会的メッセージを積極的に発信するアーティストであるが（金 2018: 195-196），新たにグローバルなスケールで獲得したファンの間では，そうした文脈が必ずしも共有されていないとされる．

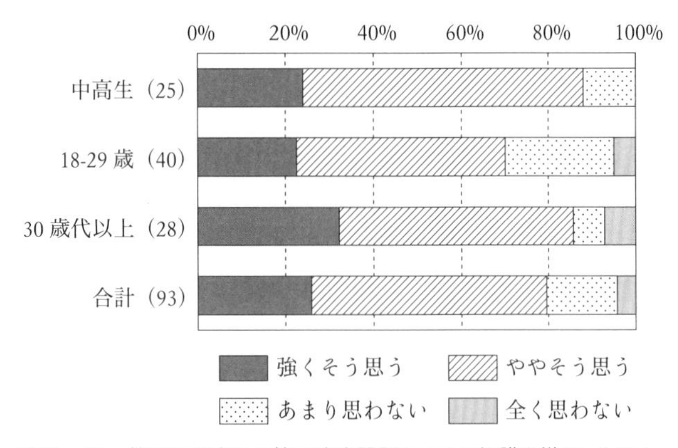

図Ⅷ－11　韓国の歴史や日韓の政治問題について知識を増やしたいか

典拠）アンケート調査より作成．

る人々について，積極的に学んでみたいと思いますか」という問いでも，彼ら・彼女らについて「聞いたことがある」という回答者64のうち，46（71.9％）が「強くそう思う」「ややそう思う」を選択しており，生野コリアタウンと関わる歴史への関心が薄いわけではない．なお，これらの設問について，年齢階層別の違いはほとんどみられなかった．

以上で示したアンケート調査の結果からは，第３次韓流ブームの特性がコリアタウンへの来訪客，中でも若年層に明瞭に表れていることが明らかとなった．つまり，端的にいえば，韓国文化への接し方や情報の入手も，コリアタウンでの購買行動も，かなりの程度SNSをはじめとするインターネット関連のプラットフォームを基盤としている．それゆえに，既存店舗が扱う商品への購買意欲は，伝統的な食材に対しても持たれているとはいえ，大勢としては新規店舗が扱う食品やグッズ・化粧品等が中心となっている．また，SNSへの写真のアップで選択されるのはほとんどが飲食料品であり，景観などへの関心は低い．このような行動・関心の一方で，コリアタウンの歴史的側面に対する認知度は低く，文化の嗜好を政治問題とは別次元のことと捉える傾向も確認できた．ただし，生野コリアタウンへの来訪者が抱く韓国文化への関心の先には，歴史・政治に関わる知識を獲得する意欲や，将来的な国際関係の改善への期待が垣間見えることも見逃すべきでない．

5．生野コリアタウンの経済的・社会的価値

生野コリアタウンは，グローバルに展開する韓流ブームとそれに由来するファン層の拡大の影響を受けて大きく変容した．この現象は，換言すれば，グローバルな文化の流通・消費とローカルな歴史に由来するエスニック・タウンとが邂逅して生じたと解釈しうる．

K-POPに代表される韓国文化への嗜好に由来するファン集団の形成は，ある種のサブカルチャーとして理解することも可能である．三田（2006）は，都市においてサブカルチャーに基づく社会集団が主導する商業空間の変容を「下位文化型消費空間」と定義し，エスニック・タウンもまたその範疇に含まれうると指摘する．本章の事例の特徴は，下位文化の形成と消費の双方にSNSを含むインターネットのプラットフォームが深く関わっている点にあり，消費行動において既存商店を含む生野コリアタウンの歴史的側面は後景化しがちである．同時に，こうした観光客のニーズに応える新規店舗の増大は賃料・地価の上昇をもたらし，その影響は商店街の周辺部にまで及んでいる．ただし，この20年ほどの既存店舗の減少については，後継者がいなかったことも大きく影響しており，加えて近隣の住宅地の地価上昇が目立っているわけではない．その意味では，本章冒頭で述べたようなツーリズム・ジェントリフィケーション，つまり観光地化が既存の商店・住民の追い出しにつながるようなネガティブな帰結は，少なくとも現在確認できる限りでは生じていない[(167)]．

エスニック観光が主導した消費空間化の特性として付け加えるべきは，現状の賑わいが安価な商品の提供によって成り立っていることである．店舗の立場からすれば，客単価が低い分，高い地価に見合った売上げが見込める業種は限られる．つまり，生野コリアタウンにみられる食べ歩きなどの新たな消費スタ

---

(167)　建築基準法により，幅員4m以上の道路に面していない土地では原則として住居の建て替えができない．生野コリアタウンの周辺ではこの基準に抵触する住宅地が多く，空き家問題の一因ともなっている．Y氏によれば，空き家の一部が取り壊されて駐車場になる場所も出てきており，週末にはすぐに満車になるという．

イルや人混みは，韓国文化に関心を持ちつつ安価に楽しみたいという観光客の欲求と，薄利多売で利益を上げるために多くの集客を要する商店の存在とが合わさった結果であるともいえる．

それゆえに，オーバーツーリズムと関わるような，過度の混雑に伴うゴミ問題等の発生は避けがたいものとなる．とはいえ，韓流ブームがもたらした変化について，既存商店をはじめ地域の諸アクターは否定的に評価しているわけではない．3節で示したように，観光客の増加に合わせて新たな販売形態が打ち出されたほかにも，俗にいう「インスタ映え」スポットの設置が話題にのぼるなど，むしろ観光客の満足度を高めようとする動きもみられる．W・X・Z氏がともに示したのは，仮に売上げには直結せずとも，多くの来客が作り出す賑わいが地域の活性化に大いに貢献しうるという認識である．この点に関する象徴的な出来事として，2020年12月から始まった御幸森公園（図Ⅷ－3）におけるトイレの設置工事が挙げられる．かねてより観光客の希望も多かったが，元来地元客を主たる顧客としてきた商店街の独力ではスペースや資金面で対応が難しく，特に第3次韓流ブーム以降は最大の懸案となっていた．そこへ，駐大阪韓国総領事館が仲介する形で韓国の在外同胞財団が資金を提供し，大阪市が公園の専有を認めることで，ようやく設置が実現するに至った．建設されるトイレは韓国風の意匠を凝らしたもので，既存商店からも生野コリアタウンの価値向上に資するものとして期待されている．このように，観光客の増加は，いくらかの問題を伴いつつも，コリアタウンの経済的価値に関わるものとしてこれを活性化へとつなげる方向が模索されている．

しかし一方で，異文化理解や多文化共生といった社会的価値については，観光客の行動からはそれが重視されているとはいえない．また，政治問題についての認識は，訪問者だからといって一般的な傾向とさほど違いはないように見受けられる．もとより，こうした問題と距離を置きたいと考えているのは，韓国文化に親しみを持つ観光客だけではない．2節で述べたように，生野コリアタウンには過去から現在に至るまで様々に輻輳する政治的対立が顕在・潜在し，その歴史から学ぶという行為にはこうした政治的次元の問題が不可避的に付随する．W氏は，コリアタウンの歴史やそれに基づく価値に照らして，商業本位に過度に傾倒することは問題だと考えているが，ビジネスと社会的貢献とのバランスについては商店街関係者の間でも認識にかなり温度差があるという．このような容易ではない状況にもかかわらず，近年，韓国の大統領選挙や米朝首脳会談などに際して，既成メディアが無遠慮にコメントを求めて訪問することもある．対外的な国民感情，とりわけそれが悪感情である場合には，報道の切り取られ方によってコリアタウンにも否定的なまなざしが向けられる危険性があるため，既存の商店主らは政治的な問題にますます敏感にならざるをえなくなる．

ただし，たとえばフィールドワーク事業のような学習の機会の提供そのものについては，Z氏によれば既存の商店主らも概ね肯定的に捉えているという．では，経済的価値との両立が容易ではない現状にあって，今後の社会的価値の向上にはどのような方向性がありうるだろうか．本章ではその具体案を提示するには及ばないが，参考になる事例として，「室内中華街」をめぐる顛末を引いておきたい．山下（2020）によると，1990年代以降の日本において，ショッピングセンター等に専ら消費対象としての中華街を作る計画があった．それらは単なる消費対象としての，エスニック文化を表象する記号で満たされただけの空間であったため，飽きが来るのも早く，実現した事例でもせいぜい10余年で閉鎖されるに至った．片や，横浜や神戸の中華街は，現在もなお多くの観光客を集めていることは周知の通りである．

ここから示唆されるのは，仮に観光が消費を主目的としているとしても，実際に現地を訪れるという行為は消費以上の意味を持っており，かつ，それがエスニック・タウンの魅力に由来しているという点である．だとすると，図Ⅷ－8にある生野コリアタウンの魅力としての「雰囲気の楽しさ」には，目的とする商店の存在だけでなく，既存・新規店舗が一体となって生み出す商品のバラエティの豊かさに加え，コリアタウンのゲートや韓国風の街灯に代表される景観上の特徴も含まれるといってよいのではないか．さらに，既往の観光研究が明らかにしているように，ゲスト（観光客）のある種ステレオタイプ的なまなざしが向けられる中で，観光地におけるゲストとホストの具体的な交流は，ホスト側にも好ましい変容をもたらす場合がある．太田（1993）によれば，観光という契機は，ホスト側に自らの文化を客観視させて自己のアイデンティティを再創造する機会となるとともに，それを外部者に提示することで，ホストが自身の文化に新たな意義を見出すことにもつながりうる．

これを，生野コリアタウンという具体的な文脈に即していえば，前節で述べた韓国の歴史や日韓の政治問題への学習意欲に対し，（ホスト自らの経験に根差した）ローカルな歴史に基づいた何がしかのコンテンツを提示するということになろう．観光客については，既述の通り，韓国文化にアクセスする手段として，若年層ほどSNSなどインターネットの重要性が高くなっている．しかしインターネットも既成メディアも，現今の日本においては，日韓の政治問題等について極めてネガティブな情報の発信源になっているといわざるをえない．こうしたある種危険な状況に対し，生野コリアタウンという空間は，具体的な体験をもって，異文化理解や多文化共生に資する学びや気付きの機会を提供しうるのではないか．つまり，消費を主目的とする空間であっても，それが地域固有の歴史との結びつきを有するならば，観光に訪れるという直接の行為が消費文化への嗜好を超えた興味・関心を惹起する可能性がある．その意味では，観光地化に伴う変化は，経済的価値のみならず，生野コリアタウンが有する社会的価値の可能性を改めて浮き彫りにしたといえよう．

以上の考察をふまえると，エスニック・タウンという空間における地域活性化を考える上では，特徴ある文化の消費面での活用にとどまらず，歴史を含めた地域固有の特性への着眼も欠かせない．これらは他の地域活性化の事例にも同様に当てはまるが，エスニック・タウンの場合，去来の軋轢が諸スケールの政治的要因の影響を受けること，および，消費対象となるエスニック文化が（本章の場合は韓国という）外部地域とのつながりの中で変容しうるものである点が特筆されよう．もちろん，地域活性化の過程で生じる負の側面，たとえばツーリズム・ジェントリフィケーションのような帰結が生じるか否かについては，引き続き注視する必要があろう．

6．エスニック・タウンの「進化」と開放性

本章では，第3次韓流ブーム以降の生野コリアタウンを事例に，店舗構成や分布の観点から商業空間の具体的変容を明らかにするとともに，来訪者の消費

行動やSNSの影響，および日韓の政治問題と文化消費との関係などを分析し，現代のエスニック・タウンが有する価値について考察を加えた．ここでの知見は以下のように集約できる．

韓流ブーム移行，K-POPや化粧品といった商品へのニーズが急速に高まった結果，生野コリアタウンではこれらの商品を扱う店舗が増大し，地価の上昇を招来した．しかも，その影響はコリアタウンの外部にまで及んでいる．また，同地の観光地化は，必ずしも既存商店の売上げにつながっているわけではないが，商店街の賑わい創出という点では概ね歓迎されており，観光客のニーズに応じた施設整備を進める機運も高まっている．これらのほか，既存商店における販売形態の変更といった観光客増への対応は，人口減少と高齢化が進む集住地区の住民のニーズにも適うものであった．

2000年代以降の生野コリアタウンの変容は，グローバル・スケールで展開する韓国文化ブームの下，SNSを介したファン層の増加と密接に関わっていることも特徴的である．それゆえ観光客の多くは，コリアタウン形成の背景にある，オールドカマーの歴史に対する関心も薄い．しかし同時に，日韓関係の悪化といった政治情勢に対し，文化消費をきっかけとして相応の関心も抱いている．とはいえ，最初期のコリアタウン計画が頓挫したように，戦後のコミュニティ内部の政治的対立や対外感情（およびそれと結びついた在日朝鮮人への意識）は，既存の商店主らが社会的価値の向上にコミットすることへの妨げにもなってきた．また昨今，特に土日は混雑ゆえに生野コリアタウンへ行くのを避けるという地元住民の声も聞く．コリアタウンの持つポテンシャルは見えつつも，そこに関わる諸主体間の認識に懸隔があることもまた事実である．

本章の議論からは，エスニック・タウンの盛衰が，ローカルな要因だけでなく，グローバルな文化消費の影響も多分に受けていることが示された．その意味で，エスニック空間が体現する「交わりとしての都市」は，人口移動や資本にとどまらず，文化・情報の流動にも深く関わっている．同時に，観光という具体的経験の位相，つまりホスト―ゲスト間の出会いの生起という部分でみれば，集住地区ないしエスニック空間は異質な他者同士の関係形成に開かれうる場でもある．エスニック集住地区が都市の本質を顕現させ，しかもそれがある種の「進化」のような軌跡をたどっていることは，都市のバイタリティを考える上でも示唆に富む．この点は，次の終章にて改めて立ち返ることにしよう．

なお，生野コリアタウンについては行政の関与が大きくないということも特徴的である．現在のところ，当地を含む範囲について，何らかの再開発事業が生じているわけでもない．1節で示した欧米の事例とは，この点で異なっていることも付言しておく．

第 IX 章

結語：
大阪のエスニック・バイタリティの来歴と今後

松下電器（現・パナソニック）が主導した再開発計画により建設されたTWIN21（1986年竣工，大阪市中央区）．天を衝くその姿には，大阪の輝かしい未来への期待が投影されている．ここには，かつて，東洋最大と謳われた大阪砲兵工廠があった．近代大阪の光と影を上書きし，新たに描いた将来像は，いかほど実現できたのだろうか（写真提供：アフロ）．

1．本書における議論の整理

本書は，大阪を対象に，エスニック集住地区の空間的形態の歴史的変遷過程とその背景要因を，およそ100年にわたる時間的スパンの中で検討してきた．結果，日本でも，エスニック集住地区が確固として存在しまた存続してきた都市があり，しかもその歴史的変遷には欧米とは異なる独自の特徴が見出された．大阪における在日朝鮮人集住地区の空間的形態は，端的にまとめれば，戦前の植民地主義下で形成された集住地区が，戦中・戦後のドラスティックな変容を経て，その後長らく明瞭な形で維持されつつも1980年代以降は集住の弱化がみられ始め，さらには1990年代以降にニューカマーの流入がみられたという経過を辿ってきた．以下，本書の知見のまとめとして，注目すべきポイントを列挙しておこう．

第1に，定量データや諸種の史資料から，エスニック集住地区の空間的形態について，その位置や集住の程度を明らかにした点が挙げられる．東京・大阪の比較からは，日本のエスニック集団人口の歴史的推移を反映して，オールドカマー・ニューカマーの両者が異なる分布傾向を持ち，これらの混成が現代日本の大都市におけるセグリゲーションの特徴を形作っていることがわかる（III章）．また，通時的にみれば，戦前の大阪において広範に分布していた朝鮮人集住地区が，現在の形態へと再編される契機として，戦中の空襲被害や戦後の帰還流動があり，さらにその背景には東アジアの政治情勢の影響も認められた（IV章）．この知見からは，日本の都市空間の形成史という部分でも，戦前・戦後の（非）連続性に着目する重要性が示されたといえる．

第2に，1点目とも関わるが，オールドカマーとニューカマーの分断と接点とを，空間の位相で明らかにしたことがある．戦前の植民地主義下の朝鮮人をめぐる移住システムにおいて，たとえば地縁・血縁のようなエスニック・ネットワークが重要な役割を果たしており，集住地区やそこでの就業上の特徴の形成に寄与していた．もちろん，それ自体は既存研究でも指摘されてきたが，そのシステムやネットワークは終戦によって完全に分断されたわけではない．大阪の在日朝鮮人集住地区は，戦後も引き続き日本・朝鮮半島間の人口移動の結節点であったし，彼ら・彼女らの特定の業種への偏在やエスニック事業所における労働力供給といった部分で地縁や血縁は引き続き機能していたのである（VI章）．居住分布に関していえば，戦後長らくそのパターンは大きく変わらなかったとはいえ，集住地区の在日朝鮮人数は漸増し，集住の程度も増していた．集住地区は国内人口移動の結節点でもあったし，実際，土地取得過程をみても在日朝鮮人内部で一定の入れ替わりがあったことがうかがえる（V章）．1990年代以降のニューカマーの増加については，直接的にこれらのネットワークに由来していなくても，オールドカマーの土地取得や遊興空間の形成と深く関わっていたほか（VII章），集住地区でのエスニシティの商品化に経済的機会を見出した移住者が，グローバルな韓国文化ブームに触発された人々をターゲットとした商売を営み，既成のエスニック・タウンを変容させる状況も生じた（VIII章）．以上の知見からは，オールドカマーとニューカマーの移動をめぐる背景や社会的属性の違いはあっても，グローバリゼーション下における移住システムの具体的な足場の１つが，植民地主義下で形成され存続した集住地区という空間にあることがわかる．ここにこそ，日本の都市をめぐる「（ポスト）コロニアリズムとグローバリズムの交錯点」を看取できる．

第３に，都市スケールおよび集住地区スケールに着目し，かつ居住と就業の両面に焦点を当て，戦前から現在までの間に集住地区が存続した具体的過程を示したことも特筆される．特に土地取得や職住近接に着目した分析を通じ，大仰にいえば戦前・戦後と現在との，あるいはオールドカマーとニューカマーとのミッシング・リンクを，部分的にではあれ解き明かせたと考える．土地取得は，モビリティの低下に寄与しただけでなく，事業主にとっては資金融通の手段ともなっていた（V章）．在日朝鮮人の居住・就業の特性には，社会的差別や諸制度からの排除に加え，上述の通りエスニック・ネットワークといった社会的側面が強く関連していたが（VI章），こうした社会の位相における特徴は，土地や建造環境という空間の位相を介して集住地区の存続やエスニック空間の形成に寄与していた（VII章）．これらの知見は，都市空間形成における社会―空間の連関性にとっても示唆に富むものであり，次節で改めて仮説的な説明モデルの呈示という形で整理したい．

総じて，II章で指摘した既存研究の欠落，すなわち①戦前と現代という研究対象時期の分断，②集住地区形成に果たす社会—空間の連関性のうち前者への関心の偏重，③集住地区の空間的形態の具体的な把握という3つの問題に，本書の分析が応えることができたと考える．そして，本書から得られた知見により，日本の都市のありようを論じる上でも，エスニック集住地区が持つ重要性やそこに着目する意義が明らかになったといえる．

2．集住地区存続のメカニズム

本節では1つの学術的関心として，特に戦後の在日朝鮮人集住地区の存続という部分について，さらに掘り下げてそのメカニズムを検討したい．というのは，欧米都市のセグリゲーション研究では，主としてその形成や変容に関する実証・理論面の研究が進んできた一方で，なぜ残るのかという部分はあまり注目されてこなかったからである．確かに，アフリカ系のゲットーのように，セグリゲーションの存続を都市問題との関連で捉えた研究には分厚い蓄積があるが，その要因としては住宅市場における差別や社会経済的不利など非空間的な要因の指摘にとどまることが多い[168]．加えて，既存研究ではセグリゲーションを捉える上で概して居住の側面に関心が偏り，就業上の特徴や居住との関係についての分析が不足してきた．I章で挙げたスコット（1996）のように，これら双方の空間的関係を説明した議論もあるが，しかしそれらの関係が不変である（ないし変化が少ない）理由への言及は乏しい．ここでは，本書の分析視角の1つでもある資本という不可視の流れに着目し，デイヴィッド・ハーヴェイの空間的回避（spatial fix）概念を援用して，仮説的に説明を試みる．

（168） 1つの例外として空間的ミスマッチ仮説（spatial mismatch hypothesis）が挙げられる．アメリカの都市では，郊外化の進展とインナーシティでの低所得者層の集中の結果，雇用機会の郊外移転が生じたことは広く知られている．しかし，インナーシティ居住者は郊外へ通勤する交通費の負担が大きく，また雇用に関する情報を得ることが難しい（Cooke and Shumway 1991）．空間的ミスマッチは，人種的マイノリティの特に女性でより強く生じるとされ（Preston et al. 1993; McLafferty and Preston 2000），社会経済的地位の上昇機会が限られることがセグリゲーションの存続につながると想定される．

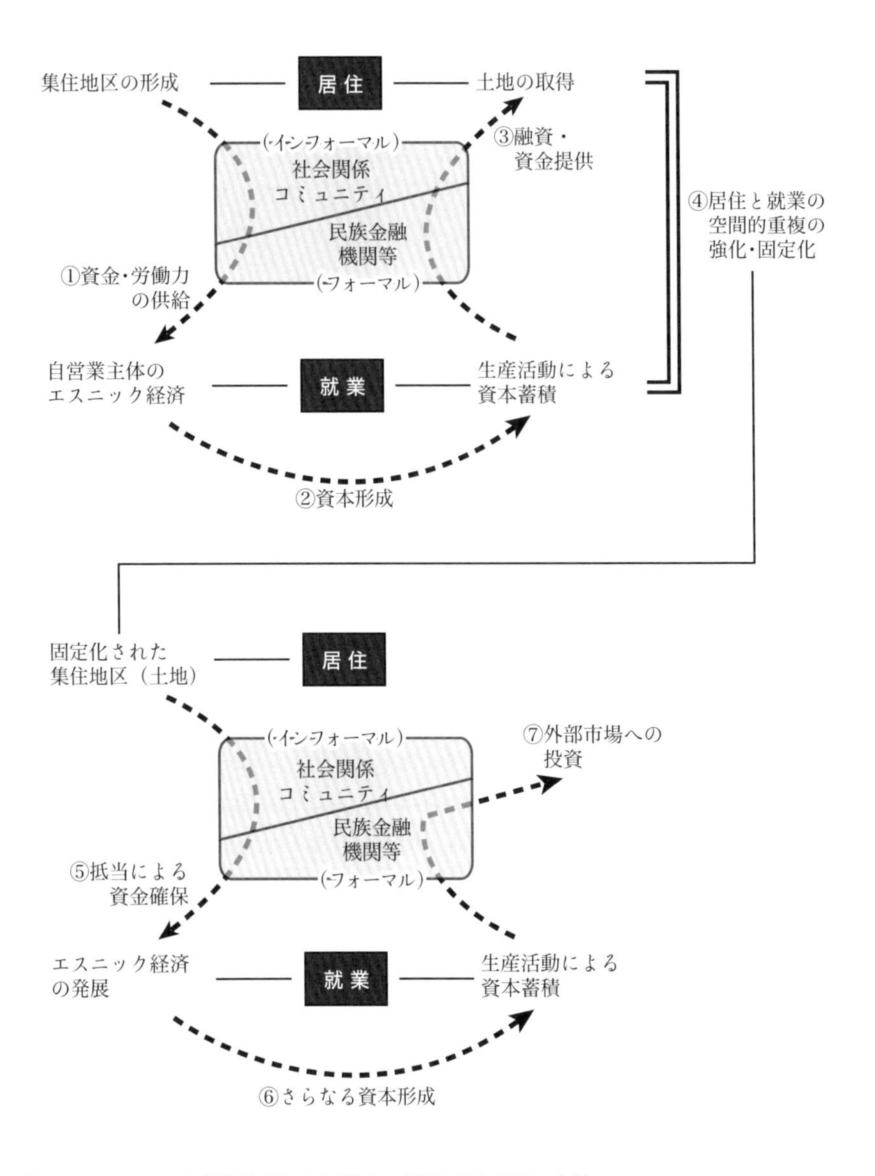

図IX－1　エスニック集住地区をめぐる資本の循環と集住地区の存続

注）点線は資本の流れを表す．

ハーヴェイ（1991）の空間論は，資本循環と建造環境の形成との関係を論じた点に特色がある．従来のマルクス主義の主眼である，商品の生産・消費による資本蓄積（資本の第1次循環）では，過剰蓄積に伴う利潤の低下や経済恐慌が不可避的に生じる．ハーヴェイは，この過剰蓄積された資本が，貯蓄や金融商品を通じて道路や公共施設，さらに住宅整備などへ投資され，資本主義を効率化させる建造環境を形成し（資本の第2次循環），恐慌の回避につながることを指摘した．この過程を，資本の空間的回避と呼ぶ．ここで注目されるのは，空間的回避によって生じる建造環境は，特定の土地に固定されているがゆえに，容易には更新しがたい性質を持っている点である(169)．

この説明枠組みを，本書で分析したエスニック経済の形成と不動産取得との関係に敷衍して考えてみよう（図IX－1）．繰り返し指摘してきたように，エスニック経済における生産活動ではエスニック・ネットワークが重要な役割を果たす．集住地区で発達ないし維持されたそうした関係が資金調達として用いられる場合には，よく知られた社会関係資本，つまり社会関係から生成された擬似的な資本となる(170)(①)．加えてエスニック・ネットワークを介した労働力の確保は，コミュニティ内の互酬性を背景に，概して低賃金での雇用を可能とする(171)(①)．もちろん，賃金の支払いがない（または少ない）家族労働力もここに含まれる．従って，エスニック経済内部での生産活動から生じる資本蓄積は(②)，コスト優位性の高い労働力を通じて生じている部分があり，それをエスニック・ネットワークが下支えしていると捉えられる．

蓄積された資本は，特に零細規模の職住一致のようなケースにおいて，その

---

(169)　spatial fixの‘fix’には，資本が建造環境という形で土地に固定される（fix）という意味と，それが過剰蓄積という資本主義の危機を修復する（fix）という二重の意味がある．この点を意識し，地理学では「回避」の訳語が当てられることが多い．

(170)　移民研究において，いわゆる頼母子講による資金調達はROSCAs（rotating savings and credit associations）と呼ばれ，エスニック経済を構成する重要な要素の1つと捉えられてきた．在日朝鮮人の事例については，高（1998）を参照．

(171)　ただし，このような低賃金労働は，見方を変えれば雇用主と被雇用者の間で非対称的な関係を形成していたことも意味する．特に「密航」者の場合は，非合法な移住が露見すれば退去強制処分を受けるリスクがあり，過酷な処遇に耐えざるをえない環境に置かれた．在日朝鮮人内部にあるこうした合法／非合法の分断について，それが植民地主義の残滓としての側面を持つことも看過できない（杉原 2009）．

まま土地を購入する原資になる．つまり，ここでは就業の領域で蓄積された資本が再生産の領域に投資され，居住地（および就業地）が特定の地点に固定化されることに帰結する（図が煩雑になるため矢印は省略している）．あるいは，民族金融機関を介して融資といった形で不動産購入に充てられれば，これもエスニック資本の土地への転化の一形態を指すものといえる（③）．そして，不動産の取得は同時に居住モビリティを低下させるがゆえに，集住地区，そして居住と就業の空間的集中の重複は存続することになると説明しうる（④）．

しかも，一旦取得された不動産は，抵当として再び民族金融機関などを介してビジネスの維持や立ち上げに使われることで（⑤），エスニック経済における資本蓄積がさらに進められる（⑥）．また，蓄積された資本の一部は，後にエスニック経済の外部，あるいは集住地区の外部への投資の源泉としても機能する（⑦）．エスニック経済における資本蓄積は，1970年代以降の在日朝鮮人起業家による新規ビジネスへの進出や，本書の事例では花街のエスニック空間への変容（Ⅶ章）の契機ともなった．

居住・就業の空間的重複は，このような資本循環の中で空間的に固定され，さらにエスニック経済のうち特に製造業に関わる一般的な特性，つまり工程間分業の発達に伴う集積の必要性にも影響された結果として，容易には変化しない特性を有するに至ったと考えることもできよう．

以上の図式は，現段階では仮説としての域にとどまるもので，エスニック経済における過剰蓄積が何を意味するかなど，空間的回避の枠組みを直接援用する上で解決すべき課題は多い．ただ，図Ⅸ－1のような説明枠組みは，都市におけるエスニック集団のコミュニティや社会的結合を空間との関係から問う上でも有効性を持ちうる．一般に，資本の第2次循環によって生成された公共的な建造環境は，それを利用する人々の生活つまり労働力再生産の円滑化に寄与するという性質を有する．こうした建造環境および付随する諸種のサービスは，それ自体としては利潤を生まず，また個人で投資することは困難であるために，行政が支出し住民によって集合的に消費される．これら集合的消費手段の利用や要求において，利害の一致する住民のローカル・スケールでの組織化が強化され，あるいは新たに生じた社会的結合が，さらなる建造環境の整備を求めた社会運動の基盤となる（カステル 1997; 水岡 2002）．端的には，資本循環と建造環境は，一般的にコミュニティと呼称される社会組織の形成にも深く関わっているのである．

実際，戦前の大阪をはじめとする大都市では，朝鮮人の参加する労働争議のほかにも，家賃闘争といった労働力再生産に関わる部分での組織化もみられた．都市政策においても，他の「不良住宅地区」と同様，その住宅環境の改善に対する意識は不十分ながら（そして同化を伴う形で）持たれていた．II章で述べたように，戦後のいわゆる「不法」住宅の事例でも，行政からの圧迫に対して住まいを求める住民の組織化が生じた経緯が明らかにされている．しかし，本書で対象とした集住地区においては，戦後から現在に至るまで，集合的消費を求めるという形での社会組織化は未発達であった(172)．V章でも述べたように，これは，同和対策事業という形で建造環境の更新に多大な資本投下がなされた被差別部落とは対照的であった．むろん，両者の差異が生じた背景に，戦後の国籍剥奪に伴う選挙権の喪失や社会保障からの排除があったことは言うまでもない．結果として，集住地区では独自の資本循環が生じ，そのことによって在日朝鮮人人口の偏在が強められたり維持されてきたわけである．

実際のところ，日本のエスニック集団，特にその社会的側面に焦点を当てた研究において，以上に示した空間の編成理論との関係はほとんど参照されてこなかった．しかし，都市とエスニック集団との関係を問う上で，やはり空間への視点が弱いことは大きな問題といえるだろう．戦後の在日朝鮮人の事例に限っても，行政の代替的機能を果たしていた民族団体の役割を都市空間との関係から分析したり，あるいはそこに南北分断という問題がどのように介在しているかといった点は，さらなる検討課題となるであろう．

3．大阪のエスニック・バイタリティ

本書では，都市空間の多様性のうち特にエスニック・バイタリティという性

(172)　ただし，学校教育や介護・医療など，民族団体が行政機能の代替として集合的消費の提供主体となってきた分野もある．こうした集合的消費の提供も，都市空間編成との関係から論じられるべきトピックだといえる．

質に着目し，そうした空間を大阪の在日朝鮮人集住地区の事例から検討してきた．この100年の集住地区の変容は，バイタリティを内包した空間が持つ固有の歴史のみならず，それが「交わりとしての都市」の中で不断に更新され続けてきたことを示唆する．さらに，集住地区で展開してきた人々の生活の蓄積は，コリアタウンの例を出すまでもなく，ローカルな環境で混成された文化を都市全体へと波及させていく役割も果たした．本書を締めくくるにあたり，この「見ようとしなければ見えない」エスニック・バイタリティが，大阪という都市に対して持つ意味をまとめておく．

近年，大阪の都市改変の度合は著しく，アイデンティティの苦悩を抜けて輝かしい都市イメージ構築に向けた手蔓を得たようにも映る．しかし，その光は，必ずしも全ての人々を照らすわけではない．ズーキン（2013）は，現代都市の特徴の1つとして，ジェントリフィケーションに代表される資本主導の都市改変と多様な空間を構成する既存コミュニティとの対立を挙げ，前者が優勢になって都市空間の画一化が進む状況を「都市の魂」の喪失と言い表す．「魂」という表現はエスニック・バイタリティの意味するところとかなり重複すると思われるが，ともあれ，同様の問題が世界中の都市で進行する渦中にあって，大阪の場合はそもそもそうした対立軸がエスニック集団に絡んで存在しうることすら認識されてこなかった．では，エスニック・バイタリティは何をもたらし，大阪をどのような点で特徴的な都市としてきたのだろうか．ここでは，都市の空間構造と都市社会という2つの観点から考えてみたい．

まず，空間構造の面でいえば，前節でも呈示したように，大阪の場合は何よりも日本で最大規模の集住地区が長期にわたって存続してきたという点が注目される．V章で明らかにしたように，1950年代から進んだ在日朝鮮人の土地取得は，戦前の借家形態の影響も受けて狭隘である事例が多く，接道の狭さもあって現在でも入り組んだ街路の景観を呈している．これは，ある面では空き家問題の遠因にもなっているが，だからといって衰退ばかりが目に付くわけではなく，1990年代に確認された住宅更新はむしろ在日朝鮮人所有の土地の方で進んでいた（成田 2005: 194-6）．そして，狭隘な土地ゆえに所有関係が複雑であることは，ジェントリフィケーションのような大規模な資本導入に対する防波堤として機能しているし（Fukumoto forthcoming），なお残る雑多さが独特かつ魅力的な雰囲気を醸成している部分もある．加えて，Ⅶ章の韓国クラブ街やⅧ章のコリアタウンでも示したように，集住地区が内包してきた朝鮮半島との歴史的な関係形成が，衰退からの変貌を可能としてきた．

次に，集住地区の社会的帰結として，最大の集住地区とはいっても在日朝鮮人の割合は小地域単位でみて最大で50～60％程度で，日本人と近接して暮らしているがゆえに両者の間には日常的な接点があった．既に社会学でも一定の研究蓄積があるが，そうした接点の中で戦後に至っても日本人からしばしば「向こうの人」と形容されるような，植民地主義に由来する非対称性が存在していたことは看過できない（むろん集住地区内で生まれ育っても，である）．それと同時に，集団内部の関係も，単に南北朝鮮のいずれを支持するかといった次元にとどまらず，たとえば1970年代末には韓国の軍事政権に反対するデモとそれへの対峙が可視化するなど，集住地区で生成した社会関係は「共生」などと形容しうるような生やさしいものではない．しかし一方で，韓国での民衆抑圧への問題意識に呼応した日本人の参加が増え，それが集住地区の外部に波及することもあったし，1990年代には地域の高齢化の中で福祉課題を梃子として日本人・在日朝鮮人の諸団体の間で広範な連携も生起した（二階堂 2007）．こうした団体の中には，ニューカマーの支援など，現在に至ってもなお外部からの移住者を包摂する機能を果たしているものもある．従って，顕著な集住がみられたとはいえ，それが島宇宙のように都市空間から遊離した形で存在してきたわけではなく，常に国外を含む地域外部との関係を保ってきた．

以上のように，集住地区の系譜を一望すると，単純に存続してきたというよりも，そこが戦後も都市外部から流入した人々の定着の足がかりになってきたことが見えてくる．1950年代以降の「地盤沈下」による大阪の求心力低下の中で，生野区の集住地区では大阪の外部も含めて（朝鮮半島からの「密航」も含まれる）在日朝鮮人人口を誘引し，その生活基盤を提供してきた．その後，今里新地の例のようにニューカマーの流入があったが，それもエスニック経済における資本蓄積によって可能になった部分があった．そして近年はベトナム人など他国籍の外国人の増加もみられるほか，韓流ブームに伴う地域活性化はこれまでにないビジネスチャンスとなって新たな人々の定着に向けた礎になるかもしれない．

ただ，大阪のエスニックな多様性の象徴たる空間は，必ずしも手放しで賞賛されるような寛容性を持ち合わせているわけではない．そこには，日本人―朝鮮人のみならず，日本や東アジアのポストコロニアルな諸状況に由来する複雑な分断が影を落としてきた．I章に挙げた詩人・金時鐘は，この集住地区の代名詞でもある「猪飼野」が，在日朝鮮人にとってもできれば出て行きたい，しかし出ても戻ってこざるをえなかった場所であり，そうした特性も含めて大阪の「陰画」と表現する（金・細見 2012: 175）．それゆえというべきか，戦後日本の「単一民族神話」の浸透の中で，大阪における集住地区の存在は，正負いずれの側面についても，この都市の視界から消されてきた．軽工業を中心とするエスニック経済についても，大阪の地場産業の中で確固たる位置を占めていたが，そこで在日朝鮮人の関わりが意識されることはほとんどなかった．「見ようとしなければ見えない」というよりも，敢えてそこから目を逸らしてきたのかもしれない．

もし，戦前に形成された集住地区の全てがそのまま霧消していたならば，大阪という都市の由来，すなわち朝鮮半島とのつながりの中で発展してきたという経緯について，都市の人々が知りうる機会自体が失われていただろう．集住地区が時代に応じて新たな流入者を受け入れてきたことは，近代以降の大阪が抱えるそうしたつながりを折に触れて人々の前に晒し出す．「陰画」もまた，大阪の不可欠な構成要素であり，ズーキンの言葉を借りるならば「魂」である．むろん，それは過去の遺物などではなく，今に至ってもなお都市空間を変貌させ続けている．

昨今，大阪が観光地として人気を高めるにつれ，街には大阪らしさを過剰に主張する記号が横溢している．その中で，コリアタウンですら，公的な観光PRの中でも申し訳程度に紹介されているにすぎない．しかしそれでも，「魂」を持つ限り，在日朝鮮人集住地区は大阪において他にはない類の多様性を胚胎する空間として変転していくであろう．もちろん，繰り返しになるが，それは単に称揚されるような多様性ではない．そして，「魂」の核心を成すのが，エスニック・バイタリティと呼びうるものである．その来歴と現在を意識の遡上に載せることで，大阪がそこに特有の世界とのつながりを介して成長してきた歴史と，そうしたつながりを頼りに発展していく将来像にも考えが及ぶであろう．

あとがき

本書は，2017年に京都大学に提出した博士学位請求論文をベースに，その後公刊した論考を加え，一部を加筆・修正したものである．書下ろしのⅠ章・Ⅸ章以外の各章は，それぞれ以下の既刊の論考を元にしている．

Ⅱ章　福本　拓（2018）「日本の都市におけるエスニック・セグリゲーション研究の動向」『都市地理学』13：77-91.

Ⅲ章　福本　拓（2010）「東京および大阪における在日外国人の空間的セグリゲーションの変化――「オールドカマー」と「ニューカマー」間の差異に着目して――」『地理学評論』83(3)：288-313.

Ⅳ章　福本　拓（2004）「1920年代から1950年代初頭の大阪市における在日朝鮮人集住地の変遷」『人文地理』56(4)：154-169.

Ⅴ章　FUKUMOTO, T.（2013）The persistence of the residential concentration of Koreans in Osaka from 1950 to 1980: Its relation to land transfers and home-work relationship. *Japanese Journal of Human Geography*（人文地理），65(6)：475-493.

Ⅵ章　福本　拓（2018）「在日朝鮮人事業所の空間的分布と集住地区との関連性――1980年代以降の大阪を事例に――」『経済地理学年報』64(3)：194-215.

Ⅶ章　福本　拓（2016）「「花街」からエスニック空間へ――ホスト社会・在日朝鮮人・「ニューカマー」の関係――」山下清海編『世界と日本のエスニック集団とホスト社会――日本社会の多文化化に向けたエスニック・コンフリクト研究』251-276．明石書店.

Ⅷ章　福本　拓（2021）「韓流ブーム下での大阪・生野コリアタウンの変容――エスニック・タウンの価値と地域活性化――」『地理空間』13(3)：231-251.

そもそも筆者が地理学を志したのは，高校生のとき，東南アジアの少数民族の文化を面白く感じたことがきっかけだった．学部課程在籍時は，折しも日本で外国人の増加が顕著になり，また都市という研究対象に強く惹かれた経緯もあって，自らの出身地である大阪を事例に何かできないかと思い立ったのが，本書の端緒といえる．

修士課程からは，都市史への興味も湧き，在日朝鮮人を対象とした居住分布形態の歴史的変遷に関する研究に取り組むようになった．近年はめっきり減ったが，駆け出しの頃，「なぜ日本人がそういった研究をするのか」と頻繁に問われたことを思い出す．その答えは未だ明確に示せないが，自らの研究活動を支えてきたのは，在日朝鮮人と日本人が共有しうる何かの1つが「大阪」ではないかという信念であった．大阪で生まれ育った筆者にとって，拙著刊行に至る過程は，自らの来歴を知る試みでもあったと考えている．

その意味で，Ⅸ章で言及した大阪ビジネスパーク（OBP）は，筆者にとって象徴的な場所でもある．父の実家が桜ノ宮駅（都島区）の近くだったこともあり，大阪城公園には小さい頃から何度も出かけていた．OBPのツインタワーの天を衝く姿を見るにつけ，幼かった筆者自身，大阪の輝かしい未来に胸をふくらませたものである．しかし，その足許には，大阪砲兵工廠が，「アパッチ族」が，そしてそれらに付随する大阪の多文化性が埋まっていた．それを掘り起こすと，たとえば父から「アパッチ族」の記憶が出てきたり，アルバイト先の会社の常務から北朝鮮帰国運動で別離した同級生の話を聞かされたりなど，大阪において在日朝鮮人とつながった人々の歴史に次々と出会うことになった．それらは，単に表立って語られていなかっただけであった．

ただ，本書に至る過程は，悪く言えば個人的な研究関心の枠内にとどまるものである．特に在日朝鮮人に対するヘイトスピーチが跋扈する現代にあって，この不正義に苛まれる人々，あるいは正面から立ち向かう人々に対し，拙著がいかほどの意味を持つのかという疑念は拭えない．そもそも，在日朝鮮人研究には膨大な蓄積がある中で，本書が何か新たな知見を呈示できたのかどうかも，心許ない限りである．今はただ，拙著ならびに筆者に対するご批判を受け止め，それに応えていく決意を新たにする以外にはできることが見当たらない．

とはいえ，まがりなりにも単著の公刊が叶ったのは，多くの方々の支えがあってこそである．その方々への感謝を綴るだけで，おそらくもう1冊は書けそうに思えるが，紙幅の関係もあり限られた方々のお名前を記すだけにとどまることをお許し願いたい．

学部課程から博士後期課程に至るまで在籍した京都大学文学部地理学教室では，先生方はもちろんのこと，先輩・後輩諸氏に大変お世話になった．特に，直接ご指導をいただいた石原潤先生（京都大学名誉教授，元・奈良大学学長）と田中和子先生，そして博士論文審査の主査を務めていただいた石川義孝先生（京都大学名誉教授，現・帝京大学）には，感謝の申し上げようもない．石原先生は，およそ研究者として身を立てる能力のなかった私を，メンタル面の不調も含め随分とサポートしてくださった．田中先生には，博士後期課程で指導教員をお引き受けいただいたが，その段階に至ってもなお研究能力に乏しかった私に，論文の書き方といった基礎的な部分から叩き込んでくださった．お二人のご指導がなければ，研究者として最低限のこともできないままだっただろう．そして石川先生には，大学院を出た後も，科研グループや国際学会等で多くの研究発表の機会をいただいた．先生に勧められた英文誌への投稿については，残された宿題としてその実現に尽力したい．

拙著の読者はお気付きになられたかもしれないが，本書で掲げた主要な分析観点は，水内俊雄先生（大阪市立大学）ならびに蘭信三先生（上智大学名誉教授，現・大和大学）のご研究に多くを負っている．水内先生には，学部在籍時から折に触れて気にかけていただいた．2008年に大阪市立大学都市研究プラザにグローバルCOE特別研究員として着任した際は，先生の型にはまらない発想の数々に何度も驚かされたし，側にいて多くのことを学ばせていただいた．また，蘭先生は，社会学特殊講義を受講する一院生にすぎなかった私に，現在まで本当に良くしてくださった．先生の携わられた研究会・シンポジウムへの出席を通じ，実に多くの社会学者・歴史学者と知己を得ることができた．それは，都市の問題を東アジアスケールの地域間関係や人口移動から捉えるという本書の問題意識にも結実している．大学の，あるいは分野の垣根を越えてご支援くださったことに，感謝の念は尽きない．実は，お二方には京都大学大学院にご在籍の折に少なからぬ交流があった．何か奇縁のようなものを感じずにはいられない．

そして幸運にも，地理学界においても多くの研究発表のチャンスを得ることができた．山下清海先生（筑波大学名誉教授，現・立正大学）をはじめエスニック地理学研究グループの先生方，山﨑孝史先生（大阪市立大学）ほか政治地理学研究部会のメンバー各位に篤く御礼申し上げたい．山下先生は，若輩にすぎなかった私に期待をかけてくださり，科研グループの末席に加えていただいたばかりか，学術誌の特集号やご編集の書籍への執筆機会を何度もいただいた．山﨑先生には，科研での貢献があまりできずに申し訳ない限りだが，これから恩返しができればとの思いを強くしている．

本書は，偶然にも，田中和子先生，水内俊雄先生，山下清海先生のご停年のタイミングで刊行される運びとなった．お三方のご退職に花を添えられたのであれば，望外の喜びである．特に，水内先生には，大阪市立大学の名前を付して謝辞を申し上げることができ，大変嬉しく思っている．

むろん，これまでの研究の遂行に際しては，調査フィールドの方々にも大変お世話になった．お忙しいところをご協力いただきながら，ろくに御礼状も差し上げられなかったり，折角聞かせてもらったお話を十分に活かせないこともあった．申し訳なく，またお恥ずかしい限りである．そんな中で，大学院生の折からご支援を賜った，コリアNGOセンターの郭辰雄様・金光敏様，聖公会生野センターの呉光現様，日韓問題を考える東大阪市民の会の田村幸二様には特段の感謝を申し上げたい．研究者として相変わらず自信を持てないままだが，これからも現場の方々との交流を絶やさず，少しでも意義のある研究成果をお示しできるよう努めたい．

今や20代での単著出版が珍しくない中で，筆者の能力不足もあって公刊まで随分時間を要してしまった．この間，幸いにもいくつかの大学で研究・教育に従事する機会に恵まれたが，本業が疎かになることも多々あった．ご迷惑をおかけした方々には平にお詫び申し上げるとともに，それでもご支援をいただけたご厚情に深謝する次第である．佛教大学教育学部の原清治先生には，非常勤講師のご紹介をいただいたお陰で，自らのスキルを大いにアップさせることができた．三重大学人文学部では，豊福裕二先生，奥山朋子様，山田知代様に大変お世話になった．宮崎産業経営大学では，特に柴田博子先生，徳地慎二先生には公私にわたって気にかけていただいた．宮崎での経験は，何かと活きていると日々感じている．そして，普段から多大なご迷惑をおかけしている，南山大学人文学部日本文化学科のスタッフ諸氏にも御礼申し上げる．

本書は南山大学学術叢書出版助成を受けて刊行される．審査に当たっていただいた先生方には，ご多忙にもかかわらずお引き受けいただいた上，的確なコメントを多数くださり，大変有り難く存じている．また，本研究の遂行に際しては，科研費（#21720304，#23242052，#25770301，#16K03209，#17H02425）の一部を使用した．そして，何より，京都大学学術出版会の鈴木哲也様のアドバイスがなければ，本書の刊行は叶わなかった．編集のプロフェッショナルとしてのお仕事には何度も唸らされたし，何より刊行の意義づけは鈴木様の問いかけとご支援なくして明示できなかっただろう．記して感謝申し上げたい．当然ながら，本書の内容に関わる責任が全て筆者に帰するのは言うまでもない．

振り返れば，これまでの研究者としての人生は，決して平坦なものではなかった．苦しいとき，何より支えになったのは，同世代で同じ目標に向かって研究に勤しんでいた友人の存在である．時に酒を酌み交わし，不満を昇華させながら，お互いよくここまで頑張ってこられたと思う．山口晋（目白大学），北川眞也（三重大学），熊谷美香（大阪市立大学）の 3 人との友誼が，今後も続いていくことを願っている．

最後に，拙著の出版という目標が実現できた今，これまで支えてくれた家族に改めて感謝の念を伝えたい．父・要と母・則子は，特に大学院への進学以降，先が見えず，聞きたいことや言いたいことを山ほど抱えて気を揉んだことだろう．しかし，この道を諦めさせるようなことは一度も言わなかった（誰に何を言われても好きな方向にしかいかない私の性格は，父譲りであるし，父もそれをよく理解していただろうが）．私が説明を面倒くさがることも輪をかけて，半ば諦めの境地にいたのかもしれないが，このような形で成果を届けられて安堵している．また，幼少時より何があっても常に応援し続けてくれた祖母・松重千恵子に対しても，感謝の念に堪えない．本書を手にとり，長生きして良かったことの 1 つに加えてもらえれば幸いである．

義父母の田爪邦士・正子には，常日頃から多大なご助力をいただきながら，それに甘えてばかりであったと反省しきりである．特に，妻が切迫早産で入院していた際には，長男を長期にわたって預かってくださり，また狼狽していた私を励ましてくださった．名古屋への転任に際して，義父はそうなることを予見していたと快く送り出していただいた．元気に活躍することがご恩返しになればとの思いである．この場を借りて御礼申し上げたい．

そして，誰よりも私の身を案じてくれている妻・麻紀には最大の感謝の気持ちを伝えたい．特に名古屋に転任して以降は，慣れない環境での生活に苦労し，私自身も多忙のあまり気持ちに余裕がなく数々の辛い思いをさせてしまった．著作が刊行されたからといって許されるわけではないが，これが妻自身の頑張りの成果でもあると誇ってほしい．長男・大河と長女・望には，毎夜帰宅後に寝顔を見るたび，あまり一緒に遊んであげられずに申し訳ないという気持ちを禁じ得ない．父は，口に出さずとも，母とともに，２人を心底愛している．さしたる貢献もせずに希望だけ伝えるのも憚られるが，２人には優しい思いやりのある人になって欲しいと願うばかりである．

世界から理不尽な暴力に苛まれる人々がいなくなることを祈って

2022年３月　福本　拓

【文献一覧】

青木秀男（2000）『現代日本の都市下層―寄せ場と野宿者と外国人労働者―』明石書店．

青木秀男（2007）「世界都市化と外国人労働者―大阪市のコリアン労働者の場合―」『人権問題研究』7: 5-21.

赤松啓介（2005）『差別の民俗学』ちくま学芸文庫．

鰺坂　学（2009）『都市移住者の社会学的研究―『都市同郷団体の研究』増補改題―』法律文化社．

鰺坂　学・西村雄郎・丸山真央・徳田　剛編（2019）『さまよえる大都市・大阪―「都心回帰」とコミュニティ―』東信堂．

阿部康久（1999）「1920年代の東京府における中国人労働者の就業構造と居住分化」『人文地理』51(1): 23-48.

阿部康久（2000）「昭和初期の東京とその周辺地域における中国人労働者の排除と集住地区の衰退」『地理学評論』73(9): 694-714.

阿部亮吾（2011）『エスニシティの地理学―移民エスニック空間を問う―』古今書院．

蘭　信三（2013）「帝国以後の人の移動」蘭　信三編『帝国以後の人の移動―ポストコロニアリズムとグローバリズムの交錯点―』4-45，勉誠出版．

蘭　信三（2019）「引揚・追放・残留と民族マイノリティ問題―戦後東アジアを手がかりに―」蘭　信三・川喜田敦子・松浦雄介編『引揚・追放・残留―戦後国際民族移動の比較研究―』18-44. 名古屋大学出版会．

蘭　信三・福本　拓（2018）「人の移動と産業をめぐる歴史的変容」駒井　洋監修・津崎克彦編『産業構造の変化と外国人労働者―労働現場の実態と歴史的視点―』259-285．明石書店．

李　禧淑（2002）「求職ネットワークにみる在日コリアンの社会経済的変容」『地理学評論』75(4): 183-194.

五十嵐泰正（2010）「「地域イメージ」，コミュニティ，外国人」岩渕功一編『多文化社会の〈文化〉を問う―共生／コミュニティ／メディア―』86-115，青弓社．

生野区役所編（2002）『わが郷土　小路を語る』同発行．

石川義孝（2005）「外国人関係の2統計の比較」『人口学研究』37: 83-94.

石川義孝（2018）『流入外国人と日本―人口減少への処方箋―』海青社．

石川義孝編（2011）『地図でみる日本の外国人』ナカニシヤ出版．

石川義孝編（2019）『地図でみる日本の外国人　改訂版』ナカニシヤ出版．

石戸　諭（2018）「BTS原爆Tシャツ問題「語られない」背景とは？K-POP研究，第一人者の分析」『ハフポスト日本版』2018年12月11日付記事．（https://www.huffingtonpost.jp/2018/12/11/bts-matter_a_23614728/，最終閲覧日2020年12月3日）

出水　薫（1993）「敗戦後の博多港における朝鮮人帰国について―博多引揚援護局「局史」を中心とした検討―」『法政研究』60(1): 71-101.

伊地知紀子（2000）『生活世界の創造と実践―韓国・済州島の生活誌から―』御茶の水書房．

稲葉佳子（2008）『オオクボ　都市の力―多文化空間のダイナミズム』学芸出版社．

伊豫谷登士翁（2001）『グローバリゼーションと移民』有信堂高文社．

岩佐和幸（1998）「世界都市大阪の歴史的形成―戦間期における朝鮮人移民の流入過程を中心に―」

『経済論叢別冊　調査と研究』16: 92-116.
遠藤正敬（2013）『戸籍と国籍の近現代史―民族・血統・日本人―』明石書店.
呉　圭祥（1992）『在日朝鮮人企業活動形成史』雄山閣.
太田好信（1993）「文化の客体化―観光をとおした文化とアイデンティティの創造―」『民族學研究』57(4): 383-410.
奥田道大編（1997）『都市エスニシティの社会学―民族・文化・共生の意味を問う―』ミネルヴァ書房.
奥田道大・田嶋淳子編（1993）『新宿のアジア系外国人』めこん.
奥田道大・田嶋淳子編（1995）『池袋のアジア系外国人―回路を閉じた日本型都市でなく―』明石書店.
梶田孝道（1994）『外国人労働者と日本』NHKブックス.
カステル，M.（石川敦志監訳）（1997）『都市とグラスルーツ―都市社会運動の比較文化理論―』法政大学出版局.
加藤政洋（2002）『大阪のスラムと盛り場―近代都市と場所の系譜学―』創元社.
加藤政洋（2005）『花街―異空間の都市史―』朝日新聞出版.
加藤政洋（2008）「雪洞とハングルのある風景―今里新地―」『大阪春秋』130: 21-25.
加藤政洋（2019）『大阪―都市の記憶を掘り起こす―』ちくま新書.
川村千鶴子（2015）『多文化都市・新宿の創造―ライフサイクルと生の保障―』慶應義塾大学出版会.
川村千鶴子編（2008）『「移民国家日本」と多文化共生論―多文化都市・新宿の深層―』明石書店.
桐村　喬（2006）「居住地域構造研究に対する自己組織化マップの適用可能性―1970年の京都市において民族的状況次元は存在するのか？―」『立命館地理学』18: 55-67.
桐村　喬（2013）「居住地域構造との関係からみた東京23区における国籍別外国人集住地区の社会経済的特徴」『人文地理』65(1): 29-46.
倉沢　進編（1986）『東京の社会地図』東京大学出版会.
倉沢　進（2004）「外国人居住者の空間分布」倉沢　進・浅川達人編『新編　東京圏の社会地図1975-90』209-233．東京大学出版会.
倉沢　進・浅川達人編（2004）『新編　東京圏の社会地図1975-90』東京大学出版会.
金　時鐘・細見和之（2012）「陰画としての大阪」『現代思想』40(6): 166-175.
金　太基（1997）『戦後日本政治と在日朝鮮人問題―SCAPの対在日朝鮮人政策1945～1952年―』勁草書房.
金　成玟（2018）『K-POP―新感覚のメディア―』岩波新書.
金　賛汀（1985）『異邦人は君ヶ代丸に乗って―朝鮮人街猪飼野の形成史―』岩波新書.
金　延景（2016）「東京都新宿区大久保地区における韓国系ビジネスの機能変容―経営者のエスニック戦略に着目して―」『地理学評論』89(4): 166-182.
金　延景・中川紗智・池田真利子（2019）「エスニック都市空間の夜の領域性に関する一考察―大久保コリアタウンの夜間営業施設に着目して―」『地理空間』12(3): 247-262.
高　権三（1942）『大阪の半島人』発行元不明.
高　鮮徽（1998）『20世紀の滞日済州島人―その生活過程と意識―』明石書店.

高　賛侑（2011）「朝鮮市場からコリアタウンへ」上田正昭監修・猪飼野の歴史と文化を考える会編『ニッポン猪飼野ものがたり』332-342．批評社．
江　衛・山下清海（2005）「公共住宅団地における華人ニューカマーズの集住化―埼玉県川口芝園団地の事例―」『人文地理学研究』29: 33-58．
粉川春幸（2017）「大阪市中央区南部における複数のエスニック集団によるエスニック・ビジネスの実態」『人文地理』69(4): 447-466．
駒井　洋（2006）『グローバル化時代の日本型多文化共生社会』明石書店．
是川　夕（2009）「非類似性指数からみた在日外国人の住み分けの現状と要因―国勢調査小地域集計を用いた分析―」『人口学研究』44: 1-17．
在日高麗労働者連盟（1992）『在日朝鮮人の就労実態調査―大阪を中心に―』新幹社．
佐賀　朝（2007）『近代大阪の都市社会構造』日本経済評論社．
サッセン，S.（森田桐郎訳）（1992）『労働と資本の国際移動―世界都市と移民労働者―』岩波書店．
ジェイコブス，J.（2010）『アメリカ大都市の死と生』鹿島出版会．
島津俊之（1998）「和歌山市域における在日朝鮮人住民の空間的セグリゲーションと居住地移動(1920～1995年)」『和歌山地理』18: 1-20．
島村恭則（2010）『〈生きる方法〉の民族誌―朝鮮系住民集住地域の民俗学的研究―』関西学院大学出版会．
庄谷怜子・中山　徹（1997）『高齢在日韓国・朝鮮人―大阪における「在日」の生活構造と高齢福祉の課題―』御茶ノ水書房．
全　ウンフィ（2021）「宇治市Ａ地区にみる高度成長期以降の「不法占拠」の存続要因」『都市文化研究』23: 3-14．
申　知燕（2018）「ニューヨーク大都市圏における韓人のトランスナショナルな移住―居住地選択およびコリアタウンとの関係を中心に―」『地理学評論』91(1): 1-23．
申　惠媛（2016）「「新大久保」の誕生―雑誌が見た地域の変容―」『年報社会学論集』29: 44-55．
杉浦　直（2011a）「エスニック・タウンの生成・発展モデルと米国日本人街における検証」『季刊地理学』63(3): 125-146．
杉浦　直（2011b）『エスニック地理学』学術出版会．
杉浦　直・小田隆史（2009）「エスニック都市空間における場所をめぐる葛藤―サンフランシスコ・ジャパンタウンの一事例から―」『季刊地理学』61(3): 157-177．
杉原　薫・玉井金五（1986）「課題と方法」杉原　薫・玉井金五編『大正・大阪・スラム―もうひとつの日本近代史―』7-28．新評論．
杉原　達（1998）『越境する民―近代大阪の朝鮮人史研究―』新幹社．
杉原　達（2009）「在日朝鮮人の歴史的形成・展開と日本の社会意識―大阪の場から考える―」増谷英樹編『移民・難民・外国人労働者と多文化共生―日本とドイツ／歴史と現状―』41-61．有志舎．
ズーキン，S.（内田奈芳美・真野洋介訳）（2013）『都市はなぜ魂を失ったか―ジェイコブス後のニューヨーク論―』講談社．
スコット，A.（水岡不二雄監訳）（1996）『メトロポリス―分業から都市形態へ―』古今書院．
スミス，N.（原口　剛訳）（2014）『ジェントリフィケーションと報復都市―新たなる都市のフロンティアー』ミネルヴァ書房.
徐　龍達（1972）「在日韓国人の職業と経営の実態―「国際化時代」の盲点・差別の社会構造を考えるー」『桃山学院大学経済学論集』14: 158-194.
徐　龍達（1987）「在日韓国・朝鮮人の商工業の実態」徐　龍達編『韓国・朝鮮人の現状と将来』221-259. 社会評論社.
園部雅久（2001）『現代大都市社会論―分極化する都市？―』東信堂.
高野昭雄（2009）『近代都市の形成と在日朝鮮人』人文書院.
髙谷　幸・大曲由起子・樋口直人・鍛治　致・稲葉奈々子（2015）「2010年国勢調査にみる在日外国人の仕事」『岡山大学大学院社会文化科学研究科紀要』39: 17-36.
竹前栄治・中村隆英監修（1996）『GHQ日本占領史4　人口』日本図書資料センター.
田嶋淳子（1998）『世界都市・東京のアジア系移住者』学文社.
田中　宏（1995）『新版　在日外国人―法の壁，心の溝―』岩波新書.
谷　富夫（2013）「都市とエスニシティ―人口減少社会の入口に立って―」『日本都市社会学会年報』31: 35-60.
谷　富夫（2015）『民族関係の都市社会学―大阪猪飼野のフィールドワーク―』ミネルヴァ書房.
谷　富夫編（2002）『民族関係における結合と分離―社会的メカニズムを解明する―』ミネルヴァ書房.
田村紀之（1998）「植民地期在日朝鮮人人口の再推計（I）―総人口・男女別人口―」『経済と経済学』88: 1-45.
千葉立也（1987）「在日韓国・朝鮮人の居住分布」古賀正則編『第三世界をめぐるセグリゲーションの諸問題』45-84. 一橋大学.
千葉立也（2005）「特設レポート　エスニシティ」『人文地理』57(3): 325-331.
曺　奎通・金　康裕（2011）「猪飼野ヘップサンダル小史」上田正昭監修・猪飼野の歴史と文化を考える会編『ニッポン猪飼野ものがたり』301-309. 批評社.
徳岡一幸（1985）「都市化と人口・雇用の変化―大阪大都市圏における実証分析―」『香川大学経済論叢』58(2): 159-178.
徳田　剛（2019）「外国人たちの大阪都心」鯵坂　学・西村雄郎・丸山真央・徳田　剛編『さまよえる大都市・大阪―「都心回帰」とコミュニティ―』295-304. 東信堂.
戸田佳子（1998）「阪神・淡路大震災後の在日ベトナム人の生活再建」『国際協力論集』5: 147-174.
外村　大（1991）「一九二〇～三〇年代在日朝鮮人の住宅問題―大阪を中心に―」『民衆史研究』41: 19-39.
外村　大（2004）『在日朝鮮人社会の歴史学的研究―形成・構造・変容―』緑陰書房.
外村　大（2012）『朝鮮人強制連行』岩波新書.
長尾謙吉（2012）「経済的地盤沈下と大阪都構想」『現代思想』40(6): 120-129.
中谷友樹（2003）「空間的共変動分析」杉浦芳夫編『地理空間分析』23-48. 朝倉書店.
成田孝三（1995）「世界都市におけるエスニック・マイノリティへの視点―東京・大阪の在日をめぐって―」『経済地理学年報』41(4): 308-329.
成田孝三（2005）『成熟都市の活性化―世界都市から地球都市へ―』ミネルヴァ書房.
二階堂裕子（2007）『民族関係と地域福祉の都市社会学』世界思想社.

西澤晃彦（2011）「身体・空間・移動」西澤晃彦編『労働再審4　周縁労働力の移動と編成』11-41. 大月書店.
西成田豊（1997）『在日朝鮮人の「世界」と「帝国」国家』東京大学出版会.
西村雄郎（2002）「民族集住地域の形成―大阪市生野区桃谷地区とその周辺―」谷　富夫編『民族関係における結合と分離―社会的メカニズムを解明する―』666-687. ミネルヴァ書房.
西村雄郎編（2006）『阪神都市圏における都市マイノリティ層の研究―神戸在住「奄美」出身者を中心として―』社会評論社.
根田克彦（2020）「ロンドン，タワーハムレッツにおけるブリックレーン商業集積地とタウンセンター政策」『地理空間』13(3): 179-196.
河　明生（1997）『韓人日本移民社会経済史―戦前篇―』明石書店.
ハーヴェイ，D.（竹内啓一・松本正美訳）（1980）『都市と社会的不平等』日本ブリタニカ.
ハーヴェイ，D.（水岡不二雄訳）（1991）『都市の資本論―都市空間形成の歴史と理論―』青木書店.
パーク，R. E.（松本　康訳）（2011）「都市―都市環境における人間行動研究のための提案―」松本　康編『都市社会学セレクションⅠ　近代アーバニズム』39-87. 日本評論社.
朴　慶植編（1982）『朝鮮問題資料叢書　第三巻　在日朝鮮人の生活状態』アジア問題研究所.
朴　倧玄（2004）「在日韓国人企業の事業所分布からみた日本の都市階層」『経済地理学年報』50(1): 63-78.
バーゼス，E. W.（大道安次郎・倉田和四生訳）（1972）「都市の発展―調査計画序論―」パーク，R. E.・バーゼス，E. W.・マッケンジー，R. D.（大道安次郎・倉田和四生訳）『都市―人間生態学とコミュニティ論―』49-64. 鹿島出版会,
原口　剛（2016）『叫びの都市―寄せ場，釜ヶ崎，流動的下層労働者―』洛北出版.
韓　載香（2010）『「在日企業」の産業経済史―その社会的基盤とダイナミズム―』名古屋大学出版会.
韓　勝旭・布野修司・リムボン（2006）「土地所有関係の変遷から見る在日コリアン集住地区の形成過程に関する研究」『日本建築学会計画系論文集』71(599): 95-101.
樋口忠成（1979）「デトロイト大都市地域の居住分化とその空間パターン―因子生態研究からみた1960年と1970年の比較―」『人文地理』31(1): 5-27.
樋口直人（2010）「都市エスニシティ研究の再構築に向けて―都市社会学者は何を見ないできたのか―」『年報社会学論集』23: 153-164.
樋口直人（2012）「日本のエスニック・ビジネスをめぐる見取り図」樋口直人編『日本のエスニック・ビジネス』1-36. 世界思想社.
樋口雄一（1986）『協和会―戦時下朝鮮人統制組織の研究―』社会評論社.
広田康生（2013）「トランスナショナル・コミュニティ・パースペクティブの諸仮説」『専修人間科学論集・社会学篇』3(2): 71-80.
広田康生（2019）「「場所形成（place-making）」の思想と「カイロス」の時間―都市の周辺世界鶴見・潮田の思想の水脈―」『専修大学社会科学研究所月報』674: 10-33.
黄　順姫（2012）「新韓流の文化社会学―韓国大衆文化の日本的遊び方の構造と実践―」『社会学ジャーナル』37: 1-20.

福原宏幸（1986）「都市部落住民の労働＝生活過程―西浜地区を中心に―」杉原　薫・玉井金五編『大正・大阪・スラム―もうひとつの日本近代史―』95-159．新評論．
福原宏幸（1994）「マイノリティ集団の産業―履物産業を中心に―」大阪社会労働運動史編集委員会編『大阪社会労働運動史　第5巻』233-255．有斐閣．
福本　拓（2002）「大阪府における在日外国人「ニューカマー」の生活空間」『地理科学』57(4): 255-276.
福本　拓（2011）「「密航」に見る在日朝鮮人のポスト植民地性」蘭　信三編『帝国崩壊とひとの再移動―引揚げ，送還，そして残留―』56-65．勉誠出版．
福本　拓（2018a）「エスニック・セグリゲーション研究に関する覚え書き―日本での実証研究に向けて―」『空間・社会・地理思想』21: 15-27.
福本　拓（2018b）「日本の都市におけるエスニック・セグリゲーション研究の動向」『都市地理学』13: 77-91.
藤塚吉浩（2019）「社会主義後のプラハにおけるジェントリフィケーション」『都市地理学』14: 28-37.
フロリダ，R.（井口典夫訳）（2008）『クリエイティブ資本論―新たな経済階級（クリエイティブ・クラス）の台頭―』ダイヤモンド社．
法政大学日本統計研究所（1991）「わが国における外国人の地域分布」『統計研究参考資料』35: 20-72.
法務省入国管理局編（1981）『出入国管理の回顧と展望　昭和55年度版―入管発足30周年を記念して―』大蔵省印刷局．
堀内　稔（2000）「新聞記事に見る在阪朝鮮人の初期形成」『在日朝鮮人史研究』30: 27-42.
堀本正章（2006）「大阪市生野区でハングル表記が多い要因―今里新地と猪飼野を比較して―」『新地理』54(3): 51-63.
まち居住研究会編（1994）『外国人居住と変貌する街―まちづくりの新たな課題―』学芸出版社．
町村敬志（1994）『「世界都市」東京の構造転換―都市リストラクチュアリングの社会学―』東京大学出版会．
町村敬志（2006）「「文化」の転用・流用可能性―ソーシャル・キャピタルの視点から―」端　信行・中牧弘允・NIRA編『都市空間を創造する―越境時代の文化都市論―』107-131．日本経済評論社．
町村敬志（2020）『都市に聴け―アーバン・スタディーズから読み解く東京―』有斐閣．
マッケンジー，R. D.（大道安次郎・倉田和四生訳）（1972）「ヒューマン・コミュニティ研究への生態学的接近」パーク, R. E.・バーゼス，E. W.・マッケンジー，R. D.（大道安次郎・倉田和四生訳）『都市―人間生態学とコミュニティ論―』65-80．鹿島出版会．
マッシー，D.（森　正人・井澤高志訳）（2014）『空間のために』月曜社．
水内俊雄（1984）「戦前大都市における貧困階層の過密居住地区とその居住環境整備事業―昭和2年の不良住宅地区改良法をめぐって―」『人文地理』36(4): 289-311.
水内俊雄（1985）「植民地都市大連の都市形成―1899～1945年―」『人文地理』37(5): 438-455.
水内俊雄（2002）「世界都市の貧困，差別，都市社会運動―都市建造環境と土地利用調整の歴史的変動―」水岡不二雄編『経済・社会の地理学―グローバルに，ローカルに，考えそして行動しよう―』327-365．有斐閣．
水内俊雄（2004）「都市インナーリングをめぐる社会地理」水内俊雄編『空間の社会地理』23-58．朝倉書店．
水内俊雄（2005）「マイノリティ／周縁からみた戦後大阪の空間と社会」『日本都市社会学会年報』23: 32-56．
水内俊雄・加藤政洋・大城直樹（2008）『モダン都市の系譜―地図から読み解く社会と空間―』ナカニシヤ出版．
水岡不二雄（2002）「建造環境―生産された空間編成の固着化―」水岡不二雄編『経済・社会の地理学―グローバルに，ローカルに，考えそして行動しよう―』189-209．有斐閣．
三田知実（2006）「消費下位文化主導型の地域発展―東京渋谷・青山・原宿の「独立系ストリート・カルチャー」を事例として―」『日本都市社会学会年報』24: 136-151．
三輪嘉男（1983）「在日朝鮮人集住地区の類型と立地特性」『在日朝鮮人史研究』11: 54-69．
三輪泰史（1996）『占領下の大阪』松籟社．
村山祐司・駒木伸比古（2013）『新版　地域分析―データ入手・解析・評価―』古今書院．
本岡拓哉（2019）『「不法」なる空間に生きる―占領と立ち退きをめぐる戦後都市史―』大月書店．
森田芳夫（1996）『数字が語る在日韓国・朝鮮人の歴史』明石書店．
八木寛之・吉田全宏（2017）「エスニック・タウンで「商店街の価値を高める」ことの意味―大阪・生野コリアタウンにおける商店街活動と「多文化共生のまちづくり」―」『日本都市社会学会年報』35: 121-137．
柳沢　遊・木村健二・浅田進史編（2013）『日本帝国勢力圏の東アジア都市経済』慶應義塾大学出版会．
矢野淳士・湯山　篤・全　泓奎（2020）「生野コリアタウン活性化に向けた実態調査報告―コリアタウン訪問者の商店街利用とニーズに関する調査から―」『都市と社会』4: 88-111．
山下清海（2010）『池袋チャイナタウン―都内最大の新華僑街の実像に迫る―』洋泉社．
山下清海（2020）「日本における地域活性化におけるエスニック資源の活用要件―中華街構想の問題点と横浜中華街の実践例を通して―」『地理空間』13(3): 253-269．
山下清海・小木裕文・張　貴民・杜　国慶（2013）「ハルビン市方正県の在日新華僑の僑郷としての発展」『地理空間』6(2): 95-120．
山本俊一郎（2002）「神戸ケミカルシューズ産地におけるエスニシティの態様―在日韓国・朝鮮人経営者の社会経済的ネットワーク―」『季刊地理学』54(1): 1-19．
梁　永厚（1994）『戦後・大阪の朝鮮人運動　1945-1965』未来社．
葉　倩瑋（2001）「植民地主義と都市空間―台北における権力と都市形成―」竹内啓一編『都市・空間・権力』34-76．大明堂．
吉田友彦（2011）「大阪・コリアタウンにおける外国人居住」『都市住宅学』74: 16-19．
吉田友彦・三村浩史（1996）「在日韓国・朝鮮人集住地区における居住アイデンティティの表現に関する研究―大阪市・鶴橋耕地整理組合区域のＭ商店街を事例として―」『日本都市計画学会学術研究論文集』31: 559-564．
吉田友彦・リム　ボン・安藤元夫・三村浩史（1995）「社会資本整備過程から見る在日韓国・朝鮮人集住環境の特性―東成・生野地区における河川改修と耕地整理の意味―」『日本都市計画学

会都市計画論文集』30: 145-150.
吉田全宏・八木寛之（2017）「エスニック商店街における商店街活性化の課題―大阪・生野コリアタウンの観光化によるニューカマー商店主の増加に注目して―」『日本観光学会誌』58: 39-45.
ワグナー，E. W.（外務省アジア局北東アジア課訳）（1975）『日本における朝鮮少数民族　1904-1950年』湖北社.

Allen, J. P. and Turner, E. (1996a) Spatial patterns of immigrant assimilation. *Professional Geographer* 48 (2): 140-155.
Allen, J. P. and Turner, E. (1996b) Ethnic diversity and segregation in the new Los Angeles. In *EthniCities: Geographic perspectives on ethnic change in modern cities*, ed. Roseman, C.C., Laux, H. D. and Thieme, G., 1-29. Lanham: Rowman & Littlefield.
Avila-Tapies, R. (1995)「在日外国人と日本人の人口移動パターンの比較分析」『人文地理』47(2): 174-188.
Avila-Tapies, R. (2016) Co-ethnic spatial concentrations and Japan's 1930s concord project for Manchukuo. *Geographical Review of Japan Ser.B*. 88(2): 47-65.
Bolt, G., Philllips, D. and van Kempen, R. (2010) Housing policy, (de)segregation and social mixing: an international perspective. *Housing Studies* 25(2): 129-135.
Brinegar, S. and Leonard, J. (2008) Poverty and affluence: A comparative analysis of economic segregation in metropolitan Cincinnati, Cleveland, and Columbus, Ohio, 1970-2000. *Urban Geography* 29(6): 581-606.
Brown, L. A. and Chung, S. Y. (2006) Spatial segregation, segregation indices and the geographical perspective. *Population, Space and Place* 12(2): 125-143.
Chang, T. C. (2000) Singapore's Little India: A tourist attraction as a contested landscape. *Urban Studies*, 37(2): 343-366.
Chung, S. Y. and Brown, L. A. (2007) Racial/ethnic residential sorting in spatial context: Testing the explanatory frameworks. *Urban Geography* 28(4): 312-339.
Collins, J. (2007) Ethnic precincts as contradictory tourist spaces. In *Tourism, ethnic diversity and the city*, ed. J. Rath, 67-86. New York: Routledge.
Cooke, T. J. and Shumway, J. M. (1991) Developing the spatial mismatch hypothesis: problems of accessibility to employment for low-wage central city labor. *Urban Geography* 12(4): 310-323.
Dawkins, C. (2004) Measuring the spatial pattern of residential segregation. *Urban Studies* 41(4): 833-851.
Dietz, R. D. and Haurin, D. R. (2003) The social and private micro-level consequences of homeownership. *Journal of Urban Economics* 54(3): 401-450.
Ellis, M., Wright, R. and Parks, V. (2004) Work together, live apart? Geographies of racial and ethnic segregation at home and at work. *Annals of the Association of American Geographers* 94(3): 620-637.
Feitosa, F. F., Câmara, G., Monteiro, A. M. V., Koschitzki, T. and Silva M. P. S. (2007) Global and local spatial indices of urban segregation. *International Journal of Geographical Information Science* 21(3): 299-323.

Freeman, L. (2000) Minority housing segregation: a test of three perspectives. *Journal of Urban Affairs* 22(1): 15-35.

Freeman, L. (2002) Does spatial assimilation work for Black immigrants in US? *Urban Studies* 39(11): 1983-2003.

Fukumoto, T. (2021) The contrasting enclaves between Korean oldcomers and newcomers. In *Ethnic enclaves in contemporary Japan*, ed. Y. Ishikawa, 71-98. Singapore: Springer.

Fukumoto, T. (forthcoming) Absence of urban policy: Historical transformation of Korean resident areas in Osaka, Japan. In *Diversities of urban inclusivity: Perspectives beyond gentrification in advanced city-regions*, eds. T. Mizuuchi, G. Kornatowski and T. Fukumoto. Singapore: Springer.

Hall, C. M. and Rath, J. (2007) Tourism, migration and place advantage in the global cultural economy. In *Tourism, ethnic diversity and the city*, ed. J. Rath, 1-24. New York: Routledge.

Hipp, J. R. (2012) Segregation through the lens of housing unit transition: what roles do the prior residents, the local micro-neighborhood, and the broader neighborhood play? *Demography* 49(4): 1285-1306.

Hum, T. (2003) Mapping global production in New York City's garment industry: the role of Sunset Park, Brooklyn's immigrant economy. *Economic Development Quarterly* 17(3): 294-309.

Immergluck, D. (1998) Progress confined: increases in Black home buying and the persistence of residential segregation. *Journal of Urban Affairs* 20(4): 443-457.

Ishikawa, Y. ed. (2015) *International migrants in Japan: contributions in an era of population decline*. Melbourne: Trans Pacific Press.

Ishikawa, Y. ed. (2021) *Ethnic enclaves in contemporary Japan*. Springer.

Kaplan, D. (1998) The spatial structure of urban ethnic economies. *Urban Geography* 19(6): 489-501.

Kaplan, D. and Li, W. (2006) Introduction: the places of ethnic economies. In *Landscapes of the ethnic economy*, eds. D. Kaplan and W. Li, 1-14. Lanham: Rowman & Littlefield.

Kesteloot, C. and Mistiaen, P. (1997) From ethnic minority niche to assimilation: Turkish restaurants in Brussels. *Area* 29(4): 325-334.

Kim, J. (2018) Manhattan's Koreatown as a transclave: the emergence of a new ethnic enclave in a global city. *City & Community*, 17(1): 276-295.

Lee, B. A., Reardon, S. F., Firebaugh, G., Farrell, C. R., Matthews, S. A. and O'Sullivan, D. (2008) Beyond the census tract: Patterns and determinants of racial segregation at multiple geographic scale. *American Sociological Review* 73(5): 766-791.

Li, W. (1998) Anatomy of new ethnic settlement: the Chinese *Ethnoburb* in Los Anageles. *Urban Studies* 35(3): 479-501.

Li, W. (2009) *Ethnoburb: the new ethnic community in urban America*. Honolulu: University of Hawai'i Press.

Li, W., Dymski, G., Zhou, Y., Chee, M. and Aldana, C. (2002) Chinese-American banking and community development in Los Angeles County. *Annals of the Association of American Geographers* 92 (4): 777-796.

Light, I. (2006) *Deflecting immigration: networks, markets, and regulation in Los Angeles*. New York: Russell

Sage Foundation.

Light, I. and Gold, S. J. (2000) *Ethnic economies*. Bingley: Emerald Group Publishing Limited.

Logan, J., Alba, R. and Zhang, W. (2002) Immigrant enclaves and ethnic communities in New York and Los Angeles. *American Sociological Review* 67(2): 299-322.

Massey, D. and Denton, N. (1985) Spatial assimilation as a socioeconomic outcome. *American Sociological Review* 50(2): 94-106.

Massey, D. and Denton, N. (1988) The dimensions of residential segregation. *Social Force* 67(2): 281-315.

Massey, D. and Denton, N. (1993) *American apartheid: segregation and the making of the underclass*. Cambridge: Harvard University Press.

McLafferty, S. and Preston, V. (2000) Spatial mismatch and employment in a decade of restructuring. *Professional Geographer* 48(4): 420-431.

Morrill, R. (1991) On the measure of geographic segregation. *Geography Research Forum* 11: 25-36.

Musterd, S. (2005) Social and ethnic segregation in Europe: levels, causes, and effects. *Journal of Urban Affairs Review* 27(3): 331-348.

Musterd, S. and Ostendorf, W. (1998) Segregation, polarisation and social exclusion in metropolitan areas. In Urban segregation and the welfare state: inequality and exclusion in western cities, eds. S. Musterd and W. Ostendorf, 1-14. London: Routledge.

Nijman, J. (1999) Cultural globalization and the identity of place: the reconstruction of Amsterdam. *Ecumene* 6(2): 146-164.

OECD (2010) *Entrepreneurship and migrants*. Report by the OECD Working Pary on SMEs and Entrepreneurship, OECD.

Oishi, T. (2008) Recent trends in ethnic geography in Japan. *Geographical Review of Japan* 81(5): 303-310.

Ostenforf, W., Musterd, S. and de Vos S. (2001) Social mix and the neighbourhood effect: Policy ambitions and empirical evidence. *Housing Studies* 16(3): 371-380.

Painter, G., Yang, L. and Yu, Z. (2004) Homeownership determinants for Chinese Americans: assimilation, ethnic concentration, nativity. *Real Estate Economics* 32(3): 509-539.

Paiva-Turra, E. (2003) Hispanic location patterns in Los Angeles, Miami and Dallas: Testing the spatial-assimilation model. Spatial Data Analysis Term Paper 502. Department of City and Regional Planning, University of Pennsylvania. http://www.seas.upenn.edu/~ese502/projects/Paiva_Turra_03.pdf（最終閲覧日：2021年3月26日）

Palm, R. (1985) Ethnic segmentation of real estate agent practice in urban housing market. *Annals of the Association of American Geographers* 75(1): 58-68.

Pamuk, A. (2004) Geography of immigrant clusters in San Francisco. *International Journal of Urban and Regional Research* 28(2): 287-307.

Parzer, M. and Huber, J. F. (2016) Migrant businesses and the symbolic transformation of urban neighbourhoods: Toward a research agenda. *International Journal of Urban and Regional Research*, 39(6): 1270-1278.

Portes, A. and Manning, R. (2008) The immigrant enclave: theory and empirical examples. In *Social stratification: class, race and gender in sociological perspectives 3rd edition*, ed. D. Grusky, 47-68. Boulder: Westview Press.

Poulsen, M., Johnston, R. and Forrest, J. (2001) Intraurban ethnic enclaves: Introducing a knowledge-based classification method. *Environment and Planning A*, 33(11): 2071-2082

Preston, V., McLafferty, S. and Hamilton, E. (1993) The impact of family status on Black, White, and Hispanic women's commuting. *Urban Geography* 14(3): 228-250.

Price, M., Cheung, I., Friedman, S. and Singer, A. (2005) The world settles in: Washington, DC, as an immigrant gateway. *Urban Geography* 26(1): 61-83.

Price, M. and Benton-Short, L. (2007) Immigrants and world cities: from the hyper-diverse to the bypassed. *GeoJournal* 68(2): 103-117.

Reardon, S. F., Matthews, S. A., O'Sullivan, D., Lee, B. A., Firebaugh, G., Farrell, C. R. and Bischoff, K. (2008) The geographic scale of metropolitan racial segregation. *Demography* 45(3): 489-514.

Rosenbaum, E. and Argeros, G. (2005) Holding the line: housing turnover and the persistence of racial/ethnic segregation in New York City. *Journal of Urban Affairs* 27(3): 261-281.

Sanders, J. M. and Nee, V. (1987) Limits of Ethnic Solidarity in the Enclave Economy. *American Sociological Review* 52(6): 745-767.

Shaw, S. J. (2011) Marketing ethnoscapes as spaces of consumption: 'Banglatown-London's Curry Capital'. *Journal of Town & City Management* 1(4): 381-395.

Shaw, S. J. (2015) Negotiating Asian identities in London and other geteway cities. In *Ethnic and minority cultures as tourist attractions*, eds. A. Diekmann and M. K. Smith, 31-51. Bristol: Channel View Publications.

Shaw, S. J., Bagwell, S. and Karmowska, J. (2004) Ethnoscapes as spectacle: reimaging multicultural districts as new destinations for leisure and tourism consumption. *Urban Studies* 41(10): 1983-2000.

Tammaru, T., Stromgren, M., van Ham, M. and Danzer A. M. (2016) Relations between residential and workplace segregation among newly arrived immigrant men and women. *Cities* 59: 131-138.

Teixeira, C. (1995) Ethnicity, housing search, and the role of the real estate agent: a study of Portuguese and non-Portuguese real estate agents in Toronto. *Professional Geographer* 47(2): 176-183.

Teixeira, C. and Murdie, A. (1997) The role of ethnic real estate agents in the residential relocation process: a case study of Portuguese homebuyers in suburban Toronto. *Urban Geography* 18(6): 497-520.

van Ham, M. and Tammaru, T. (2016) New perspectives on ethnic segregation over time and space: A domains approach. *Urban Geography* 37(7): 953-962.

van Kempen, R. and Ozuekren A. S. (1998) Ethnic segregation in cities: New forms and explanations in a dynamic world. *Urban Studies* 35(10): 1631-1656.

Waldinger, R. (1984) Immigrant enterprise in the New York garment industry. *Social Problems* 32(1): 60-71.

Wang, Q. (2010) How does geography matter in the ethnic labor market segmentation process? A case study of Chinese immigrants in the San Francisco CMSA. *Annals of the Association of American*

Geographers 100(1): 182-201.

Wang, Q. (2013) Beyond ethnic enclaves? Exploring the spatial distribution of Latino-owned employer firms in two U.S. immigration gateways. *Journal of Urban Affairs* 35(5): 569-589.

White, P. (1998) The settlement patterns of developed world migrants in London. *Urban Studies* 35(10): 1725-1744.

Wong, D. (1993) Spatial indices of segregation. *Urban Studies* 30(3): 559-572.

Wong, D. (1997) Spatial dependency of segregation indices. *Canadian Geographer* 41(2): 128-136.

Wong, D. (2005) Formulating a general spatial segregation measure. *Professional Geographer*, 57(2): 285-294.

Wong, D. (2008) Conceptual and operational issues in incorporating segregation measurements in hedonic price modeling. In *Hedonic methods in housing markets*, eds. A. Baranzini, J. Ramirez, C. Schaerer and P. Thalmann, 159-175. New York: Springer.

Zhou, M. and Lin, M. (2005) Community transformation and the formation of ethnic capital: immigrant Chinese communities in the United States. *Journal of Chinese Overseas* 1：260-284.

Zhou, Y. (1996) Inter-firm linkages, ethnic networks, and territorial agglomeration: Chinese computer firms in Los Angeles. *Papers in Regional Science* 75(3): 265-291.

Zhou, Y. (1998) Beyond ethnic enclaves: locational strategies of Chinese producer service firms in Los Angeles. *Economic Geography* 74(3): 228-251.

索　引

タ行

ナ行

ハ行

マ行

ヤ行

ラ行

著者紹介

福本　拓（ふくもと　たく）

南山大学人文学部日本文化学科准教授

1978年生まれ．2007年，京都大学大学院文学研究科博士後期課程研究指導認定退学．大阪市立大学都市研究プラザ特別研究員，三重大学人文学部特別研究員，宮崎産業経営大学法学部講師，同准教授を経て，2019年より現職．博士（文学）．専門・関心は，都市社会地理学，多文化共生論．
第7回地理空間学会奨励賞を受賞．
主要編著：『都市の包容力ーセーフティネットシティを構想する』（共編，法律文化社，2017年），*Diversities of urban inclusivity: Perspectives beyond gentrification in developed city-regions*（共編，Springer，近刊）．

大阪のエスニック・バイタリティ
——近現代・在日朝鮮人の社会地理
（南山大学学術叢書）

© Taku FUKUMOTO 2022

2022年3月31日　初版第一刷発行

著　者　福本　拓
発行人　足立芳宏

京都大学学術出版会
京都市左京区吉田近衛町69番地
京都大学吉田南構内（〒606-8315）
電　話（075）761-6182
FAX（075）761-6190
Home page http://www.kyoto-up.or.jp
振　替　01000-8-64677

ISBN978-4-8140-0400-3
Printed in Japan

ブックデザイン　森　華
印刷・製本　亜細亜印刷株式会社
定価はカバーに表示してあります

本書のコピー，スキャン，デジタル化等の無断複製は著作権法上での例外を除き禁じられています。本書を代行業者等の第三者に依頼してスキャンやデジタル化することは，たとえ個人や家庭内での利用でも著作権法違反です。